Goetz Buchholz

Der
Ratgeber
Selbstständige

www.mediafon-ratgeber.de

Impressum

Herausgeber:
Vereinte Dienstleistungsgewerkschaft ver.di
Referat Selbstständige
Paula-Thiede-Ufer 10, 10179 Berlin
Verantwortlich: Veronika Mirschel

Layout und Gestaltung:
einsatz · Wolfgang Wohlers, Berlin

Druck:
Druckwerk GmbH, München

Verlag:
mediafon Selbstständigenberatung GmbH, Berlin

Rechtsstand Januar 2011
1. Auflage 2011

ISBN 978-3-9814091-0-9

Dieses Werk – einschließlich aller seiner Teile – ist urheberrechtlich geschützt. Jede Verwertung ohne Zustimmung des Verlages ist unzulässig

Bibliografische Information der Deutschen Nationalbibliothek
Die Deutsche Nationalbibliothek verzeichnet diese Publikation in der Deutschen Nationalbibliografie; detaillierte bibliografische Daten sind im Internet über http://dnb.d-nb.de abrufbar.

Inhalt

Selbstständig arbeiten ... 9
Ein Vierteljahrhundert Rat für Selbstständige ... 11
Gebrauchsanleitung ... 13

Statusfragen ... 15
Selbstständig oder Arbeitnehmer? ... 16
    Problemfall Scheinselbstständigkeit ... 19
    Verkappte Arbeitnehmer können sich einklagen ... 20
Status Arbeitnehmer ... 21
Status selbstständig ... 23
    Gewerbe oder freier Beruf? ... 24
    Freiberufler: Vorsicht bei gewerblicher Nebentätigkeit! ... 26
    Wer entscheidet – mit welchen Konsequenzen? ... 27
    Gewerbliche Tätigkeit ... 28
    Freie Berufe ... 29
    Freie künstlerische und publizistische Tätigkeit ... 29
Haupt- und Nebenberuf ... 30

Der Start ... 33
Startformalitäten ... 34
Starthilfen der Arbeitsagentur ... 36
Selbstständig im Nebenberuf ... 37
    Pflichten und Einkommensgrenzen im Nebenberuf ... 38
    Selbstständig neben einem Arbeitsverhältnis ... 39
    Selbstständig neben Schule oder Studium ... 39
    Selbstständig in der Familienphase ... 40
    Selbstständig und Arbeitslosengeld I ... 41
    Selbstständig und Arbeitslosengeld II ... 43
    Selbstständig und Rente ... 46

Das Geschäft ... 48
Von der Kalkulation bis zum Auftrag ... 51
    Wie finde ich meinen Preis? ... 52
    Mündlicher oder schriftlicher Vertrag? ... 55
    Verträge selber machen? ... 56
Von der Fertigstellung bis zum Geldeingang ... 57
    Wenn der Kunde kündigen will ... 58
    Wann ist das vereinbarte Honorar fällig? ... 59

Wenn der Kunde nicht zufrieden ist 60
Die Rechnung 61
Was tun, wenn der Kunde nicht zahlt? 62
Was tun, wenn der Auftraggeber pleite geht? 64
Vertragsrecht kleiner Grundkurs 65
   Wann sind Verträge sittenwidrig? 66
   Kündigung von Verträgen 67
   Wenn ich den Vertrag nicht erfüllen kann 68
   Haftungsfragen 70
   Gesetzliche Mindestrechte für Selbstständige 72
Die Buchhaltung 73
   Ganz einfach: Einnahmenüberschussrechnung 73
   Gehaltsbuchhaltung 74
   Doppelte Buchführung und Bilanz 75
   Brauche ich ein extra Geschäftskonto? 77

Diverse Alltagsfragen 79
   Arbeiten in der Wohnung: Gibt das Probleme? 80
   Fort- und Weiterbildung 82
   Namensfragen 84
      Welchen Namen darf ich führen? 85
      Wie schütze ich meinen Namen? 85
   Informationspflichten 86
   Rundfunkgebühren für Auto, Arbeitszimmer und PC 87
   Presse- und Künstlerausweise 87

Urheberrecht 89
   Was schützt das Urheberrecht? 91
   Wen schützt das Urheberrecht? 92
      Leistungsschutzberechtigte 94
      Wenn es mehrere Urheber gibt 95
   Wie entsteht der Urheberschutz? 96
   Was gehört alles zum Urheberrecht? 97
      Recht auf Namensnennung 98
      Schutz vor Veränderungen 98
      Nutzungsrechte 99
   Wie oft darf der Vertragspartner mein Werk nutzen? 101
   Wie oft darf ich mein Werk „verkaufen"? 103
   Was dürfen Dritte mit meinen Werken tun? 103

Besondere Schutzrechte ... 104
Die Verwertungsgesellschaften ... 106
„Geld umsonst" ... 106
Noch mehr Geld umsonst ... 108
Wenn GEMA und GVL Geld verlangen... ... 108

Kooperation ... 110
Einzelkämpfer ... 111
Feste Kooperationen ... 112
Netzwerke ... 113
Gesellschaftsformen und -verträge ... 114
Selbstständige als Arbeitgeber ... 116
Selbstständige als Auftraggeber ... 118

Gewinnsteuern ... 119
Steuererklärung selber machen? ... 122
Der Ablauf des Steuerverfahrens für Selbstständige ... 123
Steuernummern ... 125
Gewinnermittlung ... 126
Betriebseinnahmen ... 126
Betriebsausgaben ... 128
Betriebsausgaben: laufende Kosten ... 130
Betriebsausgaben: Anschaffungen von bleibendem Wert ... 133
Betriebskostenpauschalen ... 135
Durchlaufende Posten ... 136
Rücklagen für künftige Investitionen ... 137
Einkommensteuer ... 138
Die verschiedenen Einkunftsarten ... 139
Negative Einkünfte? ... 140
Sonderausgaben, Freibeträge und andere Ermäßigungen ... 140
Wie viel Einkommensteuer muss ich zahlen? ... 141
Deutsche Einkommensteuer für Ausländer ... 142
Gewerbesteuer ... 144
Körperschaftssteuer ... 143
Einkommensteuer im Ausland zahlen? ... 146

Umsatzsteuer ... 147
Umsatzsteuerfreiheit ... 152
Keine Besteuerung für Kleinunternehmer ... 153
Umsatzsteuerbefreiungen ... 154
Nicht steuerbare Umsätze ... 155
Keine Umsatzsteuer auf ausländische Umsätze ... 157
Darf ich für umsatzsteuerfreie Umsätze Vorsteuer abziehen? ... 157
Und wenn der Kunde auf einer Rechnung mit Umsatzsteuer besteht? ... 158
Das Umsatzsteuerverfahren ... 159
Umsatzsteuererklärung ... 160
Umsatzsteuervoranmeldung ... 160
Umsatzsteuereinnahmen ... 162
Mehrwertsteuersätze ... 163
Umsatzsteuerausgaben („Vorsteuer") ... 164
Pauschale Berechnung der Vorsteuer ... 165
Negative Umsatzsteuer? ... 166

Sozialversicherung ... 167
Zwei Systeme der Sozialversicherung ... 168
Sozialversicherung für „normale" Selbstständige ... 169
Sozialversicherung für freie Künstler und Publizistinnen: die Künstlersozialkasse ... 170
Wer kann, wer muss in die KSK? ... 171
KSK-Aufnahmeverfahren und Versicherungsbeginn ... 173
KSK-Beiträge, Beitragsverfahren und Kontrollen ... 175
Die Künstlersozialabgabe ... 176
Sozialversicherung für Arbeitnehmer ... 177
Krankenversicherung ... 178
Wer darf, wer muss sich wie versichern? ... 179
Wer die Wahl hat: gesetzliche oder private Krankenversicherung? ... 181
Die gesetzliche Krankenversicherung: Leistungen und Beiträge ... 182
Private Krankenversicherung: Leistungen und Beiträge ... 184
Auslands- und Zusatzkrankenversicherungen ... 185
Pflegeversicherung ... 186

Rentenversicherung und private Altersvorsorge 187
    Altersvorsorge: gesetzlich oder privat? 187
    Gesetzliche Rentenversicherung 189
    Staatlich geförderte Altersvorsorge (Riester- und Rürup-Rente) 190
    Private Altersvorsorge 192
    Berufsständische Versorgungseinrichtungen 193
Arbeitslosenversicherung 194
    Freiwillige Arbeitslosenversicherung für Selbstständige 195
    Arbeitslosen-Pflichtversicherung für Arbeitnehmer 196
Unfallversicherungen 197
    Gesetzliche Unfallversicherung: die Berufsgenossenschaften 198
    Leistungen und Beiträge der Berufsgenossenschaften .199
    Private Unfallversicherungen 200
Persönliche Ausfallversicherungen 201
    Wer zahlt meine Miete, wenn ich krank werde? 202
    Berufsunfähigkeitsversicherung 204
    Zahlungen bei Schwangerschaft und Kindererziehung .207

Geschäftsversicherungen 208
    Betriebliche Ausfallversicherungen 209
    Haftpflichtversicherungen 210
        Berufliche Haftpflichtversicherungen 210
        Produkthaftpflicht 212
    Sachversicherungen 212
    Rechtsschutzversicherungen 213
    Rabatte auf Versicherungen 213

Das Umfeld 215
    Interessenvertretung 216
    Gesundheit 218

Selbstständig arbeiten

Doch. Es hat immer noch eine große Faszination. Und die meisten tun es auch genau deshalb – und nicht, weil sie sich dumm und dämlich verdienen wollen: Selbstständig arbeiten hat viel mit Freiheit zu tun. Mit Freiheit von äußeren Zwängen, Freiheit von Hierarchien, Freiheit von fremden Vorgaben. Freiheit, die eigenen Ideen zu verwirklichen, das zu tun, was Spaß macht, was wir am besten können. Freiheit, selber zu bestimmen, womit wir unseren Arbeitstag verbringen. Und manchmal ergibt sich daraus sogar die Chance, damit richtig gut Geld zu verdienen.

Gründe genug, es zu versuchen. Und doch ist das selbstständige Arbeiten in Verruf geraten. Wer kennt sie nicht, die erstaunt-mitleidige Frage, wenn man neuen Bekannten den eigenen Beruf nennt: „Und davon kannst du leben???!" Und viele Selbstständige – sogar Gewerkschafter – fördern dieses Unverständnis noch: Nicht wenige freie Journalisten kokettieren damit, sich selbst als „vogelfrei" zu bezeichnen, und auch bei ver.di wurden Selbstständige lange Zeit ganz selbstverständlich in die Schublade „prekäre Arbeitsverhältnisse" einsortiert.

Sicher ist die Zeit vorbei, da Selbstständigkeit fast automatisch einen opulenten finanziellen Status garantierte. Heute ist Selbstständigkeit für viele nur noch ein Ausweg, um der Arbeitslosigkeit zu entkommen. Und seit Unternehmen begriffen haben, wie drastisch sich Kosten senken lassen, wenn man angestellte durch „freie" Mitarbeiterinnen ersetzt, ist selbstständige Arbeit in vielen Branchen zur miserabel bezahlten Alternative zur Festanstellung geworden. Und die Politik tut ein Übriges und zwingt zum Beispiel mit ihren Vorgaben für die Auftragsvergabe an Bildungsträger diese dazu, ihren Honorarkräften statt Vergütungen nur noch Almosen zu zahlen, die kaum für die exorbitanten Mindestbeiträge zur Kranken- und Rentenversicherung und schon gar nicht zum Leben reichen.

Und trotzdem hat das selbstständige Arbeiten seinen Reiz nie verloren. Zu Recht. Denn wer Selbstständigkeit nicht nur als rechtlichen Status versteht, sondern als Einstellung zum Leben, wer wirklich selbstständig sein *will*, wer die dafür nötige Portion Abenteuerlust mitbringt, wer sich darauf einlässt und in seinem Beruf wirklich gut ist, der kann in diesem Status immer noch ein gutes Auskommen finden – und innere Zufriedenheit dazu. Weil hier die so gern belächelte „Selbstverwirklichung" noch möglich und positiv erlebbar ist. Das zeigen Tausende von Selbstständigen in Deutschland, auch in sogenannten „prekären" Branchen.

Wer sich freilich ohne innere Überzeugung in die Selbstständigkeit drängen lässt, weil das „immer noch besser als Hartz IV" ist, und darauf hofft, dass irgendwoher schon Aufträge kommen werden, dem kann es passieren, dass er doch als „Hartz-IV-Aufstocker" endet. Vermeiden kann das nur, wer sich wirklich *selbstständig* macht. Das muss zuerst und vor allem im Kopf geschehen.

Damit es dann auch auf der formalen, bürokratischen Ebene klappt, liefert dieser Ratgeber alle nötigen Einstiegs-Informationen. Er soll damit nicht neue Anforderungen aufbauen, sondern Hilfestellung im Alltag leisten, damit wir den Kopf frei behalten für das, was wir am besten können: unseren Beruf, unsere Profession.

Denn wir wären ja blöd, wenn wir uns den Spaß an unserer eigenen Arbeit durch die Politik oder irgendwelche Auftraggeber vermiesen lassen würden.

Ein Vierteljahrhundert Rat für Selbstständige

„Durch Paragraphendschungel und Honorareinöde – eine Orientierungshilfe für freie Journalisten" war der Titel eines dünnen Heftchens, mit dem die damalige Industriegewerkschaft Druck und Papier im Oktober 1985 – lange bevor die bis heute andauernde Ratgeber-Welle losbrach – in die systematische Beratung von Selbstständigen einstieg.

Gewerkschaft und Selbstständige? Was noch heute manchen verwundert, war für die IG Druck und Papier damals schon klar. Und ver.di-Chef Frank Bsirske definierte es zur ver.di-Gründung so: „Die Gewerkschaft ist für alle da, die von ihrer eigenen Hände Arbeit leben – und wenn es der eigene Kopf ist." Also auch für alle Selbstständigen, die ihre Aufträge im Wesentlichen selbst bearbeiten, ohne viele Angestellte, ohne großen Kapitaleinsatz. „Solo-Selbstständige" haben wir sie genannt, weil sich der treffende englische Begriff „self-employed" nicht besser übersetzen lässt.

Solche Solo-Selbstständigen gab es in der Gewerkschaft immer mehr, als die IG Druck und Papier in der IG Medien und diese später in der Vereinten Dienstleistungsgewerkschaft ver.di aufging: Zu den freien Journalisten und Schriftstellerinnen kamen Künstler hinzu, dann Honorarkräfte an Volkshochschulen und in den verschiedensten sozialen und Gesundheitsberufen, selbstständige Lkw-Fahrer und Kuriere, Historiker und Ausstellungsmacherinnen sowie Computerfreaks aller Schattierungen. Als erste Gewerkschaft in Deutschland machte ver.di die Vertretung und Betreuung ihrer 30.000 selbstständigen Mitglieder zu einer Pflichtaufgabe und baute zu diesem Zweck auch das Beratungsnetzwerk www.mediafon.net auf. Dieses entwickelte auf Grundlage des „Ratgeber Freie – Kunst und Medien" den Internet-Ratgeber www.mediafon-ratgeber.de für Selbstständige aller Berufe, der hier erstmals auch gedruckt vorliegt.

Dieser Ratgeber beantwortet alle wesentlichen allgemeinen Fragen, die sich allein arbeitenden Selbstständigen in ihrem Alltag stellen. Und zwar Selbstständigen jeglicher Profession, auch wenn aus der Tradition dieser Arbeit heraus die Bereiche Medien und Kunst, Bildung, Webdesign und IT und zunehmend auch soziale und Gesundheitsberufe ganz bewusst im Vordergrund stehen. Denn in diesen Bereichen hat mediafon die größten Erfahrungen; aus ihnen kommt die überwiegende Zahl der Beratungsanfragen. Für sie liefert dieser Ratgeber auch Antworten auf einige Spezialfragen, etwa zum Urheberrecht oder zu berufsspezifischen Rechts- und Vertragsproblemen.

Eine Grenze für die Informationstiefe dieses Ratgebers haben wir dort gezogen, wo die Geschäfte so umfangreich und die Probleme so speziell werden, dass es sinnvoll ist, dafür Fachleute heranzuziehen: Wer eine GmbH gründen will, braucht ohnehin einen Notar; wer doppelte Buchführung machen muss, beschäftigt damit sinnvollerweise einen gelernten Buchhalter, und den entsprechenden Jahresabschluss lässt man vernünftigerweise von einer Steuerberaterin machen. Deren Arbeit kann und will dieser Ratgeber ebenso wenig ersetzen wie den Job von Patent- und anderen spezialisierten Rechtsanwälten.

Auf alle anderen Grundfragen bekommt man hier eine Antwort. Wenn nicht hier, dann in der Internetversion **www.mediafon-ratgeber.de**, und wenn man auch dort nicht fündig werden sollte, gibt es immer noch die persönliche Beratung bei **www.mediafon.net**. Dort sitzen Profis aus allen möglichen Berufen, die nicht nur Gesetze zitieren können, sondern auch aus eigener Erfahrung wissen, wie diese in der Praxis angewandt werden. Für ver.di-Mitglieder ist auch dieser Rat kostenlos.

Gebrauchsanleitung

Nachdem der „Ratgeber Freie" allein schon für die Bereiche Kunst und Medien zu einem 480 Seiten dicken Buch herangewachsen war, schien das Internet das ideale Medium für einen umfassenden Ratgeber für alle Selbstständigen zu sein: keine Umfangsbeschränkung, tägliche Aktualisierungen möglich, beliebige Verlinkungen und Querverweise, Orientierung durch Volltextsuche und FAQs – die Antwort auf jede Frage des Alltags von Selbstständigen schien mit wenigen Mausklicks möglich.

Im Jahr 2003 erschien daher der mediafon-„Ratgeber Selbstständige" erstmals in dieser Form – und nicht mehr als gedrucktes Buch. Allein: Die Lesegewohnheiten hielten offenkundig mit der rasanten Entwicklung der Technik nicht Schritt: Bei mediafon häuften sich die E-Mails mit der immer gleichen Frage: „Warum gibt es den Ratgeber Selbstständige nicht als Buch, mit dem ich mich am Wochenende gemütlich in den Sessel setzen kann?

Nun gibt es ihn. Den Nachteil, dass man angesichts der immer kürzeren Halbwertzeit neuer Gesetze eigentlich nie einen Ratgeber drucken kann, der nicht schon bei seinem Erscheinen veraltet wäre, haben wir durch einen Kompromiss aufzulösen versucht: Dieses Buch, das ihr gerade in den Händen haltet, ist nur der eine Teil eines kombinierten Print- und Internet-Ratgebers. Es enthält alle allgemeinen und weitgehend zeitlosen Informationen, die man für den selbstständigen Alltag so braucht. Alles, was sehr ins Detail geht, Aussagen, die durch die aktuelle Rechtsprechung und Gesetzgebung häufig verändert werden, oder auch die Rechengrößen der Sozialversicherung, die sich jedes Jahr ändern, sind im gedruckten Ratgeber weitgehend ausgeblendet. Sie finden sich aber weiterhin im Internet (und zwar immer tagesaktuell). Dort gibt es zu fast jedem Kapitel dieses Buches weitere Detailinformationen, und wer das Buch zur Hand hat, hat auf diese Informationen im Internet auch kostenlosen und ungehinderten Zugang. Ohne das Buch ist das jetzt allerdings nicht mehr möglich.

Dieser Ratgeber ist also durchaus zum Schmökern gedacht (und gemacht). Wer aber seinen Alltag mit seiner Hilfe gestalten und perfektionieren will, wird immer wieder mal auf **www.mediafon-ratgeber.de** zugreifen müssen.

Von der Internetversion **www.mediafon-ratgeber.de** enthält dieses Buch – um seinen Umfang in Grenzen zu halten – lediglich die dort als **Grundinfor-**

mationen und **Haupttext** gekennzeichneten Kapitel. Die im Internet als **Detailinformationen** gekennzeichneten Kapitel, die etwa zwei Drittel des gesamten dortigen Textvolumens ausmachen, sind in diesem Buch nicht enthalten – allerdings sind die entsprechenden Kapitelüberschriften an der jeweiligen Stelle im Text aufgeführt, sodass sie sich im Internet leicht finden lassen. Ansonsten ist dieses Buch bis auf einige redaktionelle Änderungen textidentisch mit der Internetversion – auf dem Stand vom 1.1.2011.

Wer **spezielle Informationen** sucht oder konkrete **Zahlen nachschlagen** will, wird früher oder später jedoch auf die Internetversion zugreifen: Dort gibt es zur leichteren Orientierung zusätzlich ein systematisches **Inhaltsverzeichnis,** eine **Volltextsuche** und Listen mit häufig gestellten Fragen **(FAQ)**, über die man die gesuchte Antwort in der Regel schon mit ein paar Mausklicks findet.

Da die Internetversion das alles enthält, haben wir in diesem Buch auf ein **Stichwortregister,** eine **Adressenliste** und ein **Literaturverzeichnis** verzichtet.

Links zu weiterführenden Informationen in der Internetversion sind in diesem Buch mit besonderen Symbolen gekennzeichnet. Dabei bedeutet

- **Stichwort** ⓘ: An dieser Stelle findet sich in der Internetversion ein Link auf eine externe Seite mit weiteren Informationen über diese Firma, Institution oder Publikation.
- **Stichwort** ⬈: An dieser Stelle findet sich in der Internetversion ein Link auf ein Online-Kapitel des Ratgebers mit weiteren Detailinformationen.

Trotz der Absicht, den Text dieses Buches zeitlos zu gestalten und von sich dauernd ändernden Zahlen und Sachverhalten frei zu halten, muss es einige wenige Zahlen aus dem Sozial- und Steuerrecht erwähnen, die häufigen Änderungen unterworfen sind. Hier stehen dann (als solche gekennzeichnet) die Werte für das Jahr 2011, wie sie bei Drucklegung dieses Ratgebers von der schwarz-gelben Koalition beschlossen – aber noch nicht entgültig verabschiedet(!) waren. Ab 2012 stehen in der Internetversion an der entsprechenden Stelle die jeweils aktuellen Werte.

P.S.: Ich spare es mir an dieser Stelle, mich für die angeblich „bessere Lesbarkeit" männlicher Berufsbezeichnungen zu entschuldigen. Ich finde, dass sich auch weibliche Bezeichnungen und Personalpronomina ganz gut lesen und dass man sich die männlichen dabei ganz gut mitdenken kann.

Statusfragen

An den Anfang der Selbstständigkeit haben die Juristen eine Raterunde gesetzt: Wer bin ich? Bin ich überhaupt der, für den ich mich halte? Denn nicht jede, die sich selbstständig fühlt, ist es wirklich. Da sind (häufig zu Recht) unsere komplizierten Gesetze vor.

Am deutlichsten machte es die Diskussion um Scheinselbstständigkeit, dass das Selbstgefühl und der allgemeine Sprachgebrauch etwas ganz anderes sein können als die gesetzliche Definition. Zumal es *die* gesetzliche Definition gar nicht gibt: Arbeitsgerichte, Finanzämter und Sozialversicherungen haben jeweils ihre eigenen Kriterien. Wer da nicht zwischen die Räder geraten und unnötig Nachteile in Kauf nehmen will, kommt nicht umhin, zu Beginn der Tätigkeit erst mal seinen eigenen Status zu hinterfragen:

Wer bin ich? Grundinformationen zur Statusbestimmung

Gesetzlich ist die Arbeitswelt zunächst einmal in zwei Bereiche aufgeteilt, in **Unternehmer und Arbeitnehmer** (Seite 16): Arbeitnehmer arbeiten „auf Lohnsteuerkarte" und bekommen Steuer und Sozialversicherung vom Lohn abgezogen; Unternehmer arbeiten „auf Rechnung" und müssen sich um Steuern und Versicherungen selbst kümmern. Zu den Unternehmern zählen grundsätzlich auch alle Selbstständigen, ob sie sich nun „Honorarkräfte", „Freelancer" oder „Freie" nennen. Aber Vorsicht: Manche von ihnen sind nur scheinbar selbstständig, mancher „freie Mitarbeiter" ist vom Arbeitsgericht schon als Arbeitnehmer eingestuft worden. Schauspielerinnen und Musiker etwa müssen fast immer, „Freie" bei Rundfunk und Film sehr häufig als Arbeitnehmer beschäftigt werden – auch wenn sie sich als Selbstständige fühlen und verstehen.

Die „richtigen" Selbstständigen teilen sich rechtlich wiederum in zwei Gruppen, in **Freiberufler und Gewerbetreibende** (Seite 24). Typisch für Gewerbetreibende sind Handelsgeschäfte und Kapitaleinsatz wie bei Handwerkern, Ladenbesitzerinnen, Fabriken oder Banken; bei Freiberuflern stehen die eigene Arbeit und hochwertige Dienstleistungen im Vordergrund. Gewerbetreibende müssen im Gegensatz zu Freiberuflern ein Gewerbe anmelden,

Gewerbesteuer zahlen und sind bei Buchführung und Steuererklärung strengeren Regeln unterworfen.

Zu den **freien Berufen** gehören zum Beispiel Ärztinnen, Rechtsanwälte, Architekten, selbstständige Lehrkräfte und alle freien Publizistinnen und Künstler (Seite 29). Letztere bekommen ihre Sozialversicherung besonders günstig über die Künstlersozialversicherung. Volkshochschuldozentinnen, die zwar freiberuflich, aber nicht künstlerisch tätig sind, müssen sich dagegen wie alle übrigen Selbstständigen auf eigene Kosten versichern.

Wer **nebenberuflich** selbstständig arbeiten will, kann das tun, und zwar ohne Beschränkung. Das hier erzielte Einkommen kann allerdings erhebliche Auswirkungen haben: Es muss nicht nur versteuert werden, sondern kann auch dazu führen, dass das BAföG, das Kindergeld, die kostenlose Familienversicherung, die Rente oder das Arbeitslosengeld gekürzt werden oder komplett wegfallen.

Diese vier Abgrenzungen
- **selbstständig oder Arbeitnehmer?** (Seite 16)

Wenn selbstständig, dann:
- **Gewerbe oder freier Beruf?** (Seite 24)

Wenn freier Beruf, dann:
- **künstlerisch/publizistisch oder nicht?** (Seite 29)

Und immer:
- **haupt- oder nebenberuflich?** (Seite 30)

sind nötig, wenn man in der selbstständigen Arbeit böse Überraschungen vermeiden will. Sie werden in den vertiefenden Kapiteln so systematisch wie möglich abgearbeitet. Über eines sollte sich dabei jede im Klaren sein: Die Handhabung dieser Definitionen muss man sich aneignen wie die Bedienungsanleitung für einen elektronischen Radiowecker – auswendig lernen oder immer wieder nachlesen. Wer sie allein mit Logik oder gar mit dem gesunden Menschenverstand zu verstehen versucht, kann nur scheitern.

Selbstständig oder Arbeitnehmer?

In den meisten Fällen ist alles klar: Wer selbstständig arbeitet, wer verschiedene Kunden oder Auftraggeber hat, wer seine Preise selbst aushandelt, seine

Statusfragen

Arbeit ohne Weisungen von Dritten selbst bestimmt und seinen Arbeitstag selbst einteilen kann, der ist selbstständig, kein Zweifel. Der braucht dieses Kapitel eigentlich nicht weiterzulesen.

Allerdings weiß man spätestens seit der Debatte um die Scheinselbstständigkeit: Nicht alle, die sich als selbstständig verstehen, sind es auch im Sinne der Gesetze. Die Entscheidung darüber, ob ich meine Arbeit als Selbstständiger machen kann oder ob für mich nicht doch die verschiedenen Arbeitnehmer-Schutzrechte gelten, hat man aus gutem Grund nicht den Selbstständigen und ihren Auftraggebern überlassen. Die Kriterien sind im Gesetz sehr vage definiert und von der Rechtsprechung immer detaillierter ausformuliert worden.

Danach gilt als „beschäftigt", das heißt als **Arbeitnehmer**, wer
- sich in einem **Dienst- oder Arbeitsvertrag** 🔎
- *persönlich* zu einer bestimmten **Arbeits*leistung*** verpflichtet hat,
- sich dabei dem **Weisungsrecht des Auftraggebers** unterordnen muss, vor allem was die Arbeitszeit und die Art der Tätigkeit angeht, und
- **eingebunden in die betriebliche Organisation** des Auftraggebers ist.

In Abgrenzung davon gilt mit Sicherheit als **selbstständig,** wer
- sich in einem **Werkvertrag** 🔎 verpflichtet,
- ein bestimmtes **Werk** (Arbeits*ergebnis*) zu liefern, das er auch *durch Dritte* anfertigen lassen kann,
- dabei **selbst bestimmen** kann, welche Aufträge er annimmt und wann, wo und wie er arbeitet, sowie
- **mit eigenem Equipment in eigenen Räumen** arbeitet.

Deutlich ist, dass es zwischen den beiden Polen „beschäftigt" und „selbstständig" noch eine Menge Spielraum gibt. Mit ihm befassen sich zahllose Gerichtsurteile. Unklarheiten betreffen vor allem folgende Gruppen:
- **Pauschalistinnen**, z. B. an Tageszeitungen, **Lehrkräfte** in staatlich geregelten Kursen, **„freie Mitarbeiterinnen"** in Werbeagenturen und andere, bei denen der Verdacht der **Scheinselbstständigkeit** (siehe Seite 19) besteht, erfüllen häufig alle Bedingungen einer abhängigen Beschäftigung – und werden dennoch immer wieder rechtswidrig als „Freie" beschäftigt.
- Bei **Handelsvertretern** hängt es von der Intensität und Ausschließlichkeit der Bindung an den Auftraggeber ab, ob sie als Selbstständige gelten.

- Mitarbeiterinnen beim **öffentlich-rechtlichen Rundfunk** sind generell als Arbeitnehmer zu beschäftigen 🔎 (auch wenn sie als „Freie" nur Tagesverträge haben) – es sei denn, ihre Tätigkeit ist *„programmgestaltend"* und nicht *„von vornherein auf Dauer angelegt"*.
- Für Mitwirkende an **privaten Film- und Fernsehproduktionen** gilt das Gleiche 🔎 – dennoch weigern sich viele Produktionsfirmen, z. B. Kameraleute „auf Lohnsteuerkarte" und mit gesetzlicher Sozialversicherung zu beschäftigen.
- Das künstlerische Personal an **Theatern und Orchestern** ist grundsätzlich mit Arbeitsverträgen zu beschäftigen 🔎, egal ob es sich um einen Spielzeit- oder Gastspielvertrag handelt. Kriterium ist z. B. die Probenverpflichtung: Wer an Proben teilnehmen *muss*, ist Arbeitnehmerin.
- **Gesellschafter-Geschäftsführer**, also Leute, die zugleich Mehrheitsgesellschafter einer GmbH *und* deren Geschäftsführer sind, können zur gleichen Zeit steuerrechtlich Arbeitnehmer und sozialversicherungsrechtlich Selbstständige sein.

Zum Teil sehr detaillierte Regeln zu diesen Gruppen stehen im **Rundschreiben der Sozialversicherungsträger** vom 26.3.2003 🔎 zur Scheinselbstständigkeit sowie in den **Abgrenzungskatalogen** 🔎, die das Finanzministerium (Rundschreiben vom 5.10.1990, Aktenzeichen IV – 6 – S 2332 – 73/90) und die Sozialversicherungsträger (Rundschreiben vom 5.7.2005) aufgestellt haben. Dass die Kataloge der Sozialversicherungen und der Finanzverwaltung nicht deckungsgleich sind, macht die Sache nicht eben einfacher.

Diese Regeln und die Probleme im Alltag für alle oben genannten „Problemgruppen" werden online in gesonderten Kapiteln genauer dargestellt.

Detailinformationen zu diesem Thema finden sich in der
Online-Ausgabe des Ratgebers an dieser Stelle in den Kapiteln
- Problemfall Handelsvertreter
- Problemfall öffentlich-rechtlicher Rundfunk
- Problemfall private Film- und Fernsehproduktionen
- Problemfall Theater und Orchester
- Problemfall Gesellschafter-Geschäftsführer

Problemfall Scheinselbstständigkeit

Zu wenigen Themen sind unter Selbstständigen so viele falsche Gerüchte so hartnäckig in Umlauf wie zum Thema Scheinselbstständigkeit. Um nur die Wichtigsten vorab auszuräumen, sei zunächst festgestellt:

- **Wie viele Auftraggeber ein Selbstständiger hat, spielt keine Rolle** für die Frage, ob seine Arbeit als scheinselbstständig eingestuft wird. Er kann mit *einem* Auftraggeber selbstständig sein – und mit fünfen *schein*selbstständig.
- **Scheinselbstständig ist immer nur das Auftragsverhältnis,** niemals die ganze Person: Wenn einer meiner Verträge als scheinselbstständig eingestuft wird, kann ich trotzdem für meine anderen Kunden als Selbstständiger weiterarbeiten – und umgekehrt.
- **Schwierigkeiten bekommt der** *Auftraggeber,* wenn ein Vertrag als scheinselbstständig eingestuft wird – nicht die Auftragnehmerin. Die Paragraphen zur Scheinselbstständigkeit sind zum Schutz der Arbeit*nehmer* da.

Vor allem sollen diese Bestimmungen verhindern, dass Arbeitgeber sich um ihre gesetzliche Pflicht drücken, für ihre Arbeitnehmer die vorgeschriebenen Abgaben zur gesetzlichen Sozialversicherung abzuführen und sie gegebenenfalls nach Tarifvertrag zu bezahlen. Diese Pflicht gilt für Auftraggeber immer dann, wenn ihr Vertragspartner ihren **Weisungen unterworfen** ist und sie ihm seine **Arbeitszeit vorschreiben** können. Ist das der Fall, handelt es sich auch bei „Freien", „Pauschalisten" und „Honorarkräften" nicht um Selbstständige, sondern um abhängig Beschäftigte, also um **Arbeitnehmer,** die lediglich *schein*selbstständig sind.

Ist keine Scheinselbstständigkeit gegeben, sollte ein Selbstständiger trotzdem beachten: Wer *auf Dauer* nur einen Auftraggeber hat und keine Angestellten beschäftigt, kann als „arbeitnehmerähnlich Selbstständiger" rentenversicherungspflichtig sein.

> Detailinformationen zu diesem Thema finden sich in der
> Online-Ausgabe des Ratgebers an dieser Stelle in den Kapiteln
> - Scheinselbstständigkeit: Was soll das?
> - Die Kriterien für Scheinselbstständigkeit
> - Wer trifft die Entscheidung über Scheinselbstständigkeit?
> - Scheinselbstständigkeit: die Folgen
> - Lieber gleich richtig selbstständig!

Verkappte Arbeitnehmer können sich einklagen

Zuständig für die Überprüfung von Scheinselbstständigkeit ist die Deutsche Rentenversicherung Bund (DRV) – sofern nicht schon die Künstlersozialkasse in ihrem Aufnahmeverfahren die Selbstständigkeit (auch für die DRV verbindlich!) festgestellt hat. Wird ein Arbeitgeber von der DRV verpflichtet, eine „freie" Mitarbeiterin als Arbeitnehmerin zu *versichern,* so ändert das zunächst nichts an ihrem *arbeitsrechtlichen* Status. Wer in einer solchen Situation (oder auch unabhängig davon) Wert darauf legt, einen richtigen Arbeitsvertrag zu bekommen mit Tarifgehalt, Kündigungsschutz, Sozialversicherung und allem, was sonst noch dazu gehört, kann das eventuell mithilfe des Arbeitsgerichts erzwingen – auch rückwirkend!

Allerdings entscheiden die Arbeitsgerichte nach etwas anderen Kriterien ⌕ als die Sozialversicherungen: Bei ihnen steht neben der Einbindung in die Betriebsorganisation die Weisungsgebundenheit bei der Arbeitszeit im Vordergrund. Wer von der DRV als „beschäftigt" eingestuft wird, ist damit noch nicht unbedingt Arbeitnehmerin im Sinne des Arbeitsrechts.

Während sich öffentlich-rechtliche Rundfunkanstalten mit Beschäftigungsgrenzen und anderen Regeln gegen solches „Einklagen" abzusichern versuchen, gibt es in **Werbeagenturen,** bei **Anzeigenblättern** und in den Außenredaktionen von **Lokalzeitungen** – aber auch in **Architekturbüros, Physiotherapiepraxen** und **Anwaltskanzleien** – Tausende von „freie Mitarbeitern", die nach diesen Kriterien eindeutig Arbeitnehmer sind. Auch an **Privattheatern** arbeiten zahllose Arbeitnehmer als „Freie", und für **Volkshochschuldozenten** hat das Landesarbeitsgericht Niedersachsen rechtskräftig festgestellt, dass „Honorarkräfte" *dann* fest angestellt werden *müssen,* wenn sie über einen Zeitraum von mehr als zwei Jahren Kurse geben, mit denen ein staatlicher Schulabschluss erreicht werden soll. Begründung: Bei solchen Haupt- oder Realschulabschlusskursen seien die Unterrichtsinhalte vorgeschrieben und die Lehrkräfte damit weisungsgebunden.

Stellt das Arbeitsgericht auf Klage einer Betroffenen fest, dass es sich bei der „freien Mitarbeit" in Wirklichkeit um ein Arbeitsverhältnis handelt, so kann das dreierlei Konsequenzen haben:
- die Festanstellung mit Sozialversicherung über den Arbeitgeber, Kündigungsschutz und gegebenenfalls tariflicher, in der Regel also höherer Bezahlung,

- eventuell die Verpflichtung des Arbeitgebers, Steuern und Sozialabgaben nachzuzahlen (für bis zu vier Jahre – und zwar auch den Arbeitnehmeranteil!), und demzufolge
- eine gewaltige Verärgerung des Arbeitgebers.

Ein Kündigungsgrund ist diese Verärgerung jedoch nicht. Klagen gegen eine Kündigung mit solchem Hintergrund gewinnt man fast immer. Am Theater freilich, wo (befristete) Spielzeitverträge üblich sind, hilft das wenig. Da vermag eine solche Klage kaum mehr, als nachträglich eventuell vorhandene Rachegelüste zu befriedigen.

In den meisten derartigen Fällen entscheiden die Arbeitsgerichte jedoch, dass das Vertrauensverhältnis „zerrüttet" und eine Fortsetzung des Arbeitsverhältnisses deshalb nicht zumutbar ist – und sprechen der Klägerin zum Ausgleich eine schöne **Abfindung** zu.

Aber man braucht die Klage ja nicht gleich einzureichen: Schon der Hinweis auf die Rechtslage und auf die *Möglichkeit* einer solchen Klage kann in Verhandlungen um höhere Honorare oder um die Verlängerung der „freien" Mitarbeit Wunder wirken – selbst dann, wenn man gar nicht ernsthaft fest angestellt werden möchte. Und wenn der Arbeitgeber die Zusammenarbeit schon aufgekündigt hat, lässt sich mit der nachträglichen Feststellung der Arbeitnehmereigenschaft immer noch eine Abfindung herausschlagen.

Vor Einleitung eines solchen Schrittes sollte man allerdings unbedingt die ver.di-Rechtsberatung nutzen; für die Klage selbst gibt es – bei entsprechender Erfolgsaussicht – Rechtsschutz 🕮.

Status Arbeitnehmer

Arbeitnehmer
- sind in der Regel lohnsteuerpflichtig und arbeiten **„auf Lohnsteuerkarte"**, d. h. der Arbeitgeber muss die Einkommensteuer einbehalten,
- werden **über den Arbeitgeber sozialversichert** (siehe Seite 177); die Beiträge werden ihnen zur Hälfte vom Lohn abgezogen; die andere Hälfte zahlt der Arbeitgeber,
- müssen vom Arbeitgeber allein auf dessen Kosten in der **Berufsgenossenschaft** (siehe Seite 198) gegen Arbeitsunfälle versichert werden,

- müssen, sofern es einen für dieses Arbeitsverhältnis gültigen **Tarifvertrag** gibt, nach diesem Vertrag beschäftigt und bezahlt werden,
- haben mindestens Anspruch auf **gesetzliche Rechte** wie Kündigungsschutz, bezahlten Urlaub, Mutterschutz und auf Fortzahlung der Vergütung an Feiertagen und bei Krankheit.

Die konkreten Arbeitsbedingungen müssen in einem **schriftlichen Arbeitsvertrag** festgehalten werden, der für Arbeitsverhältnisse gesetzlich vorgeschrieben ist. Diese Regeln gelten auch für
- **Teilzeitbeschäftigte** und
- Leute mit **befristeten Arbeitsverträgen**, zu denen auch die **auf Produktionsdauer Beschäftigten** und Schauspielerinnen mit **Spielzeitverträgen** zählen.

Daneben gibt es noch einige Sondergruppen von Arbeitnehmerinnen, für die – besonders bei der Sozialversicherung – Sonderregeln gelten, nämlich
- **geringfügig Beschäftigte** („Mini-Jobs", „400-Euro-Jobs" mit maximal 400 € Monatslohn),
- **kurzfristig (vorübergehend) Beschäftigte** („Schüler-Jobs" und Saison-Jobs mit weniger als zwei Arbeitsmonaten bzw. 50 Arbeitstagen im Jahr),
- **Beschäftigte in der Gleitzone** („Midi-Jobs" mit 400–800 € Monatslohn),
- **unständig Beschäftigte** (mit weniger als fünf Arbeitstagen pro Auftrag) sowie
- **GmbH-Geschäftsführer**.

> Detailinformationen zu diesem Thema finden sich in der
> Online-Ausgabe des Ratgebers an dieser Stelle in den Kapiteln
> - Teilzeitbeschäftigte
> - Befristete Arbeitsverträge
> - Auf Produktionsdauer Beschäftigte
> - Unständig Beschäftigte
> - Geringfügig Beschäftigte („Minijobs")
> - Beschäftigte in der Gleitzone von 400–800 €,
> - Kurzfristig (vorübergehend) Beschäftigte
> - GmbH-Geschäftsführer

Statusfragen | 23

Status selbstständig

Wer selbstständig im Sinne des Gesetzes ist,
- arbeitet „auf Rechnung" und bekommt die Honorare in voller Höhe ausbezahlt,
- muss **Einkommensteuer** (siehe Seite 138) und in der Regel auch **Umsatzsteuer** (siehe Seite 147) zahlen – und sich vor allem selbst darum kümmern!,
- muss selbst für die **soziale Absicherung** (siehe Seite 167) für Alter und Krankheit sorgen,
- wird nur unter bestimmten Voraussetzungen in die **Arbeitslosenversicherung** (siehe Seite 194) aufgenommen,
- muss sich *selbst* gegen **Arbeitsunfälle** (siehe Seite 198) und berufliche **Schadenersatzansprüche** (siehe Seite 70) versichern,
- muss Honorare und **Vertragsbedingungen frei aushandeln** (siehe Seite 65), da Tarifverträge für Selbstständige nur ausnahmsweise erlaubt sind,
- hat in der Regel **keinen gesetzlichen Anspruch auf Kündigungsschutz** (siehe Seite 72), bezahlten Urlaub und Fortzahlung der Vergütung im Krankheitsfall.

Auch unter den Selbstständigen gibt es jedoch einige Gruppen, für die der Gesetzgeber besondere Rechte und Pflichten definiert hat:
- „**arbeitnehmerähnlich Selbstständige**" ⌕ mit nur einem Auftraggeber und ohne eigene Arbeitnehmer sind rentenversicherungspflichtig,
- weitere Berufe wie **selbstständige Erzieherinnen, Lehr- und Pflegekräfte sowie Handwerker** sind ebenfalls rentenversicherungspflichtig,
- **selbstständige Publizistinnen und Künstler** sind kranken- und rentenversicherungspflichtig in der Künstlersozialversicherung,
- **arbeitnehmerähnliche Personen nach Tarifvertragsgesetz** ⌕, die mindestens die Hälfte (im Medien- und Kunstbereich ein Drittel) ihres Gesamtverdienstes von ein und demselben Auftraggeber beziehen, haben unter anderem Anspruch auf bezahlten Urlaub,
- **Kleinunternehmer** ⌕, deren Umsatz im Vorjahr unter 17.500 € lag, sind von der Umsatzsteuerpflicht befreit, und
- **geringfügig Selbstständige** ⌕, die nur 50 Tage bzw. zwei Monate im Jahr selbstständig tätig sind *oder* damit höchstens 400 € im Monat verdienen, genießen ähnliche Privilegien wie Beschäftigte in Minijobs.

Bei Begriffen wie **Pauschalisten, freie Mitarbeiter** oder **„feste Freie"** 🔎 dagegen handelt es sich nicht um gesetzliche Definitionen, sondern oft um den Versuch zu vertuschen, dass hier eigentlich ein Arbeitsverhältnis vorliegt.

Detailinformationen zu diesem Thema finden sich in der
Online-Ausgabe des Ratgebers an dieser Stelle in den Kapiteln
- Selbstständige mit nur einem Auftraggeber
- Arbeitnehmerähnliche Personen nach Tarifvertragsgesetz
- Kleinunternehmer
- Geringfügige selbstständige Tätigkeit
- Pauschalisten, freie Mitarbeiter und „feste Freie"

Gewerbe oder freier Beruf?

Die zweite entscheidende Frage für den Status von Selbstständigen lautet: Bin ich Gewerbetreibender oder Freiberuflerin? Von der Antwort auf diese Frage hängt es ab, ob ich
- ein Gewerbe anmelden muss,
- gewerbesteuerpflichtig bin,
- Pflichtmitglied in der IHK werden muss,
- mich ins Handelsregister eintragen lassen muss und
- zur doppelten Buchführung verpflichtet bin.

Der Freiberuflerstatus bringt eine Reihe von Vorteilen mit sich, sodass er gerade für kleine Selbstständige günstig sein kann. Die Entscheidung trifft das Finanzamt: Wer kein Freiberufler ist, ist automatisch gewerbetreibend.

Grob über den Daumen kann man sagen: Selbstständige Künstler, Publizistinnen und Lehrkräfte sowie Selbstständige in sozialen und Gesundheitsberufen sind fast ausnahmslos Freiberufler; Selbstständige im Bereich IT und Internet sind mit nur wenigen Ausnahmen Gewerbetreibende.

Die grundlegende Definition ist natürlich etwas genauer und steht im § 18 Einkommensteuergesetz🔎. Dort sind aus dem Kreis, an die sich dieser Ratgeber wendet, als **eindeutig freiberuflich** definiert alle selbstständigen
- Ärzte, Heilpraktiker, Krankengymnasten,
- Ingenieure,
- Journalisten, Bildberichterstatter,
- Dolmetscher, Übersetzer

- und ähnlichen Berufe
sowie alle, die eine
- wissenschaftliche,
- künstlerische,
- schriftstellerische,
- unterrichtende oder erzieherische Tätigkeit
selbstständig ausüben.

Eindeutig gewerblich sind in Abgrenzung dazu
- jeglicher Handel – egal ob mit Kunst, Lehrgangsskripten, Computerteilen, Software oder Eis am Stiel,
- jegliche Produktion – egal ob von Büchern, CD-ROM, Hardware oder Kunsthandwerk,
- jegliches Handwerk (einige Besonderheiten dazu stehen in einem eigenen Kapitel ⌕),
- alle Beratungstätigkeiten, die keine Hochschulausbildung erfordern, wie Web-Consulter und PR-Berater,
- alle Vermittlungstätigkeiten, also z. B. von Maklerbüros, Mitfahrzentralen, Künstler-, Literatur-, Fotoagenturen, Contentprovidern, Jobbörsen, Presseagenturen im ursprünglichen Sinne und Preisagenturen,
- alle Verwerter urheberrechtlich geschützter Leistungen wie Galerien, Verlage, Eventmanager sowie Theater- und Musikveranstalter.

Bei Gesellschaften spielt auch die Gesellschaftsform eine Rolle:
- Eine Partnerschaftsgesellschaft ⌕ ist immer freiberuflich – da sie nur von Freiberuflern gegründet werden kann.
- Eine GbR ⌕ gilt *dann* als freiberuflich, wenn sie aus lauter Freiberuflern besteht; schon wenn ein einziges Mitglied *im Rahmen der GbR* gewerblich tätig wird, wird die gesamte GbR gewerblich.
- Eine GmbH ⌕ ist per Definition gewerblich – auch wenn sie als „Freiberufler-GmbH" gegründet wurde.

Detailinformationen zu diesem Thema finden sich in der
Online-Ausgabe des Ratgebers an dieser Stelle in den Kapiteln
- Abgrenzungskriterien
- Grenzfälle
- Sonderproblem Handwerk

Freiberufler: Vorsicht bei gewerblicher Nebentätigkeit!

Zum Problem ist die Abgrenzung freiberuflich/gewerblich für viele Freie geworden, seit Auftraggeber immer mehr „Komplettangebote" verlangen oder Freie Zusatzjobs annehmen, um ihr Honorar aufzubessern. Das kann zu Schwierigkeiten führen. Wenn zum Beispiel
- **Lektoren** auch den Satz und Druck für komplette Bücher abwickeln,
- **PR-Journalistinnen** den Versand von Pressemitteilungen und die Organisation von Pressekonferenzen übernehmen,
- **Grafik-Designerinnen** auch Anzeigen für die Zeitschriften akquirieren, die sie layouten, oder
- **freiberufliche IT-Berater** eigene Server betreiben und vermieten,

so sind das keine freiberuflichen Tätigkeiten mehr, sondern eindeutig gewerbliche.

Das Gemeine dabei ist, dass gewerbliche Tätigkeiten nach Auffassung der Finanzämter die freiberufliche Tätigkeit „infizieren". Das heißt: Hier kommt es nicht auf die *überwiegende* Tätigkeit an, sondern schon ein Anteil von wenigen Prozent gewerblicher Tätigkeit kann dazu führen, dass das Finanzamt die *gesamte* Tätigkeit als gewerblich einstuft.

Die Finanzämter unterscheiden hier drei Fälle:
- Eine **Einzelperson** kann gleichzeitig freiberuflich und gewerblich tätig sein und die verschiedenen Jobs nach den jeweiligen Vorschriften betreiben, solange beide *nichts miteinander zu tun* haben. Die Übersetzerin, die nebenbei als Agentin eine befreundete Künstlerin vermarktet, übersetzt ihre Romane als Freiberuflerin, während sie für die Vermittlungstätigkeit ein Gewerbe anmelden muss. Voraussetzung ist jedoch, dass sie beide Tätigkeiten in den Einnahmen und Ausgaben klar und nachvollziehbar voneinander trennt (getrennte Konten, getrennte Rechnungen, getrennte Buchführung). Tut sie das nicht, kann ihre *gesamte* Tätigkeit als gewerblich eingestuft werden. Aber auch wer sauber trennt, muss für den gewerblichen Teil ein Gewerbe anmelden🕮!
- Eine **Personengesellschaft** (GbR)🕮 gilt nur so lange als freiberuflich, wie *alle* Mitglieder im Rahmen der Gesellschaft *ausschließlich* freiberuflich tätig sind. Will das Journalistenbüro auch Texte von Dritten vermarkten, so müssen seine Mitglieder dazu eine neue (gewerbliche) Gesellschaft gründen.

Hier gilt erst recht: strenge Trennung von Konten, Rechnungen und Buchführung, am besten sogar von Betriebsräumen. Sonst verlieren *alle* den Status der Freiberuflichkeit für ihre *gesamte* Tätigkeit. (Bedingung für den freiberuflichen Status der GbR ist außerdem, dass alle Gesellschafter als Mitunternehmer leitend und eigenverantwortlich tätig sind.)

- Eine Ausnahme gilt (sowohl für Einzelpersonen als auch für GbR) dann, wenn freiberufliche und gewerbliche Tätigkeiten **untrennbar miteinander verbunden** sind, sodass die Einkünfte sich nicht nach den beiden Geschäftsarten trennen lassen. Wenn eine Grafikdesignerin aus Manuskripten Broschüren macht, also Texte erfasst (gewerblich), Titelillustration und Layout gestaltet (freiberuflich) und auch noch die Druckabwicklung übernimmt (gewerblich), so gilt die *gesamte* Tätigkeit entweder als freiberuflich oder als gewerblich – je nachdem, welcher Teil ihr „das Gepräge gibt". Wurde sie also als Producerin engagiert, die das bisschen Gestaltung auch noch mit übernimmt, so wäre der gesamte Auftrag gewerblich. Wurde sie dagegen wegen ihrer gestalterischen Fähigkeiten beauftragt, wobei sie die anderen Tätigkeiten quasi als Nebenleistung mit übernommen hat, wäre es eine freiberufliche Tätigkeit. Voraussetzung ist allerdings ein **Pauschalhonorar,** das keine Trennung in gewerbliche und freiberufliche Anteile zulässt.

Hier besteht also ein großer Ermessensspielraum. Wie es diese Regeln auf die vorn genannten Beispiele anwendet, kann zuverlässig also nur das zuständige Finanzamt beantworten.

Für Schriftsteller, die ihre Bücher im **Selbstverlag** herausbringen und im **Eigenvertrieb** verkaufen, hat der Bundesgerichtshof allerdings schon verbindliche Urteile gefällt, die in einem gesonderten Kapitel ⌕ behandelt werden.

Wer entscheidet – mit welchen Konsequenzen?

Wer Zweifel hat, ob er die Grenze zum Gewerbe überschreitet, sollte sich nie auf sein Gespür verlassen, sondern lieber mal beim **Finanzamt** vorbeigehen und dort schildern, was er so vorhat. Dort kriegt er zwar keinen „Freibrief" für die Ewigkeit, aber immerhin eine vorläufige Einschätzung, auf die er sich halbwegs verlassen kann, solange sich die Art der Aufträge und der Arbeit nicht ändert.

Die letzte Entscheidung trifft das Finanzamt allerdings immer erst nachträglich im Rahmen einer Betriebsprüfung, wenn es die konkreten Aufträge kennt. Wer da plötzlich als gewerblich eingestuft wird, muss unter Umständen die Gewerbesteuer für viele Jahre nachzahlen.

Dramatischer noch können die Folgen bei der **Künstlersozialversicherung** sein. Denn auch Publizistinnen und Künstler werden nicht mehr über die KSK krankenversichert⌕, sobald sie aus einer nichtkünstlerischen und nichtpublizistischen selbstständigen (z. B. gewerblichen) Tätigkeit mehr als 4.800 € im Jahr verdienen – auch wenn das nur ein Bruchteil des künstlerischen Einkommens ist! Allerdings legt die KSK hier andere Maßstäbe an als die Finanzämter: Der Grafikdesigner, der ein Gewerbe anmeldet, weil das Finanzamt ihn als gewerblich eingestuft hat, kann möglicherweise trotzdem in der KSK bleiben – sofern er die KSK-Kriterien (siehe Seite 171) für seine gesamte Tätigkeit erfüllt.

Gewerbliche Tätigkeit

Wer ein Gewerbe betreibt, ist Kaufmann. Oder Kauffrau. So steht es im Handelsgesetzbuch. Für Kaufleute gilt *zusätzlich* zu den auf Seite 23 genannten Pflichten: Sie
- müssen ein **Gewerbe anmelden**⌕,
- müssen **Gewerbesteuer zahlen** (siehe Seite 144),
- müssen **Mitglied in der IHK**⌕ werden,
- müssen ihr Unternehmen ins **Handelsregister**⌕ eintragen lassen,
- dürfen dafür aber einen beliebigen **Phantasienamen** (siehe Seite 84) benutzen,
- sind zur **doppelten Buchführung**⌕ und zur Bilanzierung verpflichtet und
- unterliegen den strengen Regeln des **Handelsgesetzbuches** (HGB).

Erleichterungen von diesen Pflichten gibt es nur für **Kleingewerbetreibende**⌕, die mit ihrem Geschäft eine bestimmte Größe noch nicht überschritten haben.

Auch Kapitalgesellschaften wie die **GmbH**⌕ und die **AG** haben alle oben genannten Pflichten eines Kaufmanns. Für Personengesellschaften wie die **OHG**⌕ und die KG gilt dagegen dieselbe Abgrenzung wie zwischen Kaufleuten und Kleingewerbetreibenden. Eine gewerblich tätige **GbR**⌕ ist nur

Statusfragen | 29

unterhalb der Grenze für das Kleingewerbe ⌕ erlaubt. Wächst ihr Umsatz oder Gewinn darüber hinaus, wird sie automatisch zur OHG.

Detailinformationen zu diesem Thema finden sich in der
Online-Ausgabe des Ratgebers an dieser Stelle im Kapitel
■ Kleingewerbebetreibende

Freie Berufe

Angehörige von freien Berufen im Sinne des Steuerrechts sind von all den lästigen **Vorschriften für Gewerbetreibende** (siehe Seite 28) befreit. Also: keine IHK-Mitgliedschaft, keine Gewerbeanmeldung, kein Pflichteintrag im Handelsregister, keine Gewerbesteuer, kein Buchhaltungszwang, keine HGB-Regeln. Sie müssen ihre selbstständige Tätigkeit nur **beim Finanzamt anmelden** ⌕.

Für bestimmte freie Berufe gibt es zusätzliche Privilegien. So werden für selbstständige Architekten, Ärzte und Anwälte die Honorare staatlich garantiert; es gibt günstige berufsständische Versorgungswerke und eine Art Selbstverwaltung in Kammern.

Ein besonders wertvolles Privileg gibt es für die freien Publizisten und Künstlerinnen: die Sozialversicherung über die **Künstlersozialkasse** ⌕. Da diese Art von Versicherung besonders für Kleinverdiener enorm günstig ist, stellt sich als dritte entscheidende Frage für den Status von Freiberuflern in den Kreativbranchen: Bin ich Künstler und/oder Publizistin?

Freie künstlerische und publizistische Tätigkeit

Selbstständige, die hauptberuflich künstlerisch oder publizistisch tätig sind,
- sind **automatisch Freiberufler**,
- sind über die **Künstlersozialkasse** (Seite 170) versicherungspflichtig in der gesetzlichen Renten-, Kranken- und Pflegeversicherung und bekommen den „Arbeitgeberanteil" zu ihren Beiträgen von der KSK.

Diese Frage kann in Kultur- und Medienberufen also erhebliche finanzielle Folgen haben – und ist dennoch kaum leichter zu beantworten als die Frage nach der Selbstständigkeit, zumal Finanzämter und Sozialversicherungen auch hier mit unterschiedlichen Kriterien arbeiten. Es kann also durchaus vorkommen, dass das Finanzamt einem freien Werbefotografen die Künstlereigenschaft versagt und ihn so zum Gewerbetreibenden macht, während die Künstlersozialkasse denselben Mann wegen seiner Künstlereigenschaft aufnimmt.

Die Künstlersozialkasse hat zu dieser Frage einen **Künstlerkatalog**⬚ entwickelt, der 114 Berufe aufzählt, die grundsätzlich oder unter bestimmten Bedingungen über die KSK versichert werden. Aus diesem Katalog und diversen Urteilen, die zu dieser Frage inzwischen ergangen sind, lassen sich recht präzise Aussagen treffen, die in eigenen Kapiteln zu folgenden Bereichen zusammengefasst sind:

- In aller Regel akzeptiert werden Selbstständige in den Bereichen
  - freie Kunst⬚,
  - Publizistik⬚,
  - Design und angewandte Kunst⬚;
- nur ausnahmsweise in die KSK aufgenommen werden
  - freie Lehrkräfte⬚;
- regelmäßig Probleme gibt es in den Bereichen
  - audiovisuelle Produktionen (vor allem Kameraleute)⬚,
  - Werbung⬚ und
  - Show⬚.

Detailinformationen zu diesem Thema finden sich in der
Online-Ausgabe des Ratgebers an dieser Stelle in den Kapiteln
- Freie Kunst
- Publizistische Tätigkeit
- Design und angewandte Kunst
- Problemfälle im audiovisuellen Bereich
- Kameraleute, KSK und Künstlereigenschaft
- Problemfall Werbung
- Problemfall Show
- Lehrkräfte in Kunst- und Medienberufen

Haupt- und Nebenberuf

Insbesondere die Sozialversicherung unterscheidet in einigen Fragen zwischen haupt- und nebenberuflicher Tätigkeit. Dabei gilt bei **zwei bezahlten Tätig-**

Statusfragen | 31

keiten in der Regel diejenige als Hauptberuf, aus der das meiste Geld fließt. Ist das nicht eindeutig festzustellen oder ergibt sich aus der aufgewandten Arbeitszeit ein krass anderes Bild, so wird auch die Arbeitszeit in die Beurteilung einbezogen.

Wie diese Abwägung konkret vorgenommen wird, ist jedoch eine Ermessensfrage und hängt immer vom Einzelfall und häufig auch von der Institution ab, die das jeweils wissen will:

- Viele **Krankenkassen** neigen dazu, bei einer selbstständigen und einer nichtselbstständigen Tätigkeit immer die nichtselbstständige Tätigkeit (sofern sie nicht geringfügig ist) als Hauptberuf anzusehen. Das widerspricht jedoch dem Sinn des Gesetzes und kann – falls sinnvoll – angefochten werden.
- Die **Arbeitsagenturen** schauen primär auf die Arbeitszeit: Voraussetzung für den Gründungszuschuss ⌕ ist, dass man eine hauptberuflich selbstständige Tätigkeit aufnimmt, und das sehen die Agenturen als gegeben an, wenn man dafür mehr Arbeitszeit als für eventuell daneben weiterlaufende Beschäftigungsverhältnisse, mindestens aber 15 Stunden pro Woche aufwendet.
- Das **Autorenversorgungswerk der VG Wort** ⌕ schaut einfach auf dem Steuerbescheid nach: Wo Einkünfte aus nichtselbstständiger Arbeit überwiegen, liegt keine hauptberufliche Selbstständigkeit vor – und es gibt keinen Zuschuss zur Altersvorsorge.
- Im **Tarifvertrag für arbeitnehmerähnliche freie Journalisten an Tageszeitungen** gilt als Voraussetzung für die hauptberuflich freie journalistische Tätigkeit zusätzlich, dass man daraus regelmäßig mindestens 383 € im Monat verdient.
- Auch für die **Ausstellung eines Presseausweises** (siehe Seite 87) ist der Nachweis einer hauptberuflichen journalistischen Tätigkeit Voraussetzung. ver.di verlangt dafür z. B. Verträge, Steuerbescheide oder den Bescheid über die Aufnahme in die Künstlersozialversicherung.
- In Bezug auf den „**Übungsleiterfreibetrag**" gelten noch einmal andere Kriterien, die im Kapitel „Übungsleiterfreibetrag" ⌕ dargestellt sind.

Ist die zweite Tätigkeit ein **Studium**, so gelten besondere Regeln, die im Kapitel „Arbeitsgrenzen für die studentische Krankenversicherung" ⌕ ausgebreitet sind.

Da für die Beiträge zur **gesetzlichen Krankenversicherung** grundsätzlich nur der Hauptberuf maßgeblich ist, hat sich bei einigen finanziell klammen Bildungseinrichtungen wie Kunst- und Musikschulen der Trick eingebürgert, Angestellten nur für wenige Stunden in der Woche ein Gehalt zu zahlen, sie jedoch mit weiteren Unterrichtsstunden zusätzlich **„nebenberuflich frei"** an **derselben Einrichtung** zu beschäftigen und ihnen diesen Teil ihrer Bezüge als „Honorar" auszuzahlen – in der falschen Annahme, dass dafür dann keine Sozialversicherungsbeiträge fällig werden. Wer das tut, muss sich auf Schwierigkeiten mit der Krankenkasse gefasst machen: Bei einer Betriebsprüfung würde sie beide Tätigkeiten als eine einheitliche einstufen und sich Beiträge auch für das „freie" Honorar nachzahlen lassen. Es sei denn, es handelt sich wirklich um eine *zusätzliche* Tätigkeit, die von den Aufgaben des Angestellten eindeutig abzugrenzen ist.

Und dann kann es auch noch passieren, dass das Finanzamt grundsätzlich bestreitet, dass es sich bei der selbstständigen Tätigkeit überhaupt um einen Beruf handelt. Wer damit nach Ansicht des Finanzamts **keinen Gewinn erzielen** will, übt nämlich lediglich eine **Liebhaberei** aus. Wann das der Fall ist und welche Konsequenzen das hat, steht in einem gesonderten Kapitel.

Detailinformationen zu diesem Thema finden sich in der
Online-Ausgabe des Ratgebers an dieser Stelle im Kapitel
■ Liebhaberei und Berufsanfänger

Der Start

Wer sich mit seiner eigenen Arbeit selbstständig machen will, hat in vielen, besonders in kreativen und Bildungsberufen das große Privileg, einfach anfangen zu können – ohne große Genehmigungen, ohne große Investitionen, ohne allzu großes Risiko. Man kann diese selbstständige Arbeit sogar neben einem anderen Job ausprobieren, sich langsam herantasten – das macht den endgültigen Schritt viel leichter. **Entscheidend für den Erfolg ist, dass man gute Arbeit leistet und Kunden findet, die diese Arbeit zu schätzen wissen.**

Grundinformationen zur Existenzgründung

Von dieser Regel sollte man sich auch von den vielen Experten nicht abbringen lassen, die spätestens beim Stichwort „Existenzgründung" auf den Plan treten und alles tun werden, um diesen einfachen Übergang zu verkomplizieren. Natürlich ist es wichtig, dass man einen Plan hat, wohin man will, und dass dieser Plan gut ist. Aber es ist nun mal schlichter Blödsinn, für eine freie Lektorin eine Rentabilitätsberechnung aufzustellen; und dem Volkshochschuldozenten den Unterschied zwischen den verschiedenen Existenzgründungskrediten beizubringen, geht auch ein bisschen an dessen Bedürfnissen vorbei: Einen Kredit, wie er ihn eventuell braucht, nämlich einen für die Lebenshaltungskosten in der Anfangsphase, gibt es sowieso nur einmal – nämlich das KfW-Startgeld ▶ der KfW-Mittelstandsbank ▶. Die übrigen 999 Existenzgründungskreditprogramme, bei denen es ausschließlich um Investitionskredite geht, kann er getrost ignorieren.

Womit nichts gegen Existenzgründungsberatungen gesagt sein soll – im Gegenteil. Man muss nur wissen, dass vermutlich 95 Prozent der Existenzgründerseminare an den Bedürfnissen der allein arbeitenden Selbstständigen vorbeigehen, für die dieser Ratgeber geschrieben ist. Und dass Existenzgründungsberatung längst ein Geschäft geworden ist, von dem viele leben wollen.

Deshalb enthält dieser Ratgeber keinen Test „Bin ich ein Unternehmertyp?", keine „Checkliste zur Existenzgründung", kein Verzeichnis von Beratungsstellen und auch kein Kapitel zu Existenzgründungsdarlehen. Davon gibt es im Internet so viele, dass man ihnen wirklich keine weiteren hinzufügen muss. Wer so etwas braucht, kann zum Beispiel bei der **Förderberatung für kleine und mittlere Unternehmen** ⓘ des Bundesministeriums für Bildung und Forschung (Hotline: 0800.262 30 09) anfangen. Die sagen einem auch, wo man die Informationen bekommt, die sie nicht selbst verfügbar haben.

Ansonsten sollte man vor allem versuchen, vor Ort Kontakt zu Leuten zu finden, die Ähnliches vorhaben – oder schon gemacht haben. In vielen Städten organisieren die verschiedensten Institutionen (auch ver.di) Gründerstammtische oder berufsspezifische Treffen von Selbstständigen. Die *Erfahrungen,* die dort versammelt sind, sind meist viel hilfreicher als das übliche „Expertenwissen". Einige Termine stehen auf der mediafon-Website ⓘ.

Und dann fangt einfach an – es ist leichter, als ihr denkt. Wer keine großen Investitionen vorhat, muss als Gewerbetreibender ein **Gewerbe anmelden** ⌕, als Freiberuflerin das **Finanzamt informieren** ⌕. Mehr **Startformalitäten** (siehe unten) werden zunächst nicht verlangt. Um eine Krankenversicherung und die Mitgliedschaft in einer Berufsorganisation sollte man sich aus eigenem Interesse kümmern.

Wer das Glück (?) hat, Anspruch auf Arbeitslosengeld (I) zu haben, kann als **Starthilfe von der Arbeitsagentur** einen schönen Batzen Geld bekommen: den **Gründungszuschuss** (Seite 36). Wer Arbeitslosengeld II bezieht, kann zum gleichen Zweck „Einstiegsgeld" ⌕ bekommen. Und wer die **Selbstständigkeit nebenberuflich** (siehe Seite 30) ausprobieren kann – neben einem Angestelltenjob, neben der Ausbildung, während der Arbeitslosigkeit oder in der Familienphase –, sollte diese Chance nutzen. Dass die Grenzen für Arbeitszeit und Einkommen beim nebenberuflichen Einstieg zum Teil sehr eng gesetzt sind, sollte niemanden abschrecken:

Traut euch einfach, den Schritt in die richtige Selbstständigkeit zu machen! Selbstständigkeit ohne Risiko gibt es nicht. Dieses Risiko mindert man am wirkungsvollsten, indem man sich voll und ganz auf die Selbstständigkeit einlässt.

Startformalitäten

Vor die selbstständige Arbeit hat der Gesetzgeber die Bürokratie gesetzt. Aber keine Bange: Sooo schlimm ist das nun auch wieder nicht. Und da die Behörden inzwischen recht rücksichtsvoll mit Selbstständigen und vor allem mit

Existenzgründerinnen umgehen, macht es meist auch nichts, wenn man den einen oder anderen vorgeschriebenen Schritt mal versäumt. In der Regel bekommt man dann erst mal ein freundliches Schreiben. Wer allerdings auch solche Mahnungen ignoriert, muss mit Problemen rechnen.

Nur zwei Dinge sollte man auf keinen Fall versäumen: Wer mit selbstständiger Arbeit nennenswerte Mengen Geld verdient und im nächsten Jahr keine Steuererklärung macht, begeht schlicht und einfach Steuerhinterziehung. Und die ist richtig strafbar. Ebenfalls unangenehm wird es, die **Krankenversicherungspflicht für Selbstständige** (siehe Seite 178) zu ignorieren.

Entscheidend für den Umfang der sonstigen Bürokratie – nicht nur in der Startphase – ist die Frage, ob es sich bei meiner Tätigkeit um einen freien Beruf (siehe Seite 29), ein Gewerbe (siehe Seite 28) oder ein Handwerk ⊠ handelt, und ob ich im gewerblichen Bereich als Kaufmann (siehe Seite 28) oder als Kleingewerbetreibender ⊠ einzustufen bin. Wer das noch nicht weiß, sollte sich zunächst einmal in das Kapitel „Statusfragen" (Seite 15) begeben.

Je nach Status sind zum Start folgende Schritte *obligatorisch:*
- **Kaufleute (Gewerbetreibende)**
  - Gewerbeanmeldung ⊠,
  - Anmeldung beim Finanzamt ⊠,
  - IHK-Mitgliedschaft ⊠,
  - Handelsregister-Eintrag ⊠;

- **Kleingewerbetreibende:**
  - Gewerbeanmeldung ⊠,
  - Anmeldung beim Finanzamt ⊠,
  - IHK-Mitgliedschaft ⊠;

- **Freie Berufe:**
  - Anmeldung beim Finanzamt ⊠;

- **Publizistinnen und Künstler** zusätzlich:
  - Sozialversicherung über die Künstlersozialkasse (Seite 170);

- **Lehrkräfte, Erzieherinnen und Pflegepersonen wie Ergo- und Physiotherapeutinnen sowie Tagesmütter und Selbstständige mit nur einem

Auftraggeber zusätzlich:
- Rentenversicherung über die Deutsche Rentenversicherung Bund (früher BfA) ⌕;

- Fotografen und Grafik-Designerinnen, Alten- und Krankenpfleger, Tagesmütter sowie einige Gesundheitsberufe zusätzlich:
  - Berufsunfallversicherung über eine Berufsgenossenschaft ⌕;

- Arbeitgeber zusätzlich:
  - Betriebsnummer von der Arbeitsagentur ⌕,
  - Betriebsnummer von der AOK ⌕,
  - Versicherung der Arbeitnehmer in der Berufsgenossenschaft ⌕;

- Handwerker:
  - anstelle der IHK ist die Handwerkskammer ⌕ zuständig.

Auch wenn diese Meldepflichten lästig sind, sollten sie doch niemanden davon abhalten, noch weitere Schritte im eigenen Interesse ⌕ zu erwägen, nämlich
- Mitglied in einer **Gewerkschaft und/oder Berufsorganisation** (Seite 216) zu werden und
- als Künstler oder Publizistin einen Vertrag mit der zuständigen **Verwertungsgesellschaft** (Seite 106) abzuschließen.

Detailinformationen zu diesem Thema finden sich in der
Online-Ausgabe des Ratgebers an dieser Stelle in den Kapiteln
- Gewerbeanmeldung
- Anmeldung beim Finanzamt
- Fragebogen zur steuerlichen Erfassung
- Mitgliedschaft in der Industrie- und Handelskammer
- Eintrag im Handelsregister
- Meldepflichten für Arbeitgeber
- Formalitäten im eigenen Interesse

Starthilfen der Arbeitsagentur

Wer aus seinem alten Job noch Anspruch auf Arbeitslosengeld I hat, sollte die Zeit der Arbeitslosigkeit nutzen, ohne Zeitdruck ein Konzept für das Projekt

„Selbstständigkeit" zu entwickeln, Kunden zu suchen und sich mit ersten Aufträgen selbst auszuprobieren. Was da möglich ist, ohne den Anspruch auf Arbeitslosengeld zu gefährden, steht im Kapitel „Selbstständig und Arbeitslosengeld I" (Seite 41). Wie es mit selbstständiger Arbeit unter Hartz IV aussieht, steht im Kapitel „Selbstständig und Arbeitslosengeld II" (Seite 43).

Wer dann beschließt, den Arbeitslosenstatus endgültig gegen die Selbstständigkeit einzutauschen, kann von der Arbeitsagentur Hilfe zur Selbsthilfe bekommen. Das ist vor allem der **Gründungszuschuss**🔎, über den hinaus die Arbeitsagenturen in freiem Ermessen auch noch **weitere Hilfen**🔎 gewähren können. Was da möglich ist, erfährt man bei der Arbeitsagentur. Vor allem die Chance zur **Weiterbildung**🔎 auf Kosten der Arbeitsagentur sollte man nicht gering achten. Für Bezieher von Arbeitslosengeld II gibt es, da der Gründungszuschuss Anspruch auf Arbeitslosengeld I voraussetzt, eine eigene Einstiegshilfe: das **Einstiegsgeld**🔎.

> Detailinformationen zu diesem Thema finden sich in der
> Online-Ausgabe des Ratgebers an dieser Stelle in den Kapiteln
> - Weiterbildung über die Arbeitsagentur
> - Gründungszuschuss
> - Weitere Hilfen der Arbeitsagenturen
> - Einstiegsgeld und ergänzendes Alg II

Selbstständig im Nebenberuf

Leider verdienen nur wenige, die sich allein selbstständig machen, vom ersten Tag an genug zum Leben. Wer den Übergang in die Selbstständigkeit gleitend gestalten, also erste Aufträge bereits neben dem Studium, einer Festanstellung oder während der Arbeitslosigkeit abwickeln kann, sollte diese Möglichkeit unbedingt nutzen. Eine bessere Chance, die selbstständige Arbeit ohne großes Risiko auszuprobieren und sich schon mal einen ersten Kundenstamm aufzubauen, ist kaum vorstellbar. Aber auch wem irgendwann die Aufträge und Einkünfte zusammenbrechen, der braucht die selbstständige Arbeit nicht aufzugeben, um Arbeitslosengeld II zu beantragen.

Welche Pflichten man hat und welche Besonderheiten zu beachten sind – je nachdem ob man die Selbstständigkeit neben der Ausbildung, einem Arbeitsverhältnis, der Rente, der Kindererziehung oder während des Bezugs von Arbeitslosengeld betreibt – steht in den folgenden Kapiteln.

Pflichten und Einkommensgrenzen im Nebenberuf

Grundsätzlich unterliegt eine nebenberufliche Selbstständigkeit keinen Beschränkungen: Man darf „Rechnungen schreiben", man darf (und soll!) so viel verdienen, wie man will und kann, man darf arbeiten, was man will – sofern man die Bedingungen erfüllt, die eine eventuelle Berufsordnung setzt. Lediglich Arbeitnehmer müssen gewisse Regeln beachten: Sie sollten den Arbeitgeber auf jeden Fall von der Nebentätigkeit informieren und dürfen ihm damit auf keinen Fall Konkurrenz machen.

Versteht sich, dass das Finanzamt die Einkünfte aus diesen Nebentätigkeiten gemeldet und versteuert sehen will. Auch die gesetzliche Kranken- und Rentenversicherung will häufig ihren Anteil an diesen Einkünften haben. Und wer Gelder aus öffentlichen Sozialkassen bezieht, muss sich seine nebenberuflichen Einkünfte ab einer bestimmten Höhe auf diese Bezüge anrechnen lassen – was ja auch vernünftig ist: Wer eine Erwerbsunfähigkeitsrente bezieht und „nebenbei" mehrere Tausend Euro im Monat verdient, ist offensichtlich nicht so ganz erwerbsunfähig und auf eine vorgezogene Rente kaum angewiesen. Und wer als Arbeitsloser „nebenbei" mehr Geld verdient, als er Arbeitslosengeld bekommen könnte, dem kann man nur zu seinem neuen Job gratulieren. Das Arbeitslosengeld braucht er dann offensichtlich nicht mehr.

Genau aufpassen sollte schließlich auch, wer
- über die Eltern oder die Partnerin familienkrankenversichert ist,
- in der studentischen Krankenversicherung ist,
- BAföG bezieht,
- seinen Eltern noch zu Kindergeld verhilft:

Hier gibt es jeweils besondere Beschränkungen für eine selbstständige Tätigkeit, die in gesonderten Kapiteln ausgebreitet werden.

Detailinformationen zu diesem Thema finden sich in der
Online-Ausgabe des Ratgebers an dieser Stelle in den Kapiteln
- Startformalitäten bei nebenberuflicher Selbstständigkeit
- Steuerpflicht bei nebenberuflicher Selbstständigkeit
- Rentenversicherung und nebenberufliche Selbstständigkeit
- Einkommensgrenzen für die Familien-Krankenversicherung
- Arbeitsgrenzen für die studentische Krankenversicherung
- Einkommensgrenzen für das Kindergeld
- Einkommensgrenzen für das BAföG

Der Start | 39

Selbstständig neben einem Arbeitsverhältnis

Wer einen festen Job hat, kann nebenher durchaus selbstständig arbeiten. Allerdings nur, solange das keine Auswirkungen auf seine Tätigkeit als Angestellter hat: Nicht erlaubt sind Nebentätigkeiten, die dem Arbeitgeber Konkurrenz machen oder die Arbeitsleistung des Angestellten beeinträchtigen. Letzteres ist schon dann der Fall, wenn ein Programmierer zu Hause die ganze Nacht am Computer sitzt und deshalb morgens regelmäßig unausgeschlafen zur Arbeit kommt.

Unerlaubte Nebentätigkeiten können – je nach Art und Umfang – gravierende Folgen bis hin zur fristlosen Kündigung haben. Schon aus diesem Grund sollte man jede geplante Nebentätigkeit **dem Arbeitgeber „anzeigen"** – auch wenn dazu (außer für Beamte) keine gesetzliche Verpflichtung besteht. Für Angestellte kann eine solche Verpflichtung allerdings im Arbeits- oder Tarifvertrag stehen. Dabei darf der Arbeitgeber Nebentätigkeiten nicht generell oder willkürlich verbieten: Wenn die Nebentätigkeit keines der oben genannten „schutzwürdigen Interessen" des Arbeitgebers berührt, so haben Angestellte einen **Rechtsanspruch auf Genehmigung** – auch wenn im Arbeitsvertrag etwas anderes steht.

In der **gesetzlichen Krankenversicherung** bleibt die selbstständige *Nebentätigkeit* zunächst versicherungsfrei. Sobald aber die selbstständige Tätigkeit zum Hauptberuf (Seite 30) wird, erlischt die Versicherungspflicht für den Angestelltenjob. Wer an diesem Punkt ankommt, muss sich also von da an als Selbstständiger versichern – privat oder freiwillig in einer gesetzlichen Krankenkasse, oder gegebenenfalls über die KSK. Genaueres zu den Möglichkeiten bei solchen Mischformen steht im Kapitel zur Krankenversicherung ⌕.

Bezüglich der **Startformalitäten** ⌕, der **Steuer** ⌕ und der **Rentenversicherung** ⌕ gelten die allgemeinen Regeln, die in gesonderten Kapiteln beschrieben sind.

Selbstständig neben Schule oder Studium

Wer neben der Schule oder dem Studium selbstständig arbeitet, muss auf eine ganze Reihe von Einkommensgrenzen achten:

- Die kostenlose **Familienversicherung**🗎 über die Eltern erlischt im Jahr 2011 automatisch, sobald die Einkünfte 365 € bzw. 400 € (aus *einem* Minijob) im Monat übersteigen,
- die studentische **Krankenversicherung**🗎 erlischt in der Regel, sobald man in der Vorlesungszeit mehr als 20 Stunden pro Woche arbeitet,
- der Anspruch der Eltern auf **Kindergeld**🗎 entfällt, sobald das Kind im Jahr 2011 mehr als 8.004 € im Jahr verdient,
- beim **BAföG**🗎 gelten Einkommensgrenzen von 4.800 € (Minijob) bzw. 4.707 € (Gewinn aus selbstständiger Tätigkeit), bezogen auf das Jahr 2010.

Außerdem sind die üblichen **Startformalitäten**🗎 sowie die allgemeinen Regeln zur **Steuerpflicht**🗎 und zur **Rentenversicherung**🗎 zu beachten.

Selbstständig in der Familienphase

Selbstständigkeit ist unabhängig vom Familienstand. Wer für seine Kinder zu Hause bleibt und nebenbei selbstständig arbeitet, wird wie ein ganz normaler Selbstständiger behandelt. Zu beachten ist nur, dass die kostenlose Versicherung in den gesetzlichen Krankenkassen über den Ehepartner oder die eingetragene Lebenspartnerin erlischt, sobald die Grenzen der **Familienversicherung**🗎 (für 2011 maximal 365 € im Monat) überschritten werden. Wer darüber liegt, braucht zwingend eine eigene Krankenversicherung. Das sollte man sehr ernst nehmen, denn die Familienversicherung erlischt ohne Vorwarnung – auch rückwirkend, wenn die Krankenkasse zufällig von höheren Einkünften erfährt!

Ansonsten sind besondere Regeln nur während des Bezuges von **Mutterschafts- und Elterngeld** zu beachten: Grundsätzlich kann man sich in dieser Zeit auch selbstständig machen und hat dann gegebenenfalls sogar Anspruch auf den **Gründungszuschuss**🗎 – sofern man dafür *mindestens 15 Stunden* (sonst gibt es keinen Gründungszuschuss) und *höchstens 30 Stunden* in der Woche arbeitet (sonst erlischt der Elterngeldanspruch). Zu beachten ist aber, dass der Anspruch auf Mutterschaftsgeld ruht, sobald man in dieser Zeit versicherungspflichtiges Einkommen (also mehr als 400 € im Monat aus einem Minijob oder mehr als 325 € aus einer selbstständigen künstlerischen oder publizistischen Tätigkeit) erzielt. Der Anspruch auf Elterngeld besteht in diesem

Fall weiter, allerdings werden Einkünfte über dieser Grenze auf das Elterngeld *angerechnet*. Das gilt nach einem Urteil des Sozialgerichts Dresden vom 18.2.2009 auch für den Gründungszuschuss. Wer in dieser Zeit also Gründungszuschuss beantragt, dem wird das Elterngeld gekürzt – in den meisten Fällen auf den Mindestbetrag von 300 €. Also sollte man damit lieber warten, bis das Elterngeld ausgelaufen ist. Wie das Einkommen, das man erzielt, während man Elterngeld bezieht, auf Letzteres angerechnet wird, wird im Kapitel „Elterngeld" ⌕ genauer erläutert.

Für die **Kranken- und Pflegeversicherung** gilt in diesen Zeiten:
- Wer in einer gesetzlichen Krankenkasse *pflichtversichert* ist, bleibt während des Bezugs von Mutterschafts- und Elterngeld **beitragsfrei** versichert und darf dabei
- bis zu 400 € aus einem nichtselbstständigen Minijob oder
- bis zu 325 € aus einer selbstständigen *künstlerischen* oder *publizistischen* Tätigkeit und
- beliebig viel Geld aus einer *nichtkünstlerischen* selbstständigen Tätigkeit verdienen!

Wer über diesen Grenzen liegt, muss dafür Beiträge zahlen.
- Wer **freiwillig in einer gesetzlichen Krankenkasse** versichert ist, muss während des Bezugs von Mutterschaftsgeld ebenfalls **keine Beiträge** zahlen; während des Bezugs von Elterngeld wird der **Mindestbeitrag** (im Jahr 2011: 126,90 € plus Pflegeversicherung) erhoben. Das entspricht Einkünften von 851,67 € im Monat. Nur wer mehr verdient, muss mehr zahlen.

Bezüglich der **Startformalitäten**, der **Steuer** ⌕ und der **Rentenversicherung** ⌕ gelten die allgemeinen Regeln, die in gesonderten Kapiteln beschrieben sind.

Selbstständig und Arbeitslosengeld I

Die Grundregel heißt: Wer Arbeitslosengeld I – also das normale (alte) Arbeitslosengeld – bezieht, darf nebenher arbeiten, solange die Arbeitszeit unter **15 Stunden pro Woche** bleibt. Ohne Kürzung ist dabei jedoch nur ein Verdienst von **165 € im Monat** erlaubt. Was darüber hinausgeht, wird vollständig vom Arbeitslosengeld abgezogen. Wer mehr als 15 Stunden arbeitet, gilt nicht mehr als arbeitslos – und bekommt folglich auch kein Arbeitslosengeld mehr.

Entscheidend ist dabei das **Nettoeinkommen,** bei Selbstständigen also die Einnahmen minus Betriebsausgaben, Sozialversicherung und Steuern. Wer da nicht für jeden Euro eine Quittung vorlegen möchte, kann für die Betriebsausgaben pauschal 30 Prozent der Einnahmen abziehen.

Für die Anrechnung ist maßgebend, wann die Arbeit g*eleistet* wurde – und nicht, wann das *Geld eingegangen* ist. Honorare aus früheren Zeiten, die erst nach der Arbeitslosmeldung eingehen, dürfen das Arbeitslosengeld I also *nicht* schmälern.

Eine interessante **Ausnahmeregelung** gilt für Leute, die schon als Angestellte nebenher frei gearbeitet haben: Wer als Angestellter in den letzten 18 Monaten vor der Arbeitslosmeldung nebenher mindestens zwölf Monate lang regelmäßig und nachweisbar selbstständig gearbeitet hat, darf das als Arbeitslose weiter tun. Die Einkünfte aus einer solchen **Fortführung einer selbstständigen Tätigkeit** gelten nicht als Nebeneinkommen und werden überhaupt nicht auf das Arbeitslosengeld angerechnet – auch wenn sie die Geringfügigkeitsgrenze weit überschreiten! Voraussetzung ist nur, dass sie die früher nebenher erzielten Einkünfte nicht übersteigen und dass die dafür aufgewandte Arbeitszeit unter 15 Stunden pro Woche bleibt – logisch, sonst wäre man damit ja hauptberuflich tätig und nicht arbeitslos.

Wer also während der letzten Anstellung schon regelmäßig privaten Musikunterricht gegeben, den Internetauftritt eines großen Unternehmens betreut, als Korrespondentin für eine auswärtige Zeitung gearbeitet oder als Physiotherapeutin eigene Patienten behandelt hat, kann das während der Arbeitslosigkeit weiter tun – ohne dass von dem Verdienst etwas abgezogen werden darf. Und wenn der Sachbearbeiter der Arbeitsagentur das nicht glauben will: Es steht im Sozialgesetzbuch III, § 141 Abs. 2.

Für alle anderen empfiehlt sich, zumindest wenn sie einzelne größere Aufträge haben und vorher *angestellt* waren, **eine vorübergehende Abmeldung bei der Arbeitsagentur**: Wer während der Arbeitslosigkeit selbstständig etwas tun will, meldet sich für die erforderliche Zeit ab und stellt danach einen Wiederbewilligungsantrag. Obwohl viele Arbeitsagenturen dazu jedes Mal ein persönliches Erscheinen verlangen (manche akzeptieren die Rückmeldung auch telefonisch), scheint das die nervenschonendste Lösung zu sein: Man kann das

Honorar legal und ungekürzt kassieren und vermeidet Bürokratie und unliebsame Überraschungen. Jedenfalls wenn man das Arbeitslosengeld aufgrund einer vorherigen *Beschäftigung* bezieht. War man dagegen vorher als *Selbstständiger freiwillig* arbeitslosenversichert, so fliegt man bereits nach der zweiten derartigen Unterbrechung aus der Arbeitslosenversicherung raus⌕! In diesem Fall wäre eine Abmeldung also eine schlechte Empfehlung.

Während der Arbeitslosigkeit übernimmt die Arbeitsagentur die Beiträge zur **Kranken- und Rentenversicherung**. Wer sich zwischendurch für befristete Aufträge abmeldet, muss sich für diese Zeit jedoch selbst versichern. Wenn man über die KSK versichert ist, geht das ganz einfach: Man teilt der KSK mit, dass man arbeitslos ist, nebenher aber voraussichtlich soundso viel Euro aus freier Arbeit verdienen wird. Dafür zahlt man dann den ganz normalen Beitrag, der den Versicherungsschutz in den „Lücken" gewährleistet. Ob die Krankenkasse jeweils vom Wechsel von der Arbeitsagentur- auf die KSK-Versicherung informiert werden will, sollte man mit ihr abklären.

KSK-Versicherte, die während des Bezugs von Arbeitslosengeld (*ohne* Abmeldung) frei weiterarbeiten, müssen für die Honorare, sobald sie regelmäßig 325 € im Monat übersteigen, Rentenversicherungsbeiträge an die KSK zahlen. Von der Krankenversicherungspflicht über die KSK bleiben sie befreit.

Bezüglich der **Startformalitäten**⌕ und der **Steuer**⌕ gelten die allgemeinen Regeln, die in gesonderten Kapiteln beschrieben sind.

Selbstständig und Arbeitslosengeld II

Das Anfang 2005 als Ersatz für die frühere Arbeitslosenhilfe und die Sozialhilfe für „Arbeitsfähige" eingeführte Arbeitslosengeld II (Alg II) soll bedürftigen Menschen das Existenzminimum sichern. Als bedürftig in diesem Sinne gilt nicht nur, wer weder Arbeit noch Vermögen noch reiche Verwandte hat, sondern auch, wer *trotz Arbeit* zu wenig Geld zum Leben hat. Diesen „working poor" soll das Arbeitslosengeld II den Verdienst auf das Existenzminimum aufstocken. Damit können grundsätzlich auch Selbstständige, die mit ihrer Arbeit (noch) zu wenig zum Leben verdienen, als Ergänzung Arbeitslosengeld II beantragen.

Die wichtigsten Regelungen dazu, insbesondere was die besonderen Probleme von Selbstständigen angeht, sind im Folgenden genannt. Wer zu den *allgemeinen* Regeln mehr wissen will, findet weitere Informationen auf den

Erwerbslosenseiten von ver.di🕮 und bei der Koordinierungsstelle gewerkschaftlicher Arbeitslosengruppen🕮; persönliche Beratung gibt es über das online-Formular der ver.di-Erwerbslosenberatung🕮. Außerdem hat der DGB zu diesem Thema die Broschüre „Tipps für Selbstständige – Soziale Sicherung und wenn das Geld nicht reicht" herausgebracht, die beim DGB-Bestellservice🕮 bestellt werden kann. Autoren der Broschüre sind die mediafon-Berater Erwin Denzler und Kurt Nikolaus.

Arbeitslosengeld II: das Prinzip

Damit gar nicht erst falsche Hoffnungen aufkommen, sollte man sich zunächst klarmachen, dass das Arbeitslosengeld II einem ganz anderen Prinzip folgt als das „normale", das Arbeitslosengeld I:

Das **Arbeitslosengeld (Alg I)** ist eine *Versicherungsleistung*. Wer innerhalb der letzten zwei Jahre an 360 bzw. 180 Tagen (Seite 196) Beiträge bezahlt hat und arbeitslos wird, hat für eine bestimmte Zeit *Anspruch* auf dieses Geld. Je mehr er zuletzt eingezahlt hat, umso mehr bekommt er. Ob er nebenbei noch andere, z. B. Kapital-Einkünfte oder Vermögen hat, spielt für die Höhe des Arbeitslosengeldes I grundsätzlich keine Rolle.

Das **Arbeitslosengeld II** dagegen ist eine *Sozial*leistung. Es wird nur an Leute gezahlt, die bedürftig im Sinne des Gesetzes sind. Beiträge brauchen sie nicht gezahlt zu haben – dafür wird aber alles Geld, das ihnen sonst noch zur Verfügung steht, nach bestimmten Regeln angerechnet. Auch eine Erbschaft, eine Steuerrückzahlung, ein Lottogewinn oder die Tantiemen für ein lange vor dem Alg-II-Antrag geschriebenes Buch.

In welcher Weise und in welcher Höhe Vermögen🖉 und sonstige Einkünfte🖉 auf das Arbeitslosengeld II angerechnet werden, wird in gesonderten Kapiteln erläutert.

Rahmenbedingungen

Wer Arbeitslosengeld II bekommt, für den übernimmt der Leistungsträger die Beiträge zur gesetzlichen **Kranken- und Pflegeversicherung** komplett. Wer **privat krankenversichert** ist, bekommt zu den Beiträgen nur einen Zuschuss in Höhe des Beitrags, der bei einer gesetzlichen Krankenversicherung fällig wäre – im Jahr 2011 sind das ganze 131,34 €. Der Rest des Beitrags muss aus dem Alg II bestritten werden. Ein Wechsel in die gesetzliche Krankenversicherung ist in diesem Fall nicht möglich. An die gesetzliche Rentenversicherung überweist die Arbeitsagentur für Alg-II-Empfänger seit dem 1.1.2011 überhaupt keine Beiträge mehr.

Wer während des Bezugs von Alg II mit einer rentenversicherungspflichtigen Tätigkeit, z.B. als Dozentin, **mehr als 400 € im Monat** verdient, muss dafür selbst Beiträge an die Rentenversicherung zahlen – der Beitrag der Arbeitsagentur entfällt in diesem Fall ganz. Für Publizisten und Künstlerinnen gilt diese Pflicht schon ab 325 € im Monat – von der Krankenversicherungspflicht über die KSK bleiben sie jedoch befreit.

Wer so viel verdient, dass er eigentlich keinen Anspruch auf Alg II hat, und **nur durch die Beiträge zu einer privaten oder freiwilligen gesetzlichen Krankenversicherung unter die Alg-II-Grenze** rutschen würde, würde als Alg-II-Empfänger über die Arbeitsagentur krankenversichert – er brauchte dann also keine eigenen Beiträge mehr zu zahlen und läge damit wieder über der Alg-II-Grenze. Dann müsste er wieder die hohen Versicherungsbeiträge zahlen, womit er wieder... Um das daraus entstehende Kuddelmuddel zu vermeiden, zahlt die Arbeitsagentur solchen Leuten einen **Zuschuss** *„für eine angemessene Kranken- und Pflegeversicherung"*, sprich für eine Versicherung, die nicht teurer ist als die freiwillige gesetzliche im Normaltarif. Bezahlt wird genau so viel, dass das restliche Einkommen exakt auf die ALG-II-Grenze rutscht. Zusätzlich positiv ist, dass dieser Zuschuss nicht als ALG II gilt und die Empfängerinnen damit nicht zur Aufnahme berufsfremder Arbeiten, Ein-Euro-Jobs oder Ähnlichem gezwungen werden können. Allerdings müssen sie wie Alg-II-Empfänger eventuell vorhandenes Einkommen zunächst „verbrauchen".

Bezüglich der **Startformalitäten** und der **Steuer** gelten die allgemeinen Regeln, die in eigenen Kapiteln beschrieben sind.

Arbeiten darf man während des Bezugs von Alg II so viel, wie man will. Vor allem gibt es hier **keine 15-Stunden-Grenze** wie beim Arbeitslosengeld I (Seite 41). Auch eine Bestimmung, dass man *„dem Arbeitsmarkt zur Verfügung stehen muss"*, gibt es nicht. Das Wirtschaftsministerium hat ver.di sogar zugesichert, dass die selbstständige Arbeit von Alg-II-Empfängern gefördert werden soll. Allerdings nur, wenn sie die Chance bietet, dass sie damit irgendwann wieder halbwegs vernünftig Geld verdienen. Wenn der persönliche Ansprechpartner in der Agentur diesen Eindruck nicht hat, kann er verlangen, dass die Betroffenen ihre **selbstständige Tätigkeit** aufgeben und einen anderen Job annehmen. Nach dem Gesetz wäre in diesem Fall praktisch jede andere Tätigkeit zumutbar. Auch ein Ein-Euro-Job.

Wer aus dem Alg-II-Bezug heraus eine selbstständige Tätigkeit neu aufnehmen will, kann als Unterstützung dafür Einstiegsgeld⊘ bekommen.

Alle weiteren Details findet man in der oben genannten Broschüre „Tipps für Selbstständige – Soziale Sicherung und wenn das Geld nicht reicht" ⓘ.

> Detailinformationen zu diesem Thema finden sich in der Online-Ausgabe des Ratgebers an dieser Stelle in den Kapiteln
> - Wie „bedürftig" muss man für Alg II sein?
> - Arbeitslosengeld II und Vermögen
> - Arbeitslosengeld II, Einkommen und Freibeträge
> - Alg II – Antrag und Auszahlung

Selbstständig und Rente

Wer eine **normale Altersrente** bezieht, kann daneben so viel verdienen, wie er will. Auch hier sind die üblichen Regeln zu Startformalitäten⊘, Steuern⊘ und Sozialversicherung⊘ zu beachten, die in eigenen Kapiteln beschrieben sind.

Eine Einkommensbegrenzung gibt es nur für Leute, die schon **vor dem gesetzlichen Renteneintrittsalter,** zurzeit also noch vor dem 65. Geburtstag, eine volle Alters-, Berufsunfähigkeits- oder Erwerbsunfähigkeitsrente beziehen. Sie dürfen im Monat abzugsfrei höchstens 400 € brutto hinzuverdienen. Jedoch darf dieser Betrag zweimal pro Jahr um jeweils 100 Prozent überschritten werden. Liegt das Zusatzeinkommen höher, gibt es nur noch eine **Teilrente.** Dabei gilt: Die Hinzuverdienstgrenze liegt umso höher, je geringer die Teilrente ist. Die günstigste Kombination sollte man sich daher im Bedarfsfall genau ausrechnen lassen. Ab dem Zeitpunkt, an dem das gesetzliche Renteneintrittsalter erreicht wird, ist der Hinzuverdienst dann wieder unbegrenzt erlaubt.

Der erlaubte Hinzuverdienst hängt dabei nicht von der *Rentenhöhe* ab, sondern richtet sich nach dem *Einkommen* in den letzten drei Jahren vor Beginn der Rentenzahlung. Lag dieses Einkommen exakt im statistischen Durchschnitt (im Jahr 2008 waren das 2.507 € im Monat), so galten im Jahr 2010 für eine **vorgezogene Altersrente** folgende **Hinzuverdienstgrenzen:**

Rentenhöhe	Hinzuverdienstgrenze
Vollrente	400,00 €
2/3-Teilrente	996,45 €
1/2-Teilrente	1.456,35 €
1/3-Teilrente	1.916,25 €

Zu einer **Erwerbsunfähigkeitsrente** darf man etwas mehr hinzuverdienen. Die exakten Grenzen werden jeweils in einer Anlage zum Rentenbescheid mitgeteilt.

Das Geschäft

Das Schöne an der selbstständigen Arbeit ist, dass man mit dem, was man am liebsten macht, Geld verdienen kann. In einigen Fällen sogar ziemlich viel.

Das Blöde an der selbstständigen Arbeit ist, dass man sich bei dem, was man am liebsten macht, dauernd mit Geld beschäftigen muss. Jeden Tag. Dass es für Selbstständige so gut wie keine Tarifverträge und keine festen Preislisten gibt, und staatliche Honorarordnungen mit Gesetzeskraft nur für wenige etablierte Berufe wie Ärzte, Anwälte und Architekten. Den kreativen Berufen gibt das Urheberrecht einen gesetzlichen **Anspruch auf ein „angemessenes" Honorar** ⌕ – trotzdem haben sie es kaum einfacher: Auch sie müssen trotzdem jeden einzelnen Preis selbst kalkulieren, anbieten und selbst aushandeln.

Eines sollten dabei alle wissen: Nicht nur Berufsanfängerinnen haben damit Probleme. Professionelle Honorare nicht nur zu erträumen, sondern auch zu verlangen *und durchzusetzen,* ist verdammt schwer. Aber auch verdammt nötig, wenn man nicht gleich als Möchtegern abgestempelt werden will.

In manchen Bereichen herrschen da ganz spezielle Sitten. Krankenkassen diktieren die Preise für die Physiotherapie mehr oder weniger einseitig, und viele Zeitungsredaktionen überweisen ohne Rechnung irgendwann irgendwelche Beträge, die *sie* für angemessen halten.

Aber das ist kein Ausweg. Auch freie Journalisten müssen lernen, selbst zu entscheiden, was ihre Arbeit wert ist (siehe Seite 52). Sie müssen von Anfang an lernen zu kalkulieren, Angebote zu machen, Forderungen zu stellen, Rechnungen zu schreiben. Diesen Spielraum haben sie, anders als etwa die Gesundheitsberufe, die die vorgegebenen Honorare nur akzeptieren – oder sich einen anderen Beruf suchen können.

Die wichtigste Regel dabei heißt: **Über Geld muss man offen und deutlich reden.** Und zwar *vorher.* Die zweite Regel heißt: **Auftraggeber lieben überschaubare Summen.** Und hassen Überraschungen auf der Endabrechnung. Also sollte man dem Kunden eine klare Vorstellung davon geben, was ihn der Auftrag am Ende kosten wird. Und sollte nicht die Forderung mithilfe versteckter Nebenkosten und anderer Tricks kleiner erscheinen lassen, als sie wirklich ist. Eine Rechnung, die den Kunden erschreckt („Mit so hohen Nebenkosten hatte ich nicht gerechnet!"), ist eine schlechte Voraussetzung für weitere Aufträge.

Das Geschäft | 49

Grundinformationen zum Vertragsrecht

Noch schwerer tun sich viele damit, zu diesen Honoraren dann auch noch klare Vertragsbedingungen auszuhandeln und zu formulieren. Auch hier gibt es zwei Grundregeln: Zum einen sollte man **nie so tun, als wüsste man, was man in Wirklichkeit gar nicht weiß.** Anfänger zu sein ist keine Schande. Also redet mit euren Auftraggebern (erst recht, wenn es ein größeres Unternehmen ist), fragt nach dem Sinn von Vertragsklauseln, die ihr nicht versteht, lasst euch beraten, redet mit erfahrenen Kolleginnen. Und vor allem: Unterschreibt nie etwas, von dem ihr nicht definitiv wisst, dass es richtig ist.

Zum anderen sollte man sich **das Leben nicht unnötig kompliziert machen.** Gerade in Vertragsfragen herrscht ein unerklärlicher Drang, einfache Sachverhalte so unverständlich wie möglich auszudrücken. Dafür gibt es keinen vernünftigen Grund: Der Satz *„Ich liefere Ihnen morgen zum Abdruck in Ihrer Zeitung 150 Zeilen über den Besuch des Ministerpräsidenten und bekomme dafür von Ihnen 150 Euro"* ist ein *vollständiger* Vertrag. Es ist ein guter Vertrag, weil alles Weitere (in vernünftiger Form) im Bürgerlichen Gesetzbuch geregelt ist. Und es ist ein voll *gültiger* Vertrag auch dann, wenn man das nur mündlich am Telefon besprochen hat.

Im Grunde ist **Vertragsrecht** (siehe Seite 65) ganz einfach: Wenn zwei Leute etwas voneinander wollen, dann besprechen sie, wie sie das regeln wollen. Und wenn sie sich geeinigt haben, ist der Vertrag fertig. Wollen sie dann noch sichergehen, dass sie sich richtig verstanden haben, dann schreiben sie das Ganze noch einmal auf. Und zwar in möglichst klaren Worten, die jeder versteht. **Denn Verträge sollen vor allem Klarheit schaffen.**

Im Einzelhandel sind da selten viele Worte nötig: Beide Seiten wissen, was sie voneinander wollen und wie das abgewickelt wird. Bei individuellen Dienstleistungen, vor allem im kreativen Bereich, gibt es meist mehr zu bereden. Aber auch hier sollte, wer einen Vertrag schließen will, nicht das Internet nach irgendwelchen möglichst kompliziert klingenden Musterverträgen durchforsten. Sondern sollte diese Zeit lieber dafür verwenden, ausführlich mit dem Kunden zu reden. Denn Streit über Verträge gibt es in der Regel nur dann, wenn man nicht alles besprochen hat. Wenn die Journalistin nicht nach den Spesen gefragt hat, die sie zusätzlich zum Zeilengeld haben möchte. Und die Auftraggeberin nicht gesagt hat, dass sie den Text ohne weiteres Honorar auch noch in einem anderen Medium publizieren will. Da hilft dann auch kein schriftlicher Vertrag – am Ende ist eine sauer. Oder auch beide.

Neun von zehn Honorarstreitigkeiten von Selbstständigen beruhen auf *unklaren Absprachen,* sagt ein Jurist, der solche Fälle dann im Rahmen des ver.di-Rechtsschutzes bearbeiten muss. Dass getroffene Absprachen *nicht eingehalten* werden, ist nur für jeden zehnten Fall die Ursache.

Eine **mündliche Absprache** ⌀ (die natürlich auch per E-Mail getroffen werden kann) ist juristisch genauso wirksam wie ein schriftlicher Vertrag – nur dass man sie im Streitfall vor Gericht schwer beweisen kann.

Hat man sich aber geeinigt, so ist auch ein **schriftlicher Vertrag** meist gar kein Problem mehr: Da schreibt man einfach das hinein, was man vorher besprochen hat. Hat die Auftragnehmerin vorher ein **schriftliches Angebot** ⌀ gemacht, was sich bei größeren Aufträgen immer empfiehlt, so reicht es aus, wenn der Kunde das Angebot (schriftlich – eventuell mit Modifikationen) annimmt. Oder sie schickt selbst eine **Auftragsbestätigung** ⌀. Das kann ein einfacher Brief sein, in dem sie dem Kunden bestätigt, sie habe den Auftrag zu den besprochenen Bedingungen angenommen, die sie anschließend noch einmal aufführt. Widerspricht der Kunde diesem Schreiben nicht, so ist es im Streitfall vor Gericht so gut wie ein schriftlicher Vertrag ⌀.

Wer häufig ähnliche Verträge abschließt, kann – um den Vertrag möglichst einfach zu halten – einige ständig wiederkehrende Bestimmungen in **Allgemeine Geschäftsbedingungen (AGB)** ⌀ aufnehmen. Auch solche AGB brauchen nicht kompliziert zu sein. Schon der Satz *„Nicht wahrgenommene Behandlungstermine, die nicht mindestens 24 Stunden vorher abgesagt wurden, werden in voller Höhe in Rechnung gestellt"* auf dem Terminzettel einer Physiotherapiepraxis ist eine AGB, die die Patientin akzeptiert, sobald sie die Behandlung aufnimmt. Längere AGB sind nur in wenigen Berufen sinnvoll – in der Fotografie zum Beispiel.

Viele AGB wiederholen ohnehin nur, was längst im Gesetz steht. Warum aber soll der Kommunikationsdesigner per AGB festlegen, dass das Urheberrecht gilt, dass nicht vereinbarte Nutzungen einen neuen Honoraranspruch auslösen, dass der Entwurf nicht verändert werden darf, dass 30 Tage nach Zugang der Rechnung Verzugszinsen fällig werden, dass die gesetzlichen Haftungsbestimmungen gelten usw. usf.? Das versteht sich alles von selbst. Ohne dass man ein Wort darüber zu verlieren braucht. Steht ja schließlich in den einschlägigen Gesetzen.

Das BGB ist dein Freund

Wichtiger ist, dass man sich (und den Auftraggebern) einige Grundsätze des Vertragsrechts klarmacht, wie sie im Bürgerlichen Gesetzbuch (BGB) festgelegt sind. Denn in vielen Streitfragen zwischen Unternehmen steht das BGB auf der Seite der Schwächeren – und das sind leider häufig die Auftragnehmer. Nach dem BGB gilt zum Beispiel, sofern nicht ausdrücklich etwas anderes vereinbart wurde, dass der Auftraggeber

- einen Werkvertrag kündigen⌕ darf, aber trotzdem das volle Honorar zahlen muss – auch wenn ich mit der Arbeit noch gar nicht angefangen habe,
- immer das volle Honorar⌕ zahlen muss, wenn das Werk geliefert – und handwerklich in Ordnung ist,
- keine „Nachbesserung"⌕ verlangen oder gar das Honorar mindern darf, nur weil ihm das Ergebnis *nicht gefällt*.

Dass viele Bildungsträger das Honorar für Veranstaltungen, die sie selbst kurzfristig abgesagt haben, gar nicht oder nur zur Hälfte auszahlen, entbehrt ebenso jeder gesetzlichen Grundlage wie das bei Printmedien beliebte „Ausfallhonorar" von 50 %⌕, wenn ein auf Bestellung gelieferter Artikel nicht gedruckt wird. (Rechtens ist beides nur, wenn es vorher vertraglich vereinbart wurde.)

Und wenn man sich die Gesetze noch genauer anschaut, dann entdeckt man, dass etliche Selbstständige sogar Anspruch auf bezahlten Urlaub⌕ haben – auf Kosten ihres Hauptauftraggebers. Auch wenn das keiner glaubt.

Von der Kalkulation bis zum Auftrag

Am Anfang muss ein klar definierter Auftrag stehen. In manchen Branchen bereitet das keine Schwierigkeiten: Was zu einer Lymphdrainage, einem Buch, einem Seminar gehört, das wissen alle Beteiligten, darüber braucht man nicht lange zu reden. Je individueller die Dienstleistungen aber werden, umso mehr muss man reden. Schon beim Auftrag, ein Buch zu lektorieren, wird es schwierig: Welche Leistungen, wie viele Recherchen, wie viel Umschreiben gehören dazu? Das muss man besprechen und sehr präzise festlegen, da gibt es keine Standards.

Bei Multimediaprodukten kann das Tage und Wochen dauern. Wer etwa Websites für kleine Gewerbetreibende baut, die noch nicht viel Ahnung vom Internet haben, muss damit rechnen, dass sie immer neue Begehrlichkeiten entwickeln, je besser sie die Möglichkeiten von HTML, Php, Flash & Co. kennenlernen. Da nutzt ein schnell hingeschriebenes Angebot gar nichts, wenn es später bei jeder Besprechung modifiziert werden muss. Also sollte man hier viel Zeit darauf verwenden, dem Kunden erst mal anhand konkreter Beispiele zu zeigen, was im Netz alles möglich ist, und zu besprechen, was für ihn sinnvoll ist. Das Angebot muss dann eine präzise **Leistungsbeschreibung** enthalten, damit der Kunde später selbst einschätzen kann, welche seiner Sonderwünsche zusätzliche Kosten verursachen.

Mit anderen Problemen ist häufig konfrontiert, wer für Unternehmen Datenbanken programmiert, EDV-Systeme analysiert oder entwickelt: Dort kann viel unvorhergesehener Zeit- und Abstimmungsaufwand entstehen, wenn das neue System und die Organisationsabläufe im Unternehmen aufeinander abgestimmt werden müssen. Oder es stellt sich heraus, dass das Unternehmen Vorleistungen erbringen muss, die viel Zeit brauchen, während derer das Projekt brach liegt. Nicht selten bewirkt auch ein Personalwechsel beim Kunden, dass sich die Anforderungen grundlegend verändern.

Selbstständige müssen wissen, dass bei solchen Projekten neben der eigentlichen Arbeit ein großer **Beratungsaufwand** auf sie zukommt, und sie müssen diesen Aufwand in ihre Kalkulation einbeziehen. Ihre Angebote müssen sicherstellen, dass einerseits nicht *sie* am Ende unbezahlte Arbeit leisten müssen, andererseits der Kunde aber auch nicht von Geldforderungen überrascht wird, mit denen er nicht gerechnet hatte. Denn auch wenn diese Forderungen berechtigt sind: Ein verärgerter Kunde ist ein verlorener Kunde.

Wie finde ich meinen Preis?

Nie sind Selbstständige so allein, wie wenn sie einen Preis kalkulieren müssen für einen Auftrag, dessen Arbeitsaufwand sie noch nicht recht einschätzen können. Und das ist in Berufen, die keine Standardprodukte anbieten, leider die Regel. Trotzdem ist es bei größeren Aufträgen üblich – und vernünftig –, dass Auftraggeber ein Angebot haben wollen. Und Selbstständige sollten genau das anstreben. Denn die vor allem im Medien- und Bildungsbereich verbreitete Praxis, dass Auftraggeber ganz selbstverständlich selbst festsetzen wollen, was *meine* Leistung kostet, führt nicht nur zu schandbar niedrigen Honoraren. Sie demoralisiert auch: *Ich* bin der, der etwas anzubieten hat. *Ich, verdammt noch mal, ich bestimme, was meine Arbeit wert ist.*

Bevor Selbstständige aber ihren Preis nennen, sollten sie sich drei Grundregeln einprägen.

Die erste heißt: **Nehmt euch Zeit zum Nachdenken.** Antwortet niemals spontan auf die Frage, was das denn „so ungefähr" kosten würde. Die Erfahrung zeigt, dass spontan genannte Preise *immer* zu niedrig sind. Und zwar *viel* zu niedrig. Wenn es ein vernünftiger Kunde ist, wird er verstehen, dass ihr ein bisschen Zeit braucht, um in Ruhe zu kalkulieren. Das sollten mindestens 24 Stunden sein, damit man wenigstens eine Nacht darüber schlafen kann.

Wer keine Erfahrungswerte und keine festen Preise hat, braucht diese Zeit auch wirklich. Am besten, ihr versucht dann, euch dem Preis auf mehreren Wegen zu nähern und viele Fragen zu stellen wie:
- In welcher Spanne bewegen sich die marktüblichen bzw. empfohlenen Honorare🔗 für einen solchen Auftrag?
- Wie hoch schätze ich meinen Zeitaufwand? Welchen Stundensatz🔗 will ich erzielen? Welche Sachkosten entstehen? Welchen Preis ergäbe das unter dem Strich?
- Soll es ein günstiges „Einführungsangebot"🔗 sein oder eine Klarstellung, dass gute Arbeit gutes Geld kostet? Wie zahlungskräftig ist der Auftraggeber?
- Sind Folgeaufträge zu erwarten, die einen Teil meines Aufwandes, z. B. für die Recherche, mitfinanzieren können? Kann ich Teile, z. B. neu entwickelte Programm-Module, noch für andere Kunden nutzen?
- Kenne ich Preise von Kollegen für ähnliche Aufträge? Was habe ich selbst schon für ähnliche Aufträge berechnet? War das im Nachhinein genug?

Wenn es ein ganz schwieriger Fall ist, fragt man noch mal eine erfahrenere Kollegin um Rat, geht mit seinen Wünschen ein paar Tage schwanger und wartet darauf, dass sich all diese Zahlen im eigenen Kopf zu einem Preis zurechtrütteln. Genauer geht es kaum. Selbstständige Arbeit – zumal wenn sie individuell geprägt ist – lässt sich nicht präzise in Zeit- und Lohneinheiten messen.

Die zweite Grundregel heißt: **Jeder Auftrag dauert länger als kalkuliert.** Es ist also durchaus vernünftig, auf den so „ermittelten" Wunschpreis noch mal ordentlich was draufzuschlagen. Für die kreativen Berufe empfehlen manche, dabei gleich in die nächste „Dimension" zu gehen: Wer den Aufwand auf drei Tage schätzt, sollte danach mit drei Wochen kalkulieren, wer drei Wochen veranschlagt, drei Monate usw. Das muss so krass nicht sein. Aber dass Aufträge, die keine Routinejobs sind, doppelt so viel Zeit brauchen wie geplant, ist alles andere als eine Seltenheit.

Und weil an dieser Stelle viele dann doch zusammenzucken, wenn sie sehen, was sie da ausgerechnet haben, und fürchten, da könnte der Kunde vor Schreck gleich ganz abspringen, sei noch eine dritte Regel genannt: **Über Angebote kann man reden.** Dazu macht man sie ja schließlich.

Natürlich passiert es mal, dass Privatleute zurückzucken, wenn sie zum ersten Mal hören, was es kosten würde, sich ihre Biographie von einem Ghostwriter schreiben zu lassen. Und wo Projekte ausgeschrieben werden, muss man mit seinen Preisen gegen andere Anbieter bestehen. Das geschieht aber vor allem dort, wo es um standardisierte Leistungen geht. In kreativen Berufen ist es eher selten.

Bei normalen Geschäftskunden habe ich noch nie gehört, dass sie eine Geschäftsverbindung abgebrochen haben, weil ihnen ein Angebot zu hoch war. Wenn sie es zu hoch finden, werden sie das zum Ausdruck bringen – dann kann man verhandeln. Deswegen heißen „Verhandlungen" ja auch so. Wer aber die Vertragsverhandlung vorher quasi mit sich selbst führt und gleich mit einem niedrigeren Angebot in die Verhandlung geht, verschenkt allzu oft Geld.

Für die Honorarverhandlung sollte man für sich selbst vorher *drei* Zahlen festlegen: den Preis, mit dem man in die Verhandlung geht; den Preis, den man durchsetzen will, und die Untergrenze, bei der man auf jeden Fall Nein sagt. Bei „harten" Kunden ist besonders die letzte Zahl wichtig: Wer mit nichts weiter in das Gespräch hineingeht als: „Mal sehen, was sie anbieten", kommt immer mit zu wenig heraus.

Und schließlich sollte man, um mit der Zeit ein immer besseres Gefühl für den richtigen und den durchsetzbaren Preis zu bekommen, jedes Angebot doppelt kontrollieren:
- Zum einen **im Vertragsgespräch:** Wie reagiert der Kunde? Wenn er zu meinem Preis einfach „in Ordnung" sagt, dann gab es noch Spielraum nach oben.

- Zum zweiten **während des Auftrages:** Ich führe auch bei Festpreis-Aufträgen immer Stundenzettel – nur für mich selbst, um am Ende überprüfen zu können, ob meine eigenen Vorgaben realistisch waren, und bei späteren Aufträgen präzise Vergleichswerte zu haben.

> Detailinformationen zu diesem Thema finden sich in der
> Online-Ausgabe des Ratgebers an dieser Stelle in den Kapiteln
> ■ Was ist eigentlich ein angemessenes Honorar?
> ■ Festpreis, Bezahlung nach Aufwand und Zuschläge
> ■ Soll man billiger anbieten, um ins Geschäft zu kommen?
> ■ Honorarempfehlungen und Honorardatenbanken

Mündlicher oder schriftlicher Vertrag?

In den Geschäftsbereichen, die dieser Ratgeber behandelt, sind die unterschiedlichsten Vertragsformen üblich – vom mündlichen Auftrag „per Anruf" in Gesundheitsberufen oder im Zeitungsjournalismus bis zum ausgefeilten, viele Seiten langen Vertrag mit zusätzlichem Pflichtenheft bei Softwareaufträgen. *Die* richtige Form gibt es da nicht.

Grundsätzlich gibt es zur individuellen Festlegung der Vertragskonditionen drei Möglichkeiten:
- man einigt sich **mündlich**⊠ auf die Konditionen und fixiert sie eventuell noch in einer schriftlichen **Auftragsbestätigung**⊠;
- der Auftragnehmer macht ein schriftliches **Angebot**⊠, das der Auftraggeber akzeptiert;
- es wird ein richtiger **schriftlicher Vertrag**⊠ aufgesetzt und von beiden Seiten unterschrieben.

Entscheidend ist bei allen drei Formen, dass vor dem Auftrag wirklich *alle* wichtigen Punkte besprochen und *eindeutig* geklärt werden. Wenn das der Fall ist, gibt es hinterher in aller Regel auch keinen Streit mehr – warum auch? Es ist ja alles geklärt. Im wirklichen Leben versuchen doch nur die wenigsten, ihre Geschäftspartner böswillig über den Tisch zu ziehen: Wer Absprachen trifft, will die auch einhalten.

Dabei sollte man sich angewöhnen, *immer* selbst einen Vorschlag für den Preis und die Vertragsbedingungen zu machen. Zum selbstständigen Arbeiten gehört es einfach dazu, dass man sich die Konditionen nicht von anderen diktieren lässt: Für die Friseurin, den Pizza-Bringdienst, das Sonnenstudio ist das selbstverständlich – sie alle haben ihre Preisliste, der Klempner und die Autowerkstatt haben ihren festen Stundensatz, und alle können mir sagen, was das kostet, was ich von ihnen möchte. Warum bloß sollen freie Journalisten, Webdesigner und Dozentinnen das nicht können?!

Die Konditionen selber zu formulieren hat aber auch ganz praktische Vorteile: Zum einen brauche ich in einem selbst formulierten Vertrag nicht nach Fußangeln zu suchen – wenn es denn welche gäbe, hätte ich sie ja selber eingebaut. Und zum anderen verhandelt es sich sehr viel leichter, wenn die Kundin *ihre* Vorstellungen in *mein* Vertragsangebot einbauen muss, als umgekehrt.

Detailinformationen zu diesem Thema finden sich in der
Online-Ausgabe des Ratgebers an dieser Stelle in den Kapiteln
- Mündlicher Vertrag und Auftragsbestätigung
- Angebot und Annahme
- Schriftlicher Vertrag

Verträge selber machen?

Verträge zu formulieren ist keine Geheimwissenschaft. Man braucht dazu in aller Regel auch keine Musterverträge, die auf den konkret infrage stehenden Auftrag ja doch nie so richtig passen. Die Antwort ist eindeutig: Ja! Man kann Verträge selber formulieren.

Man sollte sich einfach klarmachen: **Verträge sind Verabredungen,** weiter nichts. Bei Verabredungen weiß man: Sie funktionieren umso besser, je klarer sie besprochen sind. Bei Verträgen ist das nicht anders: Ein Vertrag, der kryptische und miss- oder unverständliche Formulierungen enthält, ist ein schlechter Vertrag.

Die wichtigste Voraussetzung für einen guten Vertrag ist also, dass man eine klare Absprache getroffen hat. Wo Aufträge nur mündlich formuliert werden, muss die erste Frage sein: **Handelt es sich wirklich um einen Auftrag?** Im Journalismus etwa, der hier noch einmal als trauriges Beispiel herhalten muss, trauen sich viele Berufsanfänger diese Frage nicht zu stellen, wenn eine Redakteurin auf ein Themenangebot sagt: „Klingt interessant, schicken Sie das doch mal vorbei." Ist das ein Auftrag? Im Zweifelsfall nicht. Also muss man fragen. Und wenn die Redakteurin gemeint hat, dass sie sich den Text nur mal unverbindlich anschauen will, ist ja auch nichts verloren: Bezahlt hätte sie so oder so nur bei Abdruck. Dann weiß ich wenigstens, dass ich den Text auf eigenes Risiko losschicke.

Ist das geklärt, so muss man für einen korrekten Vertrag im Grunde nur über fünf Punkte sprechen – und vielleicht sogar über noch weniger, falls einzelne schon aus früheren Aufträgen klar sind:
- **Welche Leistungen** erbringt der Auftragnehmer?
- **Welche Vorleistungen** muss die Auftraggeberin erbringen?
- **Welche Vergütung** wird vereinbart?
- **Zu welchen Terminen** wird der Auftrag erfüllt?
- Und falls relevant: **Welche Nutzungsrechte** erwirbt der Auftraggeber?

Natürlich kann es je nach Auftrag noch weiteren Klärungsbedarf geben. Aber diese Liste sollte man bei jedem Auftragsgespräch, bei jeder Anfrage eines Kunden im Kopf haben: Sind diese fünf Punkte wirklich klar, spielt die Frage, in welcher Form sie für den Vertrag dann schließlich fixiert werden, nur noch eine untergeordnete Rolle. Wurde auch nur einer nicht angesprochen, ist Ärger wahrscheinlich.

Welche Fragen bei größeren Aufträgen und in bestimmten Arbeitsbereichen außerdem noch geklärt werden sollten, steht im Kapitel „Checkliste für Angebote und Vertragsgespräche" ⌕.

> Detailinformationen zu diesem Thema finden sich in der
> Online-Ausgabe des Ratgebers an dieser Stelle in den Kapiteln
> - Checkliste für Angebote und Vertragsgespräche
> - Sonderbedingungen für langfristige Dienst- und Pauschalverträge
> - Gibt es brauchbare Musterverträge?

Von der Fertigstellung bis zum Geldeingang

Sobald bei einem Dienstvertrag die Leistung erbracht, bei einem Werkvertrag das Werk abgenommen oder bei einem Kaufvertrag die Ware geliefert ist, ist die Bezahlung fällig: Man schreibt die Rechnung, der Kunde zahlt, und die Selbstständige wendet sich neuen Aufgaben zu. So sollte es immer sein.

Da Selbstständige es besonders im Bereich von Kunst, Literatur und Web-Design häufig mit Kunden zu tun haben, die vom Bürgerlichen Gesetzbuch und dem Urheberrecht noch weniger wissen als sie selbst, bleiben Streitigkeiten nicht aus: Da „stornieren" Auftraggeber Verträge, die gar nicht kündbar sind, kürzen der Designerin das Honorar, weil ihnen die bestellten Visitenkarten nicht gefallen, oder zögern die Zahlung einfach gesetzwidrig lange hinaus.

Das folgende Kapitel ist aus diesen Erfahrungen länger geworden als geplant: Es geht darum,
- unter welchen Bedingungen der Kunde **kündigen** kann (siehe unten),
- wann das **Honorar fällig** ist (Seite 59),
- wann der Kunde **Nachbesserung** ⌕ verlangen kann,
- wann man säumigen Zahlern **Verzugszinsen** berechnen kann (Seite 62) und
- welche Chancen man hat, wenn der **Kunde pleitegeht** (Seite 64).

Wenn der Kunde kündigen will

Natürlich können Verträge in aller Regel auch gekündigt werden. Die Bedingungen dafür und die Fristen sind in Arbeits-, Miet-, Leasing- und Providerverträgen normalerweise präzise festgeschrieben. In Dienstverträgen und vor allem in Werkverträgen fehlt es aber oft an Vereinbarungen zur Kündigung. Deshalb gibt es dort häufig Streit, wenn der Auftraggeber einseitig aus dem Vertrag aussteigen will.

Oft darf er das gar nicht – jedenfalls nicht ohne Honorarzahlung. Bei **befristeten Dienstverträgen** ⌕, zum Beispiel **Dozentenverträgen** für einzelne Seminare oder **Gastspielverträgen** von Theatergruppen, ist eine Kündigung nur möglich, wenn diese Möglichkeit ausdrücklich im Vertrag vereinbart wurde. Fehlt eine solche Vereinbarung, muss das Honorar gezahlt werden – auch wenn das Seminar mangels Teilnehmern bereits Wochen vorher abgesagt wurde.

Werkverträge dagegen darf die Auftraggeberin *jederzeit* kündigen – allerdings muss sie trotzdem das volle Honorar bezahlen, auch wenn der Auftragnehmer mit der Arbeit noch gar nicht begonnen hat.

Die genauen Regeln zur Kündigung von Verträgen werden in einem eigenen Kapitel behandelt (Seite 67).

Wann ist das vereinbarte Honorar fällig?

Grundsätzlich kann man für die Zahlung beliebige Termine vereinbaren: bei Vertragsschluss, bei Lieferung, bei Veröffentlichung, am 24.12., in Raten oder wann auch immer. Wo nichts vereinbart wurde, ist die Zahlung fällig, sobald die Auftragnehmerin ihren Teil des Vertrages erfüllt hat. Das ist der Fall

- bei **Dienstverträgen** ⃞, sobald sie die vereinbarte Dienstsleistung erbracht hat;
- bei **Kaufverträgen** ⃞, sobald sie die gekaufte Ware geliefert hat;
- bei **Werkverträgen** ⃞, sobald der Kunde mit einer **Abnahme** ⃞ bestätigt hat, dass das Werk vertragsgemäß geliefert wurde und ohne größere Mängel ist.
- Bei **Nutzungsverträgen** ⃞ mit erfolgsabhängiger Vergütung muss eine regelmäßige Abrechnung erfolgen; für Bücher schreibt das Verlagsgesetz die Abrechnung jährlich für das vergangene Geschäftsjahr vor – die meisten Verlage rechnen aber halbjährlich ab.

„Fällig" bedeutet: Zu diesem Termin kann die Auftragnehmerin ihre Rechnung schreiben. Ist der Termin erreicht und die Rechnung beim Auftraggeber eingegangen, beginnt die gesetzliche Zahlungsfrist von 30 Tagen zu laufen (siehe Seite 62).

Die ärgerliche Praxis vieler Zeitschriften und Rundfunkanstalten, dass sie auch für bestellte Beiträge das **Honorar erst nach Veröffentlichung bzw. Sendung** zahlen, entspricht nicht der Gesetzeslage (leider aber den Tarifverträgen in manchen öffentlich-rechtlichen Sendern): In dem Augenblick, in dem der freie Journalist den Beitrag liefert, hat er seinen Teil des Vertrages erfüllt. Damit ist das Honorar fällig. Wenn die Redaktion den Beitrag dann über Wochen oder sogar Monate schiebt, ist das ihr Problem. (Und wenn die Redaktion sich damit herausreden will, sie hätte ja gar keine Rechnung bekommen, dann kriegt sie eben eine – ein weiterer Grund, grundsätzlich *selbst* Rechnungen zu schreiben und nicht auf die Abrechnungen der Verlage zu warten!)

Detailinformationen zu diesem Thema finden sich in der Online-Ausgabe des Ratgebers an dieser Stelle im Kapitel
- Die Abnahme – wie funktioniert das?

Wenn der Kunde nicht zufrieden ist

Leider bleibt auch das nicht aus: Da hat man so lange an dem Logo und der ganzen Geschäftsausstattung für den Kunden gearbeitet, und dann sagt der: „Nöö. Ist nicht das, was ich mir vorgestellt habe. Gefällt mir nicht." Und dann will er nicht zahlen, oder er „storniert" den Auftrag schon vorher. Natürlich wird jeder zunächst versuchen, in diesem Fall eine einvernehmliche, kulante Lösung zu finden. Man wird die Briefbögen noch mal überarbeiten, und vielleicht bietet man dem Kunden sogar eine Honorarminderung an. Wissen sollte man dabei aber auf jeden Fall, dass die eigene Rechtsposition – sofern man nicht richtige Fehler gemacht hat – sehr komfortabel ist.

Eine einseitige **Kündigung** (siehe Seite 58) ist gar nicht so leicht: Bei einem befristeten Dienstvertrag ist sie in der Regel ausgeschlossen, und bei einem Werkvertrag ist sie zwar jederzeit erlaubt – aber nur, wenn der Kunde trotzdem das volle Honorar bezahlt.

Die **Abnahme verweigern** kann der Kunde nur, wenn es sich um einen *Werkvertrag* handelt und das Werk *handwerkliche* Mängel hat. Oder wenn es nicht dem Vertrag entspricht. In diesem Fall muss ich nachbessern. „Nicht-Gefallen" ist dagegen kein Grund, meine Arbeit zurückzuweisen.

Schon gar nicht darf er mein Honorar kürzen, weil ihm das Computerprogramm nicht gefällt, das ich für ihn produziert habe. Nur wenn ich es trotz Nachbesserungen nicht schaffe, die Software stabil zum Laufen zu bringen, braucht er sie gar nicht abzunehmen. Oder kann mein Honorar kürzen. Oder kann auf meine Kosten jemand anderen mit dem Debugging beauftragen.

Das Prinzip ist ganz einfach: Wenn ich die Leistung erbracht habe, zu der ich mich im Vertrag verpflichtet habe, habe ich den Vertrag erfüllt. Dann bin ich immer auf der sicheren Seite. Ob ich dem Kunden in einzelnen *Geschmacks*fragen entgegenkomme, das ist eine ganz andere Frage. Aber nur eine Frage der Freundlichkeit.

Detailinformationen zu diesem Thema finden sich in der
Online-Ausgabe des Ratgebers an dieser Stelle in den Kapiteln
- Schlechtleistung, Nacherfüllung und Honoraranspruch
- Wie oft muss ich nachbessern?
- Wann darf der Kunde das Honorar kürzen?

Die Rechnung

Sobald das Honorar fällig ist (siehe Seite 59), kann endlich die Rechnung geschrieben werden. Wo die Auftragsmodalitäten wirklich klar sind, ist das gar nicht schwer: Man berechnet einfach das, was vereinbart wurde.

Also: *„Für das Seminar zum Thema ‚Angebot, Rechnung und Mahnung bei freien Dozenten' berechne ich Ihnen wie vereinbart..."* Folgt **das vereinbarte Honorar,** gegebenenfalls zuzüglich Mehrwertsteuer. Fertig ist die Rechnung. Jedenfalls dann, wenn man drum herum alle **gesetzlich geforderten Angaben** ⊠ gemacht hat. Wer zusätzlich Spesen und Fremdleistungen erstattet haben möchte, beachte die Hinweise im Kapitel „Wie stellt man Spesen und Fremdleistungen in Rechnung?" ⊠

Eine **Zahlungsfrist** ⊠ braucht man auf Rechnungen nicht zu nennen. Nach dem BGB ist die Zahlung ohnehin sofort fällig – ob man es draufschreibt oder nicht. Und da klingt ein Satz wie *„Für einen gelegentlichen Ausgleich der Rechnung bedanke ich mich schon jetzt"* doch irgendwie freundlicher als ein barsches *„Zahlbar sofort ohne jeden Abzug".* In beiden Fällen kann man dann – ohne weitere Mahnung – nach 30 Tagen Verzugszinsen ⊠ verlangen.

Auf Rechnungen **Skonto** bei sofortiger Bezahlung einzuräumen ist eigentlich nur im Handel üblich. Wer ganz dringend Geld braucht, sollte lieber mal nett mit dem Auftraggeber über eine Abschlagszahlung reden. Das ist billiger und bringt im Zweifelsfall mehr.

Eine Rechnung auszustellen ist übrigens *Pflicht,* jedenfalls bei Geschäften zwischen Selbstständigen und anderen Unternehmern. Einzige Ausnahme: Wo der Auftraggeber die Abrechnung vornimmt, wie das in vielen Zeitungshäusern und Rundfunkanstalten üblich ist, gilt die **Gutschrift** als vollwertiger Ersatz für eine eigene Rechnung. Vorausgesetzt natürlich, sie enthält alle erforderlichen Angaben.

Und weil das immer wieder gefragt wird: **Rechnungen schreiben darf jeder.** Auch wer kein Gewerbe angemeldet hat, auch wer neben dem Studium nur ein einziges Mal eine Website gestaltet, darf für seine Leistung natürlich eine Rechnung ausstellen. Warum denn nicht?

Rechnungen sind meist unpersönlich. Legt also ruhig ein persönliches Anschreiben bei. Das freut den anderen.

> Detailinformationen zu diesem Thema finden sich in der
> Online-Ausgabe des Ratgebers an dieser Stelle in den Kapiteln
> - Was muss auf einer korrekten Rechnung alles draufstehen?
> - Wie stellt man Spesen und Fremdleistungen in Rechnung?
> - Soll man eine Zahlungsfrist setzen?

Was tun, wenn der Kunde nicht zahlt?

Leider gibt's das auch: Der Kunde hat nach 30 Tagen noch nicht gezahlt. Solange es da nicht um große Summen und offensichtliche Betrügereien geht, empfiehlt es sich, erst mal die Finger von kostenpflichtigen Mahnverfahren oder gar gerichtlichen Auseinandersetzungen zu lassen. Ruft einfach mal an und erkundigt euch, was los ist. Oder schreibt eine freundliche **Zahlungserinnerung** mit dem Tenor *„vermutlich haben Sie übersehen..."*, ohne das böse Wort „Mahnung", ohne Fristsetzung. Meist ist die Sache damit schon geklärt – ohne die Verstimmung, die eine förmliche Mahnung hervorrufen kann.

Der Rest bleibt dem Fingerspitzengefühl überlassen. Nach dem **Gesetz zur Beschleunigung fälliger Zahlungen** kommt jeder Kunde 30 Tage, nachdem das Honorar fällig wurde (siehe Seite 59) und er die Rechnung erhalten hat, automatisch „in Verzug". Das bedeutet: Von diesem Tag an kann man ihm **Verzugszinsen** berechnen, von diesem Tag an *kann* man ihn verklagen oder ein gerichtliches Mahnverfahren einleiten. **Mahnungen** sind dazu nach § 286 BGB gar nicht nötig, nicht einmal die oben genannte Zahlungserinnerung ist vorgeschrieben.

Ein solches Vorgehen dürfte freilich zur Folge haben, dass man den Kunden los ist. Wenn das nicht sowieso schon der Fall ist oder der Kunde sich nicht ganz offensichtlich vor der Zahlung drücken will, sollte man ihm mit einer förmlichen Mahnung noch mal eine Chance geben. Und ihn dabei deutlich darauf hinweisen, dass man laut BGB das Recht hätte, seit dem 31. Tag nach Zugang der *Rechnung* Zinsen zu verlangen.

Will oder kann der Kunde offensichtlich nicht zahlen, so sollte man nicht nur überlegen, wie groß die Chance ist, an das Geld heranzukommen. Sondern auch, wie lange man sich mit diesem Verfahren wird herumärgern müssen, wie viele Stunden und Tage es den Kopf für vernünftigere Sachen blockieren wird. Und ob die strittige Summe das wirklich aufwiegt.

Ist die Antwort auf die letzte Frage ja, dann gibt es grundsätzlich zwei Möglichkeiten, die Außenstände einzutreiben: Man kann Klage erheben – mit Klageschrift, Gerichtsverhandlungen und nicht unerheblichen Kosten –, oder man kann ein Mahnverfahren einleiten. Das ist einfacher und kostengünstiger, da das Gericht hierbei den Mahnbescheid ohne Überprüfung einfach auf Grund der Angaben des Gläubigers erlässt. Der ist allerdings hinfällig, sobald der Schuldner ihm widerspricht.

Auf jeden Fall sollten ver.di-Mitglieder dann schnell Kontakt zur Rechtsberatung ihres ver.di-Bezirks aufnehmen und gemeinsam beraten, ob es sinnvoller ist, ein Mahnverfahren einzuleiten oder gleich Klage zu erheben. Die Klage überlässt man, sobald die Zusage für den Rechtsschutz vorliegt, einem Rechtsanwalt; das Mahnverfahren kann man ohne Anwalt selbst betreiben, sollte aber im Bezirk auf jeden Fall *vorher* Rechtsschutz beantragen.

Mahnverfahren oder Klage?

Eine Klage ist der zuverlässige, aber langwierige Weg. Das Mahnverfahren *kann* schneller und unbürokratischer gehen, da hier die Berechtigung der Forderung gar nicht nachgeprüft wird. Widerspricht allerdings der Gläubiger dem Mahnbescheid, so steht man wieder am Anfang und muss doch eine richtige Klage erheben.

Aus diesem Grund kann ein Mahnverfahren in all den Fällen sinnvoll sein, in denen der Kunde nur schlampig oder pampig ist und eine Drohgebärde braucht, einen Schuss vor den Bug. Ist allerdings klar, dass der Gläubiger auf keinen Fall zahlen *will,* so sollte man sich die Zeit für das Mahnverfahren sparen und gleich Klage erheben.

Für das **Mahnverfahren** holt man sich beim Gericht einen „Vordruck für den Mahn- und den Vollstreckungsbescheid", füllt ihn aus, reicht ihn beim Amtsgericht ein, das für den eigenen Arbeitsort zuständig ist, und zahlt einen geringen Vorschuss 🔢 – bei 2.500 € Streitwert etwa werden gut 40 € Gebühren fällig. Die Geschäftsstelle des Gerichts hilft auch beim Ausfüllen, erlässt bei formal korrektem Antrag einen Mahnbescheid und stellt ihn dem Schuldner zu. – Per Internet kann alternativ auch ein Online-Mahnantrag 🔢 gestellt werden.

Der Schuldner kann dann binnen 14 Tagen Widerspruch einlegen. Tut er das, so ist dieser Versuch gescheitert, und man muss eine richtige Klage erheben. Rührt er sich aber nicht, so ist der Schuldtitel rechtskräftig. Dann beantragt man beim Gericht einen Vollstreckungsbescheid, der „von Amts wegen" zugestellt wird. Und nun kann man einen Gerichtsvollzieher zum Pfänden losschicken. Klappt das nicht, übergibt man die Sache einem Anwalt und kann sich endlich wieder seinem eigentlichen Beruf widmen.

Ein Vollstreckungsbescheid, der sogenannte gerichtliche Titel, bleibt 30 Jahre gültig. – Ohne Klage und Mahnverfahren tritt die Verjährung von Honorarforderungen dagegen bereits am Ende des dritten Jahres nach Zustellung der Rechnung ein!

Detailinformationen zu diesem Thema finden sich in der Online-Ausgabe des Ratgebers an dieser Stelle im Kapitel
■ Wie hoch sind die Verzugszinsen?

Was tun, wenn der Auftraggeber pleitegeht?

Leider kommt das in letzter Zeit immer häufiger vor: Der Auftraggeber geht pleite – und hat noch nicht alle Rechnungen bezahlt. Da kann man leider recht wenig tun:

Wenn ein Unternehmen Insolvenz anmeldet, sieht das Insolvenzrecht vor, dass zunächst ein Insolvenzverwalter eingesetzt wird, der prüft, ob ein Insolvenzverfahren überhaupt möglich ist, d. h. ob noch genügend Geld für die Verfahrenskosten vorhanden ist.

- Wird das **Insolvenzverfahren nicht eröffnet,** ist das Honorar komplett verloren.
- Wird das Insolvenzverfahren eröffnet, so können sich die Gläubiger entweder mit dem Insolvenzverwalter auf einen **Entschuldungsplan** einigen, mit dem das Unternehmen weitergeführt werden kann. In diesem Plan wird präzise festgelegt, welchen Prozentsatz *alle* Gläubiger von ihren Forderungen noch bekommen.
- Oder – wenn eine Einigung auf einen **Entschuldungsplan** nicht zustande kommt – der Laden wird liquidiert, d. h. alle noch vorhandenen Werte werden verkauft. Kommt bei der **Liquidation** mehr Geld zusammen, als das Insolvenzverfahren kostet, so wird der Rest nach einem einheitlichen Prozentsatz auf die Gläubiger verteilt. Diese Quote liegt vor allem bei Insolvenzverfahren in der Verlagsbranche aber leider selten über null Prozent.

Wichtig an diesem Verfahren ist: **Hat ein Unternehmen einmal Insolvenz angemeldet, so *darf* es keine alten Rechnungen mehr begleichen;** auch Mahnbescheide oder Zivilklagen bringen von diesem Zeitpunkt an nichts mehr. Wer also läuten hört, dass einem Kunden mit vielen offenen Rechnungen die Insolvenz droht, sollte alle Kanäle nutzen, um wenigstens einen Teil der offenen Beträge zu bekommen, *bevor* der Geschäftsführer zum Gericht geht. Allerdings sollte dabei niemand auf Forderungen *verzichten:* Manchmal werden Insolvenzgerüchte gezielt gestreut, um genau das zu erreichen!

> Detailinformationen zu diesem Thema finden sich in der
> Online-Ausgabe des Ratgebers an dieser Stelle im Kapitel
> ■ Was geschieht bei einer Insolvenz mit offenen Verträgen?

Vertragsrecht – kleiner Grundkurs

Dieser Ratgeber soll kein juristisches Lehrbuch ersetzen. Dennoch tut es in manchen Fragen gut, sich zu vergegenwärtigen, welche Regelungen im Gesetz für Verträge von Selbstständigen längst getroffen sind. Das Bürgerliche Gesetzbuch (BGB) unterscheidet eine ganze Reihe von Vertragstypen, die alle für Selbstständige infrage kommen und für die jeweils ganz unterschiedliche Regelungen vorgesehen sind:
- Einen **Dienstvertrag** 🔗 schließt ab, wer eine bestimmte Arbeits*leistung* verkaufen will, z. B. einen Vortrag, einen künstlerischen Auftritt, einen Haarschnitt oder einfach eine bestimmte Zahl von Arbeitsstunden.
- Ein **Arbeitsvertrag** 🔗 ist eine besondere Form des Dienstvertrages, für den weitergehende, sehr präzise gesetzliche Vorgaben gelten.
- Einen **Werkvertrag** 🔗 schließt ab, wer ein bestimmtes individuelles Arbeits*ergebnis* verkaufen will, das er erst noch herstellen muss, z. B. ein Firmenlogo, ein Computerprogramm, ein Einfamilienhaus.
- Ein **Kaufvertrag** 🔗 kommt immer dann (gegebenenfalls auch stillschweigend) zustande, wenn ein Mensch einem anderen ein Standardprodukt verkaufen will, das (anders als beim Werkvertrag) im Grundsatz bereits vorhanden ist.
- Einen **Mietvertrag** 🔗 schließt man nicht nur für Büroräume und Grundstücke ab, sondern auch für Leasing-Fahrzeuge und z. B. für den Speicherplatz für das E-Mail-Postfach.

- Ein **Urheberrechtsvertrag** 🔎 ist immer dann nötig, wenn jemand ein Werk eines Urhebers nutzen, also z.B. einen Zeitungsartikel drucken, ein Musikstück spielen oder ein Gemälde vervielfältigen will. Urheberrechtsverträge sind häufig mit Werkverträgen kombiniert.
- Ein **Lizenzvertrag** 🔎 ist eigentlich dasselbe; Softwarefirmen verstehen darunter aber die Bedingungen, unter denen man ihre Software benutzen darf. Die Rechtskraft solcher Bestimmungen ist häufig recht fraglich.
- **Allgemeine Geschäftsbedingungen (AGB)** 🔎 sind das „Kleingedruckte", in dem man ergänzend zu einem Vertrag alle Eventualitäten regelt, deren komplette Aufzählung den Rahmen eines Vertrages sprengen würde.

Für all diese Vertragstypen macht das BGB gewisse Vorgaben, die immer dann in Kraft treten, wenn der betreffende Sachverhalt im Vertrag nicht geregelt ist. Manche dieser BGB-Vorgaben gelten sogar dann, wenn der Vertrag explizit eine anders lautende Bestimmung enthält, etwa wenn diese „sittenwidrig" ist. Spezielle Vorgaben gibt es insbesondere zu

- **unerlaubten Vertragsinhalten** (Seite 66),
- **Kündigung** (Seite 67),
- **Nichterfüllung von Verträgen** (Seite 68) sowie
- **Haftung und Gewährleistung** (Seite 70).

Sie werden online jeweils in eigenen Kapiteln dargestellt.

Detailinformationen zu diesem Thema finden sich in der Online-Ausgabe des Ratgebers an dieser Stelle in den Kapiteln ■ Dienstvertrag ■ Arbeitsvertrag ■ Werkvertrag ■ Kaufvertrag ■ Mietvertrag ■ Urheberrechtsvertrag ■ Lizenzvertrag ■ Allgemeine Geschäftsbedingungen (AGB)	

Wann sind Verträge sittenwidrig?

Wer einen Vertrag unterschreibt, muss sich klarmachen, dass er diesen Vertrag auch erfüllen muss, und zwar nach Punkt und Komma. Wer also Klauseln unterschreibt, die er nicht erfüllen kann oder die ihn einfach nur Geld kosten, dem ist im wahrsten Sinne des Wortes nicht zu helfen: Er hat diesen Klauseln durch seine Unterschrift schließlich freiwillig zugestimmt.

Allerdings ist nicht jede Klausel, die zwei Vertragspartner unterschrieben haben, rechtsgültig. Vertragsklauseln können nichtig sein, weil sie gegen geltende Gesetze verstoßen, oder sie können sittenwidrig sein, weil der stärkere Verhandlungspartner dem anderen Vertragsbedingungen aufgezwungen hat, die diesen *„in seiner unternehmerischen Handlungs- und Entscheidungsfähigkeit übermäßig einschränken"*.

Hinweise auf einen solchen **„Knebelungsvertrag"** sind zum Beispiel
- eine ungerechtfertigt lange Vertragsdauer,
- starke Kontroll- und Eingriffsrechte in den Betrieb des Vertragspartners,
- ein krasses Missverhältnis zwischen Leistung und Gegenleistung.

Rechts- bzw. sittenwidrig sind etwa Vertragsklauseln, wie sie in der Praxis gar nicht selten sind, die
- einen Urheber über viele Jahre an denselben Verlag oder einen Programmierer an dasselbe Softwareunternehmen binden, ohne dass ihm das gesetzliche Kündigungsrecht zugestanden wird („Knebelverträge"🖉),
- besondere Urheberrechte wie den Anspruch auf ein angemessenes Honorar, das Rückrufrecht oder das Folgerecht (siehe Seite 104) außer Kraft setzen oder
- unangemessen hohe Vertragsstrafen festlegen – siehe Beispiel im Kapitel „Wenn ich den Vertrag nicht erfüllen kann" (Seite 68).

Ob in diesen Fällen der ganze Vertrag nichtig ist oder nur die rechts- bzw. sittenwidrige Bestimmung, hängt vom Einzelfall ab und muss notfalls von einem Gericht geklärt werden.

Kündigung von Verträgen

Ob und wann ein Vertrag gekündigt werden darf, ist in der Regel im Vertrag selbst festgeschrieben. Und wenn es dort nicht steht, steht es im Bürgerlichen Gesetzbuch. Die dort festgelegten Regeln unterscheiden sich je nach Vertragstyp. Diese Regelungen zu kennen ist vor allem dann wichtig, wenn es Probleme mit dem Auftraggeber gibt.

Denn was die meisten Auftraggeber nicht wissen (oder nicht wissen wollen): Wenn der Vertrag keine Regelungen zur Kündigung enthält, dürfen
- **befristete Dienstverträge**⌕ (z. B. für einen Vortrag oder den Auftritt eines Walk-Acts) *gar nicht* vorzeitig gekündigt werden,
- **Werkverträge**⌕ zwar gekündigt werden – es wird jedoch trotzdem das volle Honorar fällig (auch wenn der Auftragnehmer mit der Arbeit noch gar nicht angefangen hat).

Für **unbefristete Dienstverträge**⌕ und besonders für **Arbeitsverträge**⌕ sind im Bürgerlichen Gesetzbuch Kündigungsfristen festgeschrieben, die durch einen Einzelvertrag (wohl aber durch einen Tarifvertrag!) nicht unterschritten werden *dürfen*.

Die Regeln für diese und alle anderen Vertragstypen sind in eigenen Kapiteln gesondert dargestellt.

Um einem Missverständnis gleich vorzubeugen: Die hier gemachten Ausführungen zur Kündigung gelten auch für mündliche Verträge. Ein mündlicher Vertrag (sofern er denn nicht von einer Seite bestritten wird) entfaltet nicht nur hier exakt dieselbe Bindungswirkung wie ein schriftlicher Vertrag!

Detailinformationen zu diesem Thema finden sich in der
Online-Ausgabe des Ratgebers an dieser Stelle in den Kapiteln
- Kündigung von Arbeitsverträgen
- Kündigung von Dienstverträgen
- Kündigung von Werkverträgen
- Kündigung von Urheberrechtsverträgen
- Kündigung durch den Auftragnehmer
- Kündigung „aus wichtigem Grund"

Wenn ich den Vertrag nicht erfüllen kann

Ist ein Vertrag weder gekündigt noch sittenwidrig, dann *muss* er erfüllt werden. Allerdings gibt es Fälle, in denen eine Erfüllung nicht möglich ist. In diesem Fall kommt es auf die Ursache an:
- **Ist der Auftraggeber schuld,** so muss er das Honorar zahlen. Ist also eine Band zu einem Gig in einer Musikkneipe angereist, konnte aber nicht spie-

len, weil die Musikanlage defekt war, die der Kneipenwirt vertragsgemäß zur Verfügung zu stellen hatte, so hat sie Anspruch auf das volle Honorar einschließlich Reisespesen, auch wenn sie keinen einzigen Ton gespielt hat. Das Gleiche gilt, wenn das Gastspiel ausfällt, weil der Wirt vergessen hat, Werbung zu machen, und deshalb kein Publikum erschienen ist.

- **Ist die Auftragnehmerin schuld,** so hat sie natürlich keinen Honoraranspruch – und kann sogar schadenersatzpflichtig werden. Erscheint etwa eine Trainerin nicht zu einer Schulung, weil sie anderswo ein lukrativeres Angebot erhalten hat, so kann sie gar nichts verlangen – im Gegenteil: Der Auftraggeber könnte von ihr den Ersatz aller Fahrt-, Hotel- und Freistellungskosten verlangen, die ihm für seine Angestellten entstanden sind, die an dem Seminar teilnehmen sollten.
- **Kann der Vertrag aus anderen Gründen nicht erfüllt werden,** also ohne Verschulden einer der beiden Seiten, etwa weil der Leadsänger der Band krank geworden oder das Schulungszentrum abgebrannt ist, so gibt es keinen Honoraranspruch, aber natürlich auch keine Schadenersatzpflicht.

Bei Krankheit muss man sich den konkreten Fall ein wenig genauer anschauen: Bei einem **Dienstvertrag**⌕ kann der Auftraggeber keinen Schadenersatz verlangen, da der „Dienstverpflichtete" den Job *persönlich* ausführen muss. Und für die Krankheit kann er nun mal nichts. Auf der anderen Seite gibt es so etwas wie eine Entgeltfortzahlung beim Dienstvertrag⌕ nach § 616 BGB nur für eine *„verhältnismäßig nicht erhebliche Zeit"* – ein Honoraranspruch wäre also nur denkbar, wenn in einem *langfristigen* Dienstvertrag *einzelne* Stunden oder Tage ausfallen. Aber auch das ist in der Praxis meist Theorie.

Bei einem **Werkvertrag**⌕ dagegen kann es anders aussehen: Hier braucht die Auftragnehmerin die Arbeit nicht persönlich zu machen und könnte durchaus Ersatz besorgen. Von einer Selbstständigen, die einen Auftrag persönlich und erkennbar als Einzelunternehmerin bekommen hat, wird man das nicht verlangen. Bei einem größeren Handwerksbetrieb als Auftragnehmer aber dürfte die Erkrankung eines einzelnen Monteurs kaum zur Begründung eines Terminverzugs ausreichen. Wer als Einzelunternehmerin also so tut, als sei sie ein richtiges großes Unternehmen, kann sich da völlig unnötige Probleme einhandeln.

Wo Selbstständige vom stärkeren Verhandlungspartner gezwungen werden, für diesen Fall per Vertrag einer **Konventionalstrafe** zuzustimmen, soll-

ten sie im Fall des Falles dennoch nicht gleich zahlen, sondern zunächst einmal Folgendes prüfen:
- Hat die Klausel den Charakter einer Allgemeinen Geschäftsbedingung ⌕, steht sie zum Beispiel in einem formularmäßigen Mustervertrag? Dann ist sie nichtig, vor allem wenn sie eine Konventionalstrafe auch für Fälle vorsieht, die die Auftragnehmerin nicht zu vertreten hat.
- Ist die Vertragsstrafe unangemessen hoch? Dann kann sie per Gerichtsbeschluss auf einen „angemessenen" Betrag herabgesetzt werden, der sich (unter anderem) am tatsächlich entstandenen Schaden orientiert.
- Vertragsklauseln, die *sehr hohe* Strafen für kleine Verfehlungen vorsehen, können sogar sittenwidrig sein (siehe Seite 66). In diesem Fall sind sie nichtig, sodass dann gar keine – auch keine reduzierte – Vertragsstrafe anfällt.

Haftungsfragen

Wer bei seiner Arbeit einen Schaden verursacht, haftet grundsätzlich dafür, logisch. Wenn der Kameramann beim Dreh in einem Porzellangeschäft ein Dutzend Meißener Vasen mit seiner Kamera aus dem Regal fegt, muss er zahlen, klar. Wenn dem Geigenschüler beim Unterricht in der Wohnung seiner Lehrerin eine Lampe auf den Kopf fällt, ist die Lehrerin schadenersatzpflichtig. Das sind die eindeutigen Fälle von **Sach- und Personenschäden,** gegen die man sich nicht durch noch so schlaue Vertragsformulierungen, sondern nur mit einer Berufshaftpflichtversicherung (siehe Seite 210) absichern kann.

Schwieriger wird es, wenn ein Schaden dadurch entsteht, dass ich in meiner Arbeit Fehler gemacht habe, die dem Kunden Kosten verursachen. Wer die Folgen solcher **Vermögensschäden** zu tragen hat, hängt vom Vertrag ab.

Bei **Dienstverträgen** ⌕ ist diese Haftung begrenzt: Analog zu den Regelungen beim Arbeitsvertrag müssen Selbstständige hier nur für Schäden haften, die sie grob fahrlässig oder vorsätzlich verursacht haben. Bei leichter Fahrlässigkeit muss der Auftraggeber die Folgen tragen; bei mittlerer Fahrlässigkeit kommt – je nach Lage des konkreten Falls – eine Teilung des Schadens zwischen Auftraggeberin und Auftragnehmer in Frage. „Normale" Fehler, wie sie auch bei der üblichen Sorgfalt und Vorsicht im Berufsalltag jedem unterlaufen können, gehen damit in Dienstverträgen immer zulasten des Auftraggebers.

Bei **Werkverträgen** ⌾ hingegen haftet – sofern im Vertrag nichts anderes vereinbart ist – *immer* der Auftragnehmer. Der selbstständige Programmierer, der es schafft, mit seiner neuen Software das Rechenzentrum eines Konzerns lahmzulegen, dürfte ohne Haftpflichtversicherung und/oder haftungsbegrenzende Klauseln im Vertrag seines Lebens nicht mehr froh werden. Wer bei seiner Arbeit in einem solchen Umfang mit fremden Daten agiert oder in **fremde EDV-Systeme** eingreift, sollte prüfen, ob und mit welchen Klauseln sich die Haftung

- bei leichter und mittlerer Fahrlässigkeit ausschließen lässt,
- bei bestimmten Tatbeständen auf eine bestimmte Summe begrenzen lässt, etwa wenn der Auftragnehmer seinen Vertrag nicht oder nicht termingerecht erfüllen kann,
- in anderen Fällen zumindest für die teuren Folgeschäden (Datenverlust!) ausschließen lässt,
- generell umgehen lässt, wenn der Auftraggeber eine entsprechende Versicherung hat.

Diese Prüfung sollte man unbedingt mit einem Anwalt vornehmen, denn bestimmte Klauseln – etwa ein Haftungsausschluss für grob fahrlässig oder vorsätzlich verursachte Schäden – sind einfach nicht erlaubt und damit im Schadensfall unwirksam. Und darüber hinaus sollten Selbstständige mit solchen Aufträgen auf jeden Fall eine Haftpflichtversicherung abschließen.

In anderen Berufen im Bereich dieses Ratgebers sind vergleichbare Schäden nur in wenigen Fällen vorstellbar. Etwa wenn freie Journalisten durch **falsche Veröffentlichungen** z. B. einem Unternehmen *nachweisbare* finanzielle Schäden zufügen. Diese Gefahr scheint jedoch mehr theoretisch zu sein. Mir ist jedenfalls in den letzten 30 Jahren kein einziger praktischer Fall dieser Art bekannt geworden.

Seriöse Verleger und Sender stehen in solchen Fällen für ihre Freien ein. Und da man normalerweise vorher weiß, ob eine Veröffentlichung in diesem Sinne heikel ist, kann man auch vorher mit dem Auftraggeber darüber reden und gegebenenfalls eine entsprechende Vereinbarung treffen. Wer freilich eine Erklärung unterschreibt, wie manche Privatsender sie verlangen, nach der der Freie *den Sender* von jeglicher Haftung für Folgen aus seinen Veröffentlichungen freistellt, dem ist im Fall des Falles kaum zu helfen.

Auch in Dienstverträgen versuchen Auftraggeber zunehmend, das Fehlerrisiko auf ihre Auftragnehmer abzuwälzen und **Garantieerklärungen** zu verlangen, etwa von Korrektoren oder einem Grafiker, der 6.000 Seiten PDF-Dateien auf schwarze Punkte, Schreibfehler und Textverlauf prüfen und anschließend die Fehlerfreiheit *garantieren* sollte.

Darauf kann man sich nicht einlassen, sondern sollte im Gegenteil ausdrücklich darauf hinweisen, dass diese Leistungen **ohne Gewähr** erfolgen. Die technische Übersetzerin etwa sollte ihr Manuskript durchaus mit einem Vermerk wie „Übersetzung ohne Gewähr" versehen. Damit im Streitfall sofort klar ist, dass nicht sie bezahlen muss, wenn das Handbuch für den Airbus wegen eines falsch übersetzten Fachbegriffs neu gedruckt werden muss. Und wer meint, das wirke unprofessionell: Lest euch mal durch, welche Haftung Microsoft für eine Windows-DVD übernimmt. *Das* sind Profis.

Weitere Angaben zum Thema stehen im Kapitel „Berufshaftpflichtversicherungen" (Seite 210).

Gesetzliche Mindestrechte für Selbstständige

Umfassende Mindestrechte, wie sie Arbeitnehmern gesetzlich garantiert sind, gibt es für Selbstständige nicht. Mit einigen wenigen Ausnahmen: einer minimalen Kündigungsfrist für Dienstverträge⌕, recht umfassenden Schutzrechten nach dem Urheberrecht (siehe Seite 104), zum Beispiel dem Anspruch auf ein angemessenes Honorar⌕, sowie einigen Sonderrechten für arbeitnehmerähnliche Personen. Als diese Kategorie von Selbstständigen im Tarifvertragsgesetz definiert wurde, war das ein erster Anlauf, Selbstständigen, die von ihren Auftraggebern wirtschaftlich abhängig sind, wenigstens ein paar Mindestrechte zu garantieren. Allerdings schlug sich das dann nur in wenigen Gesetzen nieder – danach wurde dieses Anliegen wieder vergessen, bis zum Gesetz gegen die Scheinselbstständigkeit.

Arbeitnehmerähnliche Personen⌕ sind im § 12a des Tarifvertragsgesetzes⌕ definiert. Sie haben

- Anspruch auf **bezahlten Urlaub**⌕,
- Anspruch auf **Bildungsurlaub**⌕, wo es solchen nach Landesgesetzen gibt,
- Anspruch auf die Regelungen des **Arbeitsschutzgesetzes,**
- im öffentlichen Dienst einiger Bundesländer nach den Personalvertretungsgesetzen **aktives und passives Wahlrecht** und

Das Geschäft | 73

- können sich bei Streitigkeiten mit dem Hauptauftraggeber an die **Arbeitsgerichte**⬚ wenden.

Außerdem dürfen für arbeitnehmerähnliche Personen **Tarifverträge** abgeschlossen werden. Solche Verträge gibt es allerdings nur an Tageszeitungen, an den öffentlich-rechtlichen Rundfunkanstalten und für den Bereich Design.

Detailinformationen zu diesem Thema finden sich in der
Online-Ausgabe des Ratgebers an dieser Stelle in den Kapiteln
- Urlaubsanspruch für arbeitnehmerähnliche Personen
- Bildungsurlaub für arbeitnehmerähnliche Personen
- Zuständigkeit der Arbeitsgerichte für Arbeitnehmerähnliche

Die Buchhaltung

Das Gesetz verpflichtet alle Selbstständigen, ihren Geschäftsverlauf so zu dokumentieren, dass zumindest das Finanzamt ihn nachvollziehen kann. Das nennt man Buchführung. Ein viel wichtigerer Grund für eine anständige Buchführung aber ist, dass man mit ihr selbst den Überblick über sein Geschäft behält.

Allen **Kaufleuten** (Seite 28) schreibt das Gesetz eine „doppelte Buchführung" vor (siehe Seite 75); für Freiberufler und Kleingewerbetreibende reicht schon ein einfaches Kassenbuch aus. Und weniger. Das nennt man „Einnahmenüberschussrechnung".

Ganz einfach: Einnahmenüberschussrechnung

Freiberufler (siehe Seite 29) und Kleingewerbetreibende⬚ sind bei ihrer Buchführung nicht an bestimmte Vorschriften gebunden, sodass hier jeder auch ohne besondere Vorkenntnisse seine Buchführung selber machen kann. Einzige Bedingung: Im Falle einer Betriebsprüfung durch das Finanzamt muss man seine Einnahmen und Ausgaben „nachvollziehbar" belegen können. Sie sollten also irgendwo aufgeschrieben sein, und irgendwo sollten Belege dafür auffindbar sein. Mehr braucht man nicht.

Für Selbstständige, die keine Angestellten beschäftigen, reichen dazu im Grunde schon die berühmten zwei Schuhkartons, in denen man im Laufe des

Jahres die Rechnungen und Bankauszüge mit den Einnahmen sowie die Überweisungen und Quittungen für die Ausgaben sammelt. Am Jahresende werden die Einnahmen und Ausgaben dann nur noch in einer „Einnahmenüberschussrechnung" zusammengefasst: Einnahmen minus Ausgaben gleich Gewinn.

Wer es doch lieber mit dem Computer machen möchte, findet ein relativ breites Angebot an kommerzieller Software. Da braucht man kein komplettes Buchhaltungsprogramm – es reicht eines, das die Einnahmenüberschussrechnung beherrscht (und nach Möglichkeit auch die Steuererklärung erledigt). Diese Bedingung erfüllt auch das kostenlose Freeware-Programm Easy Cash & Tax ⓘ, das nach Angaben von Nutzern jedoch manchmal noch Schwierigkeiten mit einigen Sonderfällen hat. Aber Vorsicht: Die meisten Buchhaltungsprogramme machen die Einnahmenüberschussrechnung unnötig kompliziert, da sie sie aus dem schwer verständlichen System der doppelten Buchführung ableiten. Also schaut euch das Programm vorher bei Bekannten an. Wenn ihr es nicht auf Anhieb versteht – zum Beispiel weil da nach „Kontenrahmen" gefragt wird –, sucht euch ein anderes.

Vor allem braucht man – sofern man nicht wirklich eine Ladenkasse hat – kein **„Kassenbuch"**, in dem man **„Privatentnahmen"** und ähnlichen Unsinn verbucht. Macht euch einfach klar: Das Finanzamt will *alles* Geld, das ich einnehme, versteuert haben. Dazu brauche ich es nicht erst per Buchung zu meinem Privateigentum zu machen, weil es das eh' bereits ist. Und auf welchen Konten das Geld liegt, ist dem Finanzamt genauso egal wie die Frage, ob ich die neue Tonerkartusche per Überweisung vom Geschäftskonto, mit privatem Scheck oder aus der Hosentasche bezahle.

Wie die Einnahmenüberschussrechnung für das Finanzamt auszusehen hat, steht in einem eigenen Kapitel ⊘.

> Detailinformationen zu diesem Thema finden sich in der
> Online-Ausgabe des Ratgebers an dieser Stelle in den Kapiteln
> ■ Rechnungsausgangs- und Wareneingangsbuch
> ■ Geschäftstagebuch (Journal)

Gehaltsbuchhaltung

Ganz anders sieht die Sache schon aus, wenn sich eventuelle eigene Fehler oder Schlampigkeiten in der Buchführung nicht nur auf den eigenen Geldbeutel, sondern auch auf andere auswirken können. Vor allem wer als Selbstständiger Angestellte beschäftigt, geht ihnen gegenüber erhebliche Verpflichtungen ein.

Zwar tauchen die betreffenden Zahlungen in der Einnahmenüberschussrechnung ebenfalls nur als ganz normale Ausgaben auf – aber der Arbeitgeber (siehe Seite 116) muss pünktlich das Gehalt auszahlen, muss Lohnsteuer, Solidaritätszuschlag und gegebenenfalls die Kirchensteuer berechnen und an das Finanzamt abführen, muss die Sozialversicherungsbeiträge berechnen und abführen, muss die Angestellten in der Berufsgenossenschaft versichern, muss einen Überblick über Urlaubsansprüche, vielleicht auch über Überstunden behalten usw. usf. Zudem verlangen die Finanzämter, dass für alle Beschäftigten ein eigenes **Lohnkonto** geführt wird, und die Daten müssen regelmäßig im Rahmen des ELENA-Verfahren weitergemeldet werden.

Damit diese Aufgaben nicht in Projektabwicklungsstress und kreativem Chaos untergehen, sollte, wem die Inhalte der eigenen Arbeit wichtig sind, sie am besten nicht selbst übernehmen, sondern sie jemandem übertragen, der sich damit auskennt und sich darauf zuverlässig konzentrieren kann. Ist der Laden andererseits noch nicht so groß, dass es sich lohnt, eine Fachkraft für die Buchhaltung einzustellen, so empfiehlt es sich hier schon aus Fürsorge, zumindest die Gehaltsbuchhaltung außer Haus zu geben. Dafür gibt es Selbstständige, die machen das.

Doppelte Buchführung und Bilanz

Vorsicht: nichts erwarten! Dieses Kapitel dient nur dazu, zu begründen, weshalb es zur doppelten Buchführung keine Aussagen enthält. Die Anforderungen an diese Art von Buchführung, wie sie **Kaufleuten** vorgeschrieben ist, sind nämlich sehr viel höher als bei der Einnahmenüberschussrechnung. Bei Kaufleuten geht das Handelsgesetzbuch einfach davon aus, dass sie die „Grundsätze ordnungsgemäßer Buchführung" gelernt oder wenigstens eine Fachkraft zur Verfügung haben, die sich damit auskennt.

Genauso sollte man es auch praktizieren: Wer bisher noch keine Ahnung von doppelter Buchführung hat, muss wissen, dass es viel, viel Zeit braucht, um sich dort einigermaßen zuverlässig einzuarbeiten. Zeit, die man vermutlich für den fachlichen Aufbau des Geschäfts besser einsetzen kann.

Als „kaufmännische" gilt die „doppelte Buchführung", die am Jahresende mit einer Bilanz abgeschlossen wird. Dazu sind verpflichtet
- alle Kaufleute (Seite 28),
- Kleingewerbetreibende ⌦ und Freiberufler (Seite 24) nur, wenn sie sich freiwillig in das Handelsregister haben eintragen lassen oder sich freiwillig für die Bilanzierung entscheiden,
- alle AGs und GmbHs (und damit natürlich auch jede Unternehmergesellschaft ⌦) sowie alle Personengesellschaften, die in das Handelsregister eingetragen sind.

Das Finanzamt fordert eine solche Buchführung von allen Gewerbetreibenden (Seite 28), die mehr als 50.000 € Gewinn oder mehr als 500.000 € Umsatz im Jahr machen. Wer darunter liegt oder Freiberuflerin ist und aus irgendwelchen Gründen dennoch bilanzieren möchte, kann das freiwillig tun. Aber Vorsicht: Ein Zurück zur Einnahmenüberschussrechnung ist dann erst wieder nach drei Jahren möglich.

Zu den Unterschieden zwischen Einnahmenüberschussrechnung und kaufmännischer Buchführung sei nur so viel gesagt:
- Die **Einnahmenüberschussrechnung** interessiert sich nur für die reinen Geldbewegungen. Einnahmen werden nur – und immer erst dann – verbucht, wenn das Geld fließt. Und nicht etwa, wenn die Leistung erbracht oder die Rechnung geschrieben wird. Das Seminar, das im Jahr 2009 gehalten und in Rechnung gestellt, aber erst 2010 bezahlt wurde, taucht damit in der Einnahmenüberschussrechnung des Jahres 2009 überhaupt nicht auf. Ebenso erscheinen Schulden – etwa für das auf Raten gekaufte neue Auto – hier erst in dem Augenblick, in dem sie beglichen werden.
- Die **kaufmännische Buchführung** zeichnet dagegen die tatsächliche Wertentwicklung des Unternehmens nach. Im vorgenannten Fall würde das durchgeführte Seminar bereits im Jahr 2009 als Forderung (und damit als Erhöhung des Gewinns) verbucht – das Bilanzergebnis des Jahres 2010 würde dagegen durch die Bezahlung nicht mehr verändert. Auch ein Bankdarlehen wird hier vom ersten Tag an verbucht, während es in der Einnahmenüberschussrechnung lediglich mit den Zinsen auftaucht.
- Die **Einnahmenüberschussrechnung** kommt für Lieferungen und Leistungen mit einer einzigen Buchung aus: An dem Tag, an dem der Kunde die Rechnung begleicht, wird der Betrag als Einnahme verbucht. Fertig.

Das Geschäft | 77

- Die **doppelte Buchführung** verbucht hingegen jeden Vorgang doppelt – genau genommen sogar vierfach: Zum Rechnungsdatum als Soll unter „Kundenforderung" und als Haben unter „Umsatz", am Tag der Bezahlung als Haben unter „Kundenforderung" und als Soll unter „Bank". Oder so ähnlich

Nicht verstanden? Das geht den meisten so: Die kaufmännische Buchführung spiegelt zwar die tatsächliche Geschäftsentwicklung sehr viel genauer wider als die Einnahmenüberschussrechnung. Sie hat jedoch einen gravierenden Nachteil: Sie ist mit dem gesunden Menschenverstand kaum zu verstehen. Sie zu erklären, würde den Rahmen dieses Ratgebers sprengen.

Wer sie irgendwo gelernt hat, kann selbst beurteilen, ob es sich für ihn lohnt, die Bücher selbst zu führen. Mit professionellen Buchhaltungsprogrammen ist der Aufwand vertretbar. Auf der anderen Seite werden mit der Pflicht zur Buchführung aber auch die „Gestaltungsmöglichkeiten" in der Steuererklärung deutlich größer, sodass es sich auch unter diesem Aspekt empfehlen könnte, den ganzen Salat einer Fachkraft zu übergeben.

Wer bisher von kaufmännischer Buchführung noch gar keine Ahnung hat, sollte da nicht lange überlegen.

Brauche ich ein extra Geschäftskonto?

Noch so ein Thema, über das sich viele am Anfang völlig unnötig den Kopf zerbrechen: Darf ich meine beruflichen Einnahmen und Ausgaben über mein privates Girokonto laufen lassen? Das kann im Prinzip jeder für sich selbst entscheiden. Nur seine Bank fragen sollte er nicht, denn dort bekommt er unweigerlich zur Antwort: „Ja, Sie brauchen ein Geschäftskonto. Geschäftseinnahmen *dürfen* Sie gar nicht über Ihr Privatkonto laufen lassen." Dass sich das „dürfen" allein auf die Geschäftsbedingungen der Bank bezieht, erfährt man dabei in der Regel nicht. Darum noch einmal in aller Deutlichkeit:

Es gibt kein Gesetz, keine Verordnung, keine allgemein bindende Vorschrift, dass Selbstständige für ihre geschäftliche Tätigkeit ein extra Konto einrichten müssen: Das Finanzamt verlangt nur, dass die Buchungen *stimmen* und *nachvollziehbar* sind. Das geht auch mit einem Privatkonto. Ein Geschäftskonto bietet auch keinen größeren Schutz: Bei einer Betriebsprüfung inspiziert das

Finanzamt in der Regel ohnehin auch das Privatkonto. Egal ob da berufliche Buchungen drauf sind oder nicht.

Ein brennendes Interesse an Geschäftskonten haben allein die Banken. Denn die nehmen dafür in der Regel deutlich höhere Gebühren als für die heute oft gebührenfreien Privatkonten. Aber wenn die Bank nicht danach fragt (und ihre AGB eine geschäftliche Nutzung des Privatkontos nicht ausdrücklich ausschließen), braucht man ihr das ja nicht auf die Nase zu binden.

Der einzige vernünftige Grund, ein Geschäftskonto einzurichten, ist der eigene Durchblick: Natürlich ist es (für mich selbst) übersichtlicher, wenn meine privaten und geschäftlichen Buchungen nicht vermischt sind. Aber ob das die höheren Gebühren lohnt, hängt vom Geschäftsumfang ab: Wo es nur um ein paar Dutzend Buchungen im Jahr geht, tut es das Privatkonto auch. Aber vielleicht lässt die Bank ja auch mit sich reden, wenn man ihr sagt, man wolle ein zweites Privatkonto für ein paar freiberufliche Einnahmen...

Leider ändern die Banken ihre Konditionen zu oft, als dass man hier haltbare Empfehlungen geben könnte. Die aktuellen Angebote kostenloser Girokonten findet man jeweils bei der Stiftung Warentest🛈. Aber Vorsicht: Wenn manche Onlinebanken ihre kostenlosen Girokonten ausdrücklich *„auch für Selbstständige und Freiberufler"* anbieten, so sind damit in der Regel nur **private** Girokonten gemeint. Trotzdem nutzen einige Selbstständige solche Konten auch für ihren *geschäftlichen* Geldverkehr.

Diverse Alltagsfragen

Gerade am Anfang besteht bei Selbstständigen immer wieder die Gefahr, dass sie sich in mehr oder weniger nebensächliche Alltagsfragen verbeißen. Natürlich soll man sich mit allen Fragen des Geschäftsalltags intensiv beschäftigen – aber grundsätzlich gilt hier immer erst mal: ruhig bleiben. Das meiste wird in diesem Kapitel erklärt. Und wenn man doch mal was falsch macht: Unsere Gesetze meinen es relativ gut mit Selbstständigen. Wer Fehler macht, bekommt – zumindest seitens der Behörden – in der Regel erst einmal eine Mahnung. Und dann noch eine. Und wer bei der Behörde nachfragt, bekommt in der Regel auch noch eine Anleitung, wie er sich jetzt vernünftigerweise verhalten sollte. Nur wer sich auch nach solchen Mahnungen noch nicht rührt, muss sich langsam auf Schwierigkeiten einstellen.

Grundinformationen zum Geschäftsalltag

Die Fragen zum Geschäftsalltag, die bei mediafon am häufigsten gestellt werden, lassen sich zunächst einmal ganz knapp wie folgt beantworten:

- **Buchhaltung?**
  Die macht man einfach so, wie man sie selbst am besten versteht. Für die Einnahmenüberschussrechnung gibt es keinerlei Formvorschriften. Nur wer ein Gewerbe betreibt und damit mehr als 50.000 € Gewinn oder mehr als 500.000 € Umsatz im Jahr macht, muss zur komplizierteren „doppelten Buchführung" übergehen (Seite 73).
- **Geschäftskonto?**
  Braucht man nicht. Ist aber ganz praktisch. Und die Banken lieben es – wegen der höheren Gebühren (Seite 77).
- **Arbeiten in der Wohnung?**
  Ist in aller Regel kein Problem. Jedenfalls solange die Wohnung nicht umgebaut wird und noch bewohnbar ist. Sogar Musikunterricht darf man in der Wohnung geben (Seite 80).
- **Fortbildung?**
  Ist unverzichtbar. Ein paar Tipps, wie man vorher erkennen kann, ob Fortbildungsangebote ihr Geld wert sind (Seite 82).

- **Firmennamen?**
  Haben Selbstständige in der Regel nicht: Die „Firma" ist der Name, mit der man im Handelsregister eingetragen ist. Wer dort nicht eingetragen ist, „firmiert" unter seinem eigenen Namen. Einen Fantasienamen darf man dann nur *zusätzlich* dazu führen (Seite 84).
- **Namensschutz?**
  Bloß kein Geld für einen Eintrag im Markenregister oder für Titelschutzanzeigen ausgeben: Unternehmensnamen, Buchtitel, Künstlernamen und ähnliche Bezeichnungen sind *automatisch* geschützt, sobald man sie benützt (Seite 85).
- **Eigene Website?**
  Die braucht ein ordnungsgemäßes Impressum (Seite 86). Und einen schönen Namen als Domainadresse. Am besten den eigenen – dann kann nichts schiefgehen. Fast nichts🖂. Aber manchmal muss man potentiellen Kunden auch noch ein paar Informationen mehr liefern.
- **Rundfunkgebühren?**
  Nein, ich weiß, darüber zerbricht sich keiner den Kopf. Aber für den Fernseher im Arbeitszimmer und das Radio im beruflich genutzten Auto will die GEZ extra Gebühren haben. Und derzeit auch noch für den PC und das internetfähige Handy. Ab 2013 soll dieser Gebührenwirrwarr durch eine einheitliche Haushaltsgebühr ersetzt werden (Seite 87).
- **Presseausweis?**
  Noch so ein überschätztes Thema. Journalisten sollten ihn haben. Und wer ihn nicht hat, sollte wissen: Die, die ihn haben, benutzen ihn so gut wie nie (Seite 87).

Ausführlicheres zu jedem einzelnen Punkt steht in den folgenden Kapiteln.

Arbeiten in der Wohnung: Gibt das Probleme?

Viele Selbstständige fangen erst mal in der eigenen Wohnung an zu arbeiten, ohne sich darüber groß Gedanken zu machen. Aber spätestens wenn die Übersetzerin eine Partnerin mit ins (Wohn-)Büro nimmt, der Programmierer ein Firmenschild an der Haustür anbringen will oder Nachbarn sich über die „dauernde Musikbelästigung" aus der Wohnung der Musiklehrerin beschweren, stellt sich die Frage: Kann mir da eigentlich irgendjemand was wollen, wenn ich in meiner Wohnung arbeite? Der Vermieter? Die Nachbarn? Die Gemeinde? Die grobe Antwort heißt Nein. Solange die Wohnung überwiegend zum Wohnen dient, können sie nicht. Zumindest wenn man die folgenden Regeln beachtet.

Miet- und Hausrecht

Es ist **grundsätzlich erlaubt, in einer Wohnung zu arbeiten** und auch erwerbstätig zu sein – und zwar unabhängig davon, ob es sich um eine gewerbliche oder freiberufliche Tätigkeit handelt. Wer das nur zeitweilig tut, weil er noch einen anderen Arbeitsplatz außerhalb der Wohnung hat, hat überhaupt keine Schwierigkeiten zu befürchten.

Aber auch wenn eine Selbstständige oder eine Telearbeiterin ihre *gesamte* berufliche Tätigkeit in der Wohnung ausübt, ist das nicht zu beanstanden, solange sie keine baulichen Veränderungen vornimmt und der **Charakter der Wohnung als Wohnraum** erhalten bleibt. Kann sie dort also immer noch kochen, übernachten und wohnen, verstößt sie nicht gegen den Mietvertrag. Eine gewerbliche Nutzung der Wohnung in diesem Rahmen ist nach einer Entscheidung des Bundesgerichtshofes vom 14. 7. 2009 (Aktenzeichen VIII ZR 165/08) selbst dann erlaubt, wenn der Mietvertrag eine Nutzung „zu anderen als Wohnzwecken" ausdrücklich untersagt.

Dennoch empfiehlt es sich, eine solche berufliche Nutzung mit dem Vermieter zu besprechen und am besten im Mietvertrag zu fixieren. Denn wer vorher Bescheid weiß, macht hinterher keinen Ärger.

Die **Zustimmung des Vermieters** bzw. der Eigentümergemeinschaft braucht auf jeden Fall, wer

- am oder im Haus ein Firmenschild anbringen will,
- halbwegs regen Kundenverkehr hat, also mehr als drei oder vier Besuche am Tag,
- laute Maschinen aufstellen oder
- weitere Personen in der Wohnung arbeiten lassen will.

Für diese Genehmigung darf der Vermieter dann einen Aufschlag auf die Wohnraummiete verlangen – üblicherweise aber nicht mehr als 20 Prozent der Nettomiete.

Trotzdem sollte auch bei einer solchen teilgewerblichen Nutzung unbedingt ein *Wohnungs*mietvertrag abgeschlossen werden. Wird die Wohnung nämlich als Gewerberaum gemietet, so gelten die **Mieterschutzgesetze** nicht! Für das **Musizieren in Wohnräumen** gibt es ein eigenes Kapitel🔍.

Baurecht, Baunutzungsrecht und Zweckentfremdung

Auch die **Zweckentfremdungsverordnungen,** die es – mit unterschiedlichem Inhalt – in vielen Städten gibt, stehen einer solchen Nutzung der Wohnung in der Regel nicht entgegen. In den meisten Städten ist die *teil*gewerbliche Nutzung erlaubt, solange der Wohnungsinhaber seinen *Hauptwohnsitz* in der Wohnung hat, mehr als die Hälfte der Wohnung tatsächlich zum Wohnen nutzt und in den anderen Räumen selbst arbeitet. Ob in der eigenen Stadt eine solche Verordnung gilt und was da genau drin steht, erfährt man im Rathaus.

Allerdings müssen auch Nutzungsänderungen, die *keine* Zweckentfremdung sind, von der **Bauaufsichtsbehörde** genehmigt werden. Wie eng die jeweilige Gemeinde das sieht, erfährt man durch einen Anruf beim Bauamt. Als genehmigungspflichtig gilt eine Nutzungsänderung meist, wenn sie zu mehr Krach, mehr Publikumsverkehr, mehr Abfall, mehr Emissionen o. ä. führt.

In reinen Wohngebieten sind zwar freiberufliche, nicht aber **Gewerbenutzungen** erlaubt. Für nicht störendes Gewerbe wie einen Versicherungsmakler oder einen IT-Dienstleister sind jedoch Ausnahmen möglich.

Außerdem muss, wer ein Gewerbe in der Wohnung anmeldet, damit rechnen, dass die Gemeinde zusätzliche **Müllabfuhrgebühren** für den – vermuteten – Gewerbeabfall haben will. Wer aber keinen zusätzlichen Abfall produziert, kann das in der Regel mit einem Anruf schnell rückgängig machen.

Detailinformationen zu diesem Thema finden sich in der Online-Ausgabe des Ratgebers an dieser Stelle im Kapitel
- Musikunterricht in der Wohnung und die Nachbarn

Fort- und Weiterbildung

Zur Professionalität gehört Weiterbildung. Das sollte eigentlich selbstverständlich sein. Wer das vernachlässigt, verliert schnell den Anschluss. In der IT-

Branche manchmal schon nach einem Jahr. Professionelle E-Lancer, die ich befragt habe, kalkulieren ihren Aufwand für Weiterbildung auf ein Drittel bis die Hälfte ihrer Arbeitszeit. Wer das in seine Preise nicht einrechnet, bekommt Probleme.

In einigen Berufen, etwa bei Ärzten, gibt es sogar eine gesetzlich verankerte **Fortbildungs*pflicht*.** Auch selbstständige „Heilmittelerbringer" wie Physiotherapeutinnen müssen neuerdings in bestimmten Abständen ihre Fortbildungen nachweisen. Ansonsten können ihnen die Honorare gekürzt werden.

Aber auch in diesem Fall sollte man die Weiterbildung nicht auf fachliche Inhalte beschränken. Je komplexer die eigenen Projekte werden, je größer die Projektgruppen, in die man eingebunden ist, umso wichtiger werden Themen wie
- Wie organisiere ich Zusammenarbeit mit anderen?
- Wie organisiere ich meine Zeit?
- Wie organisiere ich mein Lernen?
- Wie gehe ich mit Kollegen und Mitarbeiterinnen um?

Die Antworten darauf lassen sich kaum aus den üblichen Fachzeitschriften gewinnen – da bedarf es größerer Anstrengungen. Wer spezielle Weiterbildungsangebote sucht, findet die umfassendste Übersicht mit fast 600.000 Kursen aus sämtlichen Fachgebieten in der **Datenbank KURS** 🔗 auf der Web-Site der Bundesagentur für Arbeit. Ausgewählte Seminarangebote für Selbstständige finden sich außerdem auf der **mediafon-Website** 🔗 und in den einschlägigen ver.di-Zeitschriften.

Die **Kosten** für Fortbildungen sind extrem unterschiedlich. Nur wenige Auftraggeber – etwa einige öffentlich-rechtliche Rundfunkanstalten – sind bereit, ihren „festen" Freien Fortbildungen zu finanzieren. Unter welchen Bedingungen die Arbeitsagenturen Bildungsmaßnahmen finanzieren, steht im Kapitel „Weiterbildung über die Arbeitsagentur" 📄. Aber auch wer nicht arbeitslos ist, hat bei der Weiterbildung unter Umständen Anspruch auf staatliche Förderung mithilfe des **Prämiengutscheins** 📄.

Sehr oft wird mediafon gefragt, wer wirklich gute Fortbildungen für möglichst wenig Geld anbietet. Und wie man das vorher erkennt. Konkret zu beantworten ist diese Frage nicht, zumal sich auf dem Markt neben den als seriös bekannten Anbietern inzwischen etliche Tausend Firmen tummeln, für die Fortbildung einfach eine Möglichkeit ist, Geld zu verdienen. Für alle, die nicht wissen, was sie von solchen Angeboten halten sollen, die oft sehr attraktiv und nicht selten sehr teuer klingen, hat mediafon-Berater Achim Nuhr „Zehn Tipps zur Prüfung von Fortbildungsangeboten" ⌕ zusammengestellt. Die bieten zwar auch keine Garantie, können aber zumindest die Wahrscheinlichkeit senken, auf unseriöse Angebote hereinzufallen.

Detailinformationen zu diesem Thema finden sich in der
Online-Ausgabe des Ratgebers an dieser Stelle in den Kapiteln
- Wie erkenne ich gute Fortbildungsangebote?
- Prämiengutschein zur Weiterbildung

Namensfragen

Es ist ein maßlos überschätztes Thema – aber da es der Identitätsfindung dient, seien hier auch ein paar Angaben dazu gemacht, unter welchen Namen Selbstständige auftreten dürfen und wie sie ihren Namen schützen können. Maßlos überschätzt ist das Thema deshalb, weil der „ganz neue" Name, den man sich da in vielen Nächten des Brainstormings ausgedacht hat, so neu meist gar nicht ist: Eine Google-Suche nach dem „neuen" Namen zerstört diese Illusion ganz schnell.

Wichtiger aber: Im Geschäftsalltag der Selbstständigen, um die es hier geht, spielen Fantasienamen keine Rolle. Wer einen Laden aufmacht: gut, der sollte einen einprägsamen Namen haben. Eine Kneipe oder ein Internetversand sicher auch. Aber allein arbeitende Selbstständige, die etwa in Medien und Kunst, Bildung und IT individuelle Leistungen erbringen, die leben von dem, was sie *als Person* tun. Und wenn, dann werden sie *als Person* bekannt.

Früher, als ich noch mehr im Journalismus tätig war, da haben manchmal mir unbekannte Leute angerufen, die wollten einen Artikel von Goetz Buchholz haben. Nicht vom „Pressebüro context", obwohl wir uns doch extra so einen tollen Namen ausgedacht hatten (den, wie wir später merkten, damals auch schon sieben andere Büros in Westdeutschland trugen). Und meinen heutigen Büronamen „Worte en gros und en détail" finden viele wirklich originell. Aber wenn sie jemand anderem empfehlen, sich mit der verzwickten Steuerfrage doch mal an mich zu wenden, dann sagen sie: „Ruf doch mal Goetz Buchholz an."

Das ist auch gut so: Die Arbeit, die wir leisten, ist persönlich geprägt. Sie ist nicht austauschbar, weil sie von uns als Person lebt. Also vertraut einfach auf euren guten Namen! Und tut nicht so, als wäret ihr ein großes Unternehmen, das ihr gar nicht seid.

Welchen Namen darf ich führen?

Wer Geschäfte macht, muss immer die Möglichkeit haben, genau zu wissen, mit wem er es auf der anderen Seite zu tun hat. Deshalb sind, was Unternehmensbezeichnungen angeht, nur zwei Wege denkbar:

Entweder das Unternehmen ist **im Handelsregister eingetragen**🔎 – dann darf es jeden beliebigen Fantasienamen tragen, weil jeder im Handelsregister nachschauen kann, wer sich dahinter verbirgt.

Oder das Unternehmen ist **nicht im Handelsregister eingetragen** – dann muss es den Namen des Inhabers führen. Fantasienamen *als Zusatz* sind erlaubt, aber der Personenname ist unverzichtbar.

Aber noch aus einem ganz anderen Grund sollte der Name nicht etwas vortäuschen, was gar nicht vorhanden ist: Freiberufler, die sich „Agentur", „EDV-Beratung" oder „EDV-Schulung" nennen, können sich damit ungewollt eine **Prüfung des Finanzamts**🔎 einbrocken, weil dieses sie angesichts des Namens für einen Gewerbebetrieb hält.

> Detailinformationen zu diesem Thema finden sich in der
> Online-Ausgabe des Ratgebers an dieser Stelle in den Kapiteln
> ■ Namen für Freiberufler und Kleingewerbetreibende
> ■ Namen für Kaufleute und juristische Personen
> ■ Freiberufler: Vorsicht bei der Namenswahl!

Wie schütze ich meinen Namen?

Über wenige Themen wird in den einschlägigen Internetforen so viel diskutiert wie darüber: Wie schütze ich meinen „Firmennamen"? Und für wenige Zwecke wird so oft unnötig Geld ausgegeben: Unternehmensnamen🔎, Buch- und Filmtitel🔎 und auch Künstlernamen🔎 sind *automatisch* geschützt, sobald sie einmal verwendet werden. Titelschutzanzeigen sind dann Unsinn, und auch eine Markenanmeldung🔎 verbessert diesen Schutz grundsätzlich nicht. Sie kostet nur eine Menge Geld. Das Markenregister ist nämlich für ganz andere

Zwecke gedacht: für *Produktnamen,* nicht aber für *Unternehmens*namen oder *Werktitel.* Und wenn man dann sämtliche Rechte an seinem Namen zusammen hat – das Recht auf den entsprechenden Domainnamen hat man damit noch immer nicht.

> Detailinformationen zu diesem Thema finden sich in der
> Online-Ausgabe des Ratgebers an dieser Stelle in den Kapiteln
> - Schutz von Unternehmensnamen
> - Schutz von Werktiteln und Titelschutzanzeigen
> - Markenschutz
> - Schutz von Künstlernamen
> - Das Recht auf Domainnamen

Informationspflichten

Damit jeder weiß, mit wem und zu welchen Konditionen er es im geschäftlichen Verkehr zu tun hat, erlegen die Gesetze Selbstständigen einige Pflichten auf, wann sie welche Informationen über ihr Geschäft öffentlich machen müssen. Das betrifft im Wesentlichen drei Bereiche:

- In der öffentlichen Darstellung (sei es im eigenen Laden, auf **Rechnungen und Briefpapier** oder in **E-Mails und Prospekten**) muss sichtbar sein, wer da in welcher Rechtsform geschäftlich tätig ist.
- Wer für sein Geschäft eine eigene Website betreibt, muss dort in einem **Impressum** bestimmte Mindestangaben machen.
- Darüber hinaus gibt es einige Informationspflichten, die Selbstständige im Dienstleistungsbereich vor jedem Auftrag erfüllen müssen.

Nicht weil diese Informationen so immens wichtig wären. Aber weil es leider nicht wenige Rechtsanwälte gibt, die mangels anderer Mandate das Internet auf mögliche Rechtsverstöße durchkämmen, um dann kostenbewehrte Abmahnungen zu verschicken, werden diese Informationspflichten in eigenen Kapiteln ein wenig genauer dargestellt.

> Detailinformationen zu diesem Thema finden sich in der
> Online-Ausgabe des Ratgebers an dieser Stelle in den Kapiteln
> - Namensangaben
> - Impressumspflicht im Internet
> - Informationspflichten für Dienstleister

Rundfunkgebühren für Auto, Arbeitszimmer und PC

Das Thema Rundfunkgebühren erfreut sich keiner allzu großen Beliebtheit – zumal bei Selbstständigen, die allein zu Hause arbeiten und oft lieber gar nicht wissen wollen, wie viel mehr Rundfunkgebühren sie eigentlich bezahlen müssten. Sie sollten trotzdem die Rechtslage kennen – wie er sich verhält, kann ja immer noch jeder für sich entscheiden.

Bis zum Jahre 2012 wird in Deutschland für Rundfunkgeräte eine **Gerätepauschale** erhoben, die Selbstständige – neben der Gebühr für ihren privaten Fernseher – auch für Radio und Fernseher in ihrem Arbeitsraum, für das Autoradio im auch beruflich (und sei es nur für die Fahrt zur Arbeit) genutzten Pkw und sogar für beruflich genutzte PCs und Handys mit Internetanschluss ⊠ bezahlen müssen. Die Details sind in einem gesonderten Kapitel ⊠ dargestellt.

Im Juni 2010 haben die Ministerpräsidenten der Länder beschlossen, diese Gebührenerhebung von 2013 an auf eine geräteunabhängige **Haushaltspauschale** umzustellen. Mit dieser Pauschale sollen auch Geräte im häuslichen Arbeitszimmer abgegolten sein; für externe Arbeitsräume sowie für Dienstwagen soll eine weitere, jedoch reduzierte Gebühr fällig werden. Sobald diese Regelung endgültig steht, wird sie in der Internetversion dieses Ratgebers ⊠ in allen Einzelheiten dargestellt.

> Detailinformationen zu diesem Thema finden sich in der
> Online-Ausgabe des Ratgebers an dieser Stelle in den Kapiteln
> ■ Rundfunkgebühren – Rechslage bis 2012
> ■ Rundfunkgebühren – Rechtslage ab 2013
> ■ Rundfunkgebühren auch für Internet-PCs?

Presse- und Künstlerausweise

Ursprünglich gedacht, den Missbrauch bestimmter Berufsbezeichnungen durch Hochstapler einzudämmen, haben sich einige berufsbezogene Ausweispapiere in der öffentlichen Wahrnehmung ins Gegenteil verkehrt: Mit dem Presseausweis – das weiß doch jeder – kommt man „überall" umsonst rein; mit dem Architektenausweis kriegt man in Möbelhäusern die tollsten Rabatte; und der Künstlerausweis verschafft einem wenigstens kostenlosen Eintritt in Museen.

Das stimmt zwar alles nicht so ganz, aber Internetportale wie presserabatt.de heizen die entsprechenden Begehrlichkeiten noch an, und da Presseausweise – anders als der Architektenausweis, der nur an eingetragene Architekten ausgegeben werden darf – nicht an einen Berufsabschluss oder eine Zulassung gebunden werden können, tauchen im Internet immer neue Unternehmen und Vereine auf, die für viel Geld einen völlig wertlosen „Presseausweis" anbieten.

Um den Presseausweis wenigstens ein Mindestmaß an Verlässlichkeit zu retten, haben Journalisten- und Verlegerverbände sich daher auf einen **„bundeseinheitlichen" Presseausweis** geeinigt, der unter einheitlichen Bedingungen ⌕ nur an hauptberufliche Journalisten und Journalistinnen ausgegeben wird. Einer der Verbände, die diesen Ausweis ausstellen, ist ver.di.

Für Künstlerinnen und Künstler stellt ver.di außerdem einen **Künstlerausweis** ⌕ aus.

Wenn man ehrlich ist, braucht man all diese Papiere für den normalen Berufsalltag aber nicht wirklich.

Detailinformationen zu diesem Thema finden sich in der
Online-Ausgabe des Ratgebers an dieser Stelle in den Kapiteln
- Presseausweis
- Künstlerausweis

Urheberrecht

Einzelhändlerinnen und Heilpraktiker können das nächste Kapitel getrost überspringen. Für alle die aber, die kreativ in Medien, Kunst und IT tätig sind, sollte dies eines der wichtigsten Kapitel sein. Denn wer immer in seinem Berufsalltag malt, schreibt, tanzt, programmiert, musiziert, komponiert oder in anderer Weise schöpferisch tätig ist, dessen Existenz hängt am Urheberrecht. Auch wenn vielen das gar nicht bewusst ist.

Im Grund genommen kann man das Urheberrecht in zwei Sätzen zusammenfassen. Erstens: Wer ein Werk der Kunst, der Sprache oder ein Computerprogramm geschaffen hat, besitzt daran alle Rechte. Zweitens: Ohne seine Genehmigung darf niemand es abdrucken, aufführen, ausstellen, vervielfältigen, ins Internet stellen, senden, verändern, damit Geld verdienen oder was auch immer.

Von dieser Rechtslage leben Publizistinnen und Künstler. Sie verdienen ihren Lebensunterhalt damit, dass sie anderen solche Genehmigungen erteilen und dafür Honorar verlangen. Damit sie dabei möglichst selten übers Ohr gehauen werden, hat der Gesetzgeber zahlreiche Bestimmungen erlassen, die im „Gesetz über Urheberrecht und verwandte Schutzrechte" (UrhG) zusammengefasst sind. Das gibt ihnen sogar einen Anspruch auf ein angemessenes Honorar.

Grundinformationen zum Urheberrecht

Dass die Jazzband nicht dafür bezahlt wird, dass sie dem Personal im Tonstudio Musik vorspielt, leuchtet den meisten noch ein: Sie bekommt ihr Geld natürlich dafür, dass die Plattenfirma diese Musik auf CD pressen und verkaufen darf. Bei der Literaturübersetzerin wird es schon schwieriger. Aber auch sie wird weder für die *Arbeit* des Übersetzens bezahlt noch für das Manuskript, das sie dem Verlag liefert. Ihr Honorar bekommt sie dafür, dass der Verlag die Übersetzung nutzen, also verlegen darf.

Dieser Unterschied wird spätestens dann wichtig, wenn eine Zeitschrift Auszüge aus der Übersetzung nachdrucken will. Darf die Übersetzerin dafür Honorar verlangen, wo es doch für sie gar keine zusätzliche Arbeit mehr ist?

Natürlich darf sie: Es ist *ihr* Werk, das die Zeitschrift nutzen will, um damit Geld zu verdienen.

Künstler bauen keine Autos. Künstler produzieren „geistige Schöpfungen". Die haben meist die Eigenart, dass sie reproduzierbar sind – heutzutage beliebig oft, von jedermann, ohne Qualitätsverlust und zu einem Bruchteil der Kosten des Originals. Und da die Raubkopie vom „Herrn der Ringe" genauso fesselnd ist wie die Original-DVD, könnte mit der Kopie jeder Geld verdienen.

Besonders bei Texten, Fotos und auch bei Computerprogrammen ist also weniger interessant, wem das Original gehört. Sondern wer es nutzen darf. Genau das regelt das Urheberrecht: Die Urheberin allein entscheidet, wer ihr Werk nutzen darf. Niemand darf das ohne ihre Erlaubnis. Ihr Einkommen erzielt sie dadurch, dass sie diese Erlaubnis gegen Honorar erteilt. Und da Nutzungsrechte (siehe Seite 99) prinzipiell unbegrenzt sind, kann sie umso mehr Geld verdienen, je interessanter ihr Foto ist, je mehr Zeitungen es also drucken wollen.

Auf die **Art der Nutzung** kommt es dabei nicht an: Wenn ein Werk geschützt ist, dann ist es in jeder Form geschützt. Wer „My Sweet Lord" als Handy-Klingelton vertreiben will, braucht dafür – auch wenn es sich noch so grauslich anhört – genauso eine Erlaubnis, wie wenn er die Gitarrengriffe gedruckt verkaufen oder den Songtext auf seine Homepage stellen will.

Der Urheberschutz gilt in Deutschland automatisch (siehe Seite 96). Eine besondere **Anmeldung** ist dazu nicht erforderlich, auch keine besondere Kennzeichnung der geschützten Werke: Der **Copyright-Hinweis** © bewirkt in Deutschland *rechtlich* überhaupt nichts (denn ein Copyright gibt es in Deutschland gar nicht) – und kann doch sinnvoll sein, um Leute zu warnen, die vom Urheberrecht keine Ahnung haben.

Aber auch ohne so einen Hinweis kann sich niemand damit herausreden, er habe nicht gewusst, dass das Foto geschützt ist, das er in seiner Zeitung abgedruckt hat: In Deutschland ist jedes Foto *automatisch* geschützt. Frei zum Abdruck ist es erst, wenn der Urheber das *ausdrücklich* erlaubt hat. Verantwortlich dafür, dass das Urheberrecht eingehalten wird, sind nicht die Urheber, sondern die *Nutzer* geschützter Werke. Nicht der Urheber muss also potenzielle Nutzer darauf hinweisen, dass seine Werke geschützt sind, sondern der Nutzer muss sich vergewissern, dass er über die zur Nutzung nötigen Rechte verfügt.

Leider sind die Formulierungen des einst so klaren und verständlichen Urheberrechtsgesetzes in den letzten Jahren immer ausladender und kompli-

zierter geworden. Davon aber sollte sich niemand irritieren lassen. Wer immer unsicher ist, wie einzelne Paragraphen dieses Gesetzes auszulegen sind, sollte zuerst den § 11 lesen. Dort steht: *„Das Urheberrecht schützt den Urheber in seinen geistigen und persönlichen Beziehungen zum Werk und in der Nutzung des Werkes. Es dient zugleich der Sicherung einer angemessenen Vergütung für die Nutzung des Werkes."*
Es ist ein Urheberschutzgesetz, kein Verwerterschutzgesetz.

Was schützt das Urheberrecht?

Das Urheberrechtsgesetz schützt Werke, die *„persönliche geistige Schöpfungen"* sind. Dazu zählen Sprachwerke und Computerprogramme, Lichtbild- und Filmwerke, technische Pläne und Landkarten sowie Werke der Musik, der bildenden Kunst, der Tanzkunst und der Architektur. Auch Bearbeitungen wie Übersetzungen gehören zu den geschützten Werken, und natürlich sind auch Websites, CD-ROM und Multimediaprodukte geschützt, die man bei der Formulierung des Gesetzes noch gar nicht kannte. Sofern es denn „persönliche geistige Schöpfungen" sind.

Diese Einschränkung ist wichtig, denn „Schöpfung" setzt nach dem Verständnis von Juristen erst in dem Augenblick ein, in dem die Fotografin die Kamera zückt, der Maler zum Pinsel oder die Autorin in die Tasten greift und Sachverhalte oder Selbsterfundenes in *eigene* Worte oder Bilder fasst.
- Nicht geschützt ist die **Idee** für ein Bild, für eine Software, für einen Film. So was kommt vor: Ein Fotograf unterbreitet einem Verlag eine Idee für einen Bildband, wird abgewimmelt und findet „sein" Buch Monate später in der Buchhandlung – verlegt von eben diesem Verlag, aber realisiert mit einem anderen Fotografen. Da ist er reingelegt worden. Aber leider völlig legal – zumindest was das Urheberrecht betrifft. Ob und wie man Ideen außerhalb des Urheberrechts schützen kann, steht im Kapitel „Gibt es einen Schutz gegen Ideenklau?" ⌕.
- Nicht geschützt ist der **Tatsachengehalt** eines Werkes – mit wie viel Einfallsreichtum er auch zutage gefördert wurde. Die Deutsche Presseagentur kann also niemandem verbieten, den Inhalt von dpa-Meldungen für *neue* Artikel zu verwenden und diese beliebig zu verbreiten. Das ist auch vernünftig – anders wäre ein freier Informationsfluss nicht möglich.

- Nicht geschützt ist die **Darstellungstechnik** – jedenfalls nicht für sich allein. Der Maler, der einen erfolgreichen neuen Stil kreiert, muss damit leben, dass Dutzende von Epigonen ihn nachahmen.

Geschützt sind dagegen auch **Teile eines Werkes:** Wer aus dem Artikel eines Kollegen neben den Fakten auch den gedanklichen Aufbau, prägnante Formulierungen, einprägsame Vergleiche, einleitende Assoziationen übernimmt oder gleich ganze Passagen wörtlich abschreibt, muss sich auf eine Schadenersatzklage einstellen, die ihn das gesamte Honorar kosten kann – plus Prozesskosten.

Geschützt ist also das *Produkt* schöpferischer Tätigkeit. Aber zumindest bei Publizisten gilt nicht alles, was sie tun, als schöpferische Tätigkeit. Die Redakteurin, die bei einem Stadtmagazin den lokalen Terminkalender zusammenstellt, schafft damit noch kein geschütztes Werk. Verzichtet sie darin auf jegliche Kommentierung und eigene Formulierungen, so handelt es sich (solange die Grenze zur Datenbank nicht überschritten ist) lediglich um eine **Faktenzusammenstellung,** die das Konkurrenzblatt ungestraft von vorne bis hinten abschreiben darf. Jedenfalls nach dem Urheberrechtsgesetz. Ein Verstoß gegen das Gesetz gegen unlauteren Wettbewerb könnte es dennoch sein.

> Detailinformationen zu diesem Thema finden sich in der
> Online-Ausgabe des Ratgebers an dieser Stelle im Kapitel
> ■ Gibt es einen Schutz gegen Ideenklau?

Wen schützt das Urheberrecht?

Das Urheberrechtsgesetz kennt drei Kategorien von Schutzrechten:
- Das **Urheberrecht** schützt die *Urheber,* z.B. Drehbuchautorinnen, Komponisten, Filmregisseure, Journalistinnen und auch Programmierer von Computerprogrammen. Es erlischt erst 70 Jahre nach ihrem Tod.
- Das **Leistungsschutzrecht** gilt für *„ausübende* Künstler". Das sind z.B. Schauspieler oder Musikerinnen, die vorhandene Werke aufführen oder auf Platte aufnehmen. Auch ihr Schaffen ist damit geschützt – und zwar 50 Jahre lang ab *„Erscheinen, Darbietung oder Herstellung".* Anders als in den USA ist damit das „Bootlegging", der kommerzielle Vertrieb unerlaubter Konzertmitschnitte, in Deutschland verboten.

- Der **Schutz von Datenbankwerken** ist als letzte Schutzkategorie in das UrhG aufgenommen worden. Er gilt für Datenbanken, für deren Erstellung eine *„nach Art oder Umfang wesentliche Investition"* nötig war, und zwar 15 Jahre lang ab Veröffentlichung.

Erst nach Ablauf der genannten Fristen sind die Werke **„gemeinfrei"** und dürfen dann ohne Genehmigung vervielfältigt, verbreitet oder ins Internet gestellt werden.

Das Urheberrecht schützt in der Regel die **Urheberin**, also diejenige, die das geschützte Werk *geschaffen* hat, und nicht den **Geldgeber**. Der Verleger hat also immer nur die Rechte, die ihm die Autorin im Verlagsvertrag eingeräumt hat; der Theaterbesitzer darf die Aufführung nur dann auf Video aufzeichnen, wenn die Schauspieler und alle anderen Beteiligten ihm das erlauben. Auch der Sponsor erwirbt mit seinem Geld nicht das geringste Recht am geförderten Werk. Es sei denn, es ist ausdrücklich im Vertrag vereinbart.

Bei **Filmen** gilt qua Gesetz die Sonderregel, dass die Mitwirkenden dem Produzenten *alle* Nutzungsrechte einräumen – jedenfalls solange nichts anderes vereinbart ist. (Ihr Recht auf eine angemessene Vergütung behalten sie natürlich trotzdem.)

Nur in einem Fall schützt das Urheberrecht den Geldgeber: Bei **Datenbankwerken** liegen die Rechte nicht bei denen, die die Daten zusammengetragen haben, sondern beim „Hersteller", der den Aufbau der Datenbank bezahlt hat. Steckt aber in der Definition der Datenbank, in der Software oder der Bedienungsoberfläche eine *„persönliche geistige Schöpfung"*, so hat deren Schöpfer für diese Leistung zusätzlich das Urheberrecht.

Wer als **Arbeitnehmer** Texte schafft, ist zwar Urheber, tritt die Nutzungsrechte in der Regel aber im Arbeits- oder Tarifvertrag an den Arbeitgeber ab. So enthält z. B. der Manteltarifvertrag für Redakteure und Redakteurinnen an Tageszeitungen im § 18 umfangreiche Vereinbarungen zu den Urheberrechten. Für Programmierer steht die entsprechende Regelung sogar im Gesetz: Alle *„vermögensrechtlichen Befugnisse"* an einem **Computerprogramm**, das im Rahmen eines Dienst- oder Arbeitsvertrages geschrieben wurde, liegen nach § 69 b UrhG beim Auftraggeber. Der Programmierer ist damit zwar weiterhin Urheber und muss, wenn er das will, als solcher genannt werden, bekommt für die Vermarktung des Programms aber keinen Cent zusätzlich.

Wo es keinen Tarifvertrag und keine gesetzliche Regelung gibt, muss im Arbeits- oder **Dienstvertrag** genau geregelt werden, welche Nutzungsrechte für das vereinbarte Honorar an den Arbeit- bzw. Auftraggeber übergehen und welche nicht – sonst ist man im Streitfall auf eine Vertragsauslegung durch Gerichte angewiesen. Und die kann schon mal ziemlich enttäuschend ausfallen.

In der Praxis ist das besonders im Designbereich und bei PR-Texten wichtig: Wer glaubt, durch die Zahlung eines Gehalts oder eines Honorars automatisch „alle Rechte" an solchen Werken erworben zu haben, sollte mit dem Lesen dieses Kapitels gleich noch mal von vorn anfangen.

Leistungsschutzberechtigte

Wer ein geschütztes Werk zwar nicht *geschaffen* hat, aber ein Violinsolo vorträgt, ein Drama *aufführt* oder dabei mitwirkt, ist zwar kein Urheber, erbringt aber eine ähnlich geschützte Leistung. Diese unterliegt dem „Leistungsschutz", der ebenfalls im Urheberrechtsgesetz geregelt ist: Niemand darf diese Darbietung ohne Einverständnis der ausübenden Künstlerin aufzeichnen, vervielfältigen, im Fernsehen oder auch nur per Lautsprecher übertragen. Jedes einzelne dieser Nutzungsrechte muss – gegen ein angemessenes Honorar – erworben werden.

Im Alltag spielt das Leistungsschutzrecht vor allem dort eine Rolle, wo ein Konzert mitgeschnitten oder eine Theateraufführung gefilmt werden soll. Solange es hier nicht nur um kurze Aufnahmeschnipsel für die aktuelle Berichterstattung geht, muss mit dem Ensemble ein Honorar vereinbart und präzise geklärt werden, zu welchen Zwecken die Aufnahme verwendet werden darf.

Damit nicht einzelne Ensemblemitglieder solche Aufnahmen verhindern können, genügt bei Chören, Orchestern, Ballett- und Theaterensembles die Einwilligung des gewählten Vorstandes der jeweiligen Truppe. Dirigenten, Solistinnen und Regisseure müssen in jedem Fall persönlich zustimmen.

Aufnahmen, die einmal „erschienen", also auf Platte oder Video im Handel sind, dürfen dann zwar ohne Zustimmung der Leistungsschutzberechtigten öffentlich gespielt oder im Rundfunk gesendet werden. Aber es wird dafür eine Gebühr fällig, die in Deutschland die **Gesellschaft zur Verwertung von Leistungsschutzrechten (GVL)** einsammelt und an die Leistungsschutzberechtigten verteilt.

Das Leistungsschutzrecht gilt auch für Fotos, die keine „Lichtbildwerke" sind. Selbst Urlaubsknipsereien und Dokumentationsfotos von wissenschaftlichen Experimenten sind also 50 Jahre lang geschützt. Hat ein Fotograf sie gestaltet, so gilt das Urheberrecht, das erst 70 Jahre nach seinem Tod erlischt.

Wenn es mehrere Urheber gibt

Urheber können nur natürliche Personen sein. Wo eine Theatergruppe ihre Stücke gemeinsam schreibt, ein ganzes Netzwerk von Freiberuflern eine CD-ROM entwickelt oder eine Band gemeinsam komponiert, gelten alle Beteiligten gemeinsam als Urheber. Nicht „die Band", sondern jedes einzelne Mitglied muss also die Stücke und Aufnahmen bei der GEMA⌕ und der GVL⌕ anmelden, damit keine Tantiemen verloren gehen.

Damit es da keine Probleme gibt, ist es wichtig, formlos oder im Gesellschaftsvertrag (siehe Seite 114) festzuhalten, wer welchen Anteil am Schaffensprozess hat – und zwar mit genauen Prozentzahlen, nach denen dann später (und auch noch nach Auflösung der Gruppe) die **Honorare** und **Tantiemen** verteilt werden können.

Problematisch kann eine gemeinsame Urheberschaft vor allem dann werden, wenn eine Gruppe sich zerstritten hat und die Mitglieder nicht mehr miteinander reden. Kommt in dieser Situation ein anderes Theater und will die **Aufführungsrechte** für das gemeinsam entwickelte Stück erwerben, dann reicht es, wenn ein Mitglied sich stur stellt und Nein sagt: Das Aufführungsrecht (und das entsprechende Honorar) ist erst mal blockiert. Für **Filme** gibt es aus diesem Grund eine Sonderregelung⌕: Hier gehen alle Nutzungsrechte an den Produzenten.

Im Musikbereich kann das nicht passieren, wenn das Aufführungsrecht – wie üblich – der GEMA übertragen wurde. Analog dazu können freie Theater das Aufführungsrecht einem Verlag übertragen. Dann entscheidet dieser über die Erlaubnis zu weiteren Aufführungen, und das Stück kann nicht durch einen einzigen Quertreiber blockiert werden. Freilich: Umsonst tut der Verlag das nicht. Dafür erschließt er aber auch neue Honorarquellen, wenn er gut ist.

Anders liegen die Verhältnisse, wenn mithilfe eines urheberrechtlich geschützten Werkes ein neues geschaffen wird. Das ist z. B. der Fall bei **Übersetzungen** literarischer Werke oder bei der **Bearbeitung** von Musikstücken. Hierzu ist zunächst die Erlaubnis der Ursprungsautorin erforderlich. Ist sie erteilt, dann gelten für die deutsche Version eines englischen Romans sowohl die Autorin als auch der Übersetzer als Urheberinnen – und sind dementsprechend beide am Honorar und an den Tantiemen der VG Wort beteiligt (an Letzteren zu jeweils 50 Prozent). Die GEMA verlangt dafür vom Bearbeiter allerdings den Nachweis, dass eine Genehmigung der Komponistin des Originalwerkes vorliegt. Sonst zahlt sie seine Tantiemen nicht aus.

Mehrere Urheber gibt es auch bei **Fotografien von Kunstwerken.** Hier braucht der Verlag, der solche Fotos z. B. in einem Kunstkalender abdrucken will, neben der Erlaubnis der Fotografin immer auch die des Künstlers, der das Werk geschaffen hat. Letztere bekommt er in der Regel von der VG Bild-Kunst, die dafür eine Vergütung nach ihren **Reproduktionstarifen** ⓘ verlangt. Eine Ausnahme von dieser Regel gilt nur, wenn sich das Originalwerk „bleibend an öffentlichen Wegen, Straßen oder Plätzen" befindet oder im Rahmen aktueller Berichterstattung gezeigt wird.

> Detailinformationen zu diesem Thema finden sich in der Online-Ausgabe des Ratgebers an dieser Stelle im Kapitel
> ■ Sonderfall Filmurheber

Wie entsteht der Urheberschutz?

„Persönliche geistige Schöpfungen" sind in Deutschland automatisch geschützt. Dazu braucht man gar nichts zu tun. Wenn ich ein Buch geschrieben habe, dann bin ich sein Autor und genieße den vollen Schutz des Urheberrechts. Anders als in den angloamerikanischen Ländern, wo die Urheberschaft bis 1989 (als die USA der „Berner Übereinkunft" beitraten) noch durch Eintragung in ein Copyright-Register dokumentiert werden musste, ist eine besondere Registrierung dazu in Deutschland nicht erforderlich.

Die Frage, wie man seine Urheberschaft *beweisen* kann, wird in Internet-Newsgroups gern und ausführlich diskutiert, ist im Alltag aber kaum relevant: Dass jemand fremde Werke unerlaubt nutzt und anschließend behauptet, in Wirklichkeit sei er selbst der Urheber, kommt in der Praxis so gut wie nie vor.

Und wenn es vorkommen sollte, gilt zunächst § 10 UrhG, in dem es heißt: *„Wer auf den Vervielfältigungsstücken eines erschienenen Werkes oder auf* *dem Original eines Werkes der bildenden Kunst in der üblichen Weise als Urheber bezeichnet ist, wird bis zum Beweis des Gegenteils als Urheber des Werkes angesehen."* Der beste Schutz ist also eine Veröffentlichung. Bei nicht veröffentlichten Werken dürfte sich diese Frage ohnehin kaum stellen. Denn wie soll jemand einen Text unerlaubt nutzen, der nur bei mir zu Hause in der Schublade liegt?

Wenn also im Internet Firmen anbieten, Originalmanuskripte zum Nachweis der Urheberschaft aufzubewahren (gegen Gebühr, versteht sich), dann ist das nichts als Geldschneiderei. Und auch der viel gehandelte Tipp, eine CD mit dem selbst komponierten Song an die eigene Adresse zu schicken und den Umschlag für den Fall des Falles ungeöffnet aufzuheben, ist absolut überflüssig: In der Praxis kommen solche Streitfälle nicht vor.

Und wenn schließlich Firmen anbieten, gegen Bezahlung Ideen ⌦ zum späteren Nachweis der Urheberschaft zu archivieren, so ist das eine bewusste Irreführung an der Grenze zum Betrug. Denn ein solcher Nachweis nützt im Streitfall überhaupt nichts: Ideen sind nun mal nicht geschützt – und auch nicht schützbar, mit welchen Tricks auch immer.

Was gehört alles zum Urheberrecht?

In der Systematik des Urheberrechts werden drei Kategorien unterschieden:
- Das **Urheberpersönlichkeitsrecht** garantiert, dass niemand mein Werk gegen meinen Willen (erstmals) veröffentlichen darf; dass ich als Urheber anerkannt werde und mein Werk vor Entstellungen geschützt ist. Hierzu gehört auch das **Recht auf Namensnennung** (Seite 98).
- Die Verwertungsrechte gliedern sich auf in viele unterschiedliche Arten, das Werk zu verwerten, also zu vervielfältigen, zu senden, ins Internet zu stellen usw. Diese Rechte liegen zunächst ausnahmslos beim Urheber – er kann aber Dritten **Nutzungsrechte** (siehe Seite 99) einräumen. Auch das Recht, ein Werk zu bearbeiten oder umzugestalten (siehe Seite 98), gehört zu diesen Verwertungsrechten.
- Darüber hinaus gibt es einige **sonstige Rechte** des Urhebers, die nach und nach ins Urheberrechtsgesetz aufgenommen wurden, um zu verhindern, dass Urheber von mächtigen Vertragspartnern allzu sehr ausgetrickst werden (Seite 104).

Recht auf Namensnennung

Nach § 13 UrhG kann der Urheber „*bestimmen, ob das Werk mit einer Urheberbezeichnung zu versehen und welche Bezeichnung zu verwenden ist*". Freilich: In manchen Fällen muss man das ausdrücklich verlangen. Aber es geht. Die Literaturübersetzerinnen in ver.di haben Ende 2001 den Internet-Buchhändler amazon.de wochenlang mit Unmengen von E-Mails genervt. Seither werden im amazon-Katalog auch die Übersetzerinnen genannt.

Bei Büchern und Zeitungen sind gesonderte Vereinbarungen in der Regel nicht nötig. Hier kann man sich – sofern das Medium nicht *bekanntermaßen* auf jede Namensnennung verzichtet (wie früher der SPIEGEL) – im Streitfall auf die branchenübliche Praxis berufen. Nötig ist eine ausdrückliche Vereinbarung dagegen überall dort, wo die Namensnennung nicht branchenüblich ist. Spieleverleger etwa lassen die Namen der Autoren gern ganz unter den Tisch fallen oder verbannen sie ins Impressum des Begleitheftes: Hier sollte im Vertrag festgeschrieben werden, dass der Namen auf der Oberseite der Schachtel und der Titelseite des Begleitheftes genannt wird. Auch im Filmbereich ist es üblich, die Namensnennung im Vor- bzw. Abspann mit Schriftgröße und Einblenddauer vertraglich zu vereinbaren.

Kommt der Verwerter dem nicht nach, so riskiert er ein Schmerzensgeld bzw. eine Schadenersatzforderung. Den Schadenersatz „wegen entgangener Werbewirkung" beziffern die Gerichte zumindest in Fällen unerlaubter Veröffentlichung regelmäßig auf 100 Prozent vom Originalhonorar.

Schutz vor Veränderungen

In der Praxis ist es meist gar keine Böswilligkeit, sondern Zeitdruck: Der Artikel der freien Autorin ist zu lang, der Redakteur fängt an zu kürzen, findet hier einen Satz, der ihm nicht gefällt und den er deshalb ändert, dann fällt ihm noch eine interessante Information ein, die den Artikel besser macht, wie er meint, und die er deshalb einfügt – und am Ende erkennt die Autorin ihren Artikel nicht wieder. Gefragt worden ist sie natürlich nicht.

Das muss sich niemand gefallen lassen. Der im Urheberrecht festgeschriebene Schutz vor Entstellungen und Umgestaltungen verbietet auch ein solches „**Umschreiben**" **von Artikeln** – sofern es über die redaktionsübliche Bearbeitung hinausgeht: Einen Artikel „auf Zeile bringen" oder einen Vorspann hinzuzufügen, wenn die Autorin ihn vergessen hat, das ist ohne ihre Zustimmung erlaubt. Aber wer einen Artikel ganz umschreiben oder gar einzelne Aussagen verändern will, braucht dazu die Zustimmung der Autorin. So steht es jedenfalls im Gesetz, das freilich in vielen Redaktionen gewohnheitsmäßig gebrochen wird. Die Gerichte aber sehen das nicht als Kavaliersdelikt an: 1998 wurde der Kölner Stadt-Anzeiger rechtskräftig zu 10.000 Mark Schmerzensgeld verurteilt, weil er in einem kritischen Artikel zweier freier Autoren über Abwasserprobleme ohne Abstimmung 82 Änderungen vorgenommen hatte, die nach Auffassung des Gerichts den Inhalt verharmlost und wissenschaftliche Aussagen ins Gegenteil verkehrt hatten. Für das hohe Schmerzensgeld war laut Urteilstext übrigens auch die *„überhebliche und selbstgefällige Haltung"* des Stadt-Anzeigers ausschlaggebend, der nicht einmal ansatzweise Unrechtsbewusstsein gezeigt habe (Amtsgericht Köln 131 C 4/98).

In einem anderen, ebenfalls schon älteren Verfahren bekam eine Künstlerin, deren Werk in einem Katalog bewusst in falschen Farben gedruckt worden war, 4.500 Mark zugesprochen.

Zu diesem Thema gehört auch, dass Gebäude nicht einfach ohne Zustimmung des Architekten umgebaut und Kunstwerke vom Eigentümer nicht einfach vernichtet werden dürfen.

Auch die **Weiterentwicklung von Computerprogrammen und Websites** steht unter diesem Vorbehalt. Wenn sich ein Unternehmen von einer teuren Designerin eine wunderbare Website entwerfen lässt, so kann es anschließend nicht einfach – um Kosten zu sparen – einen Studenten engagieren, der die Website für billiges Geld jahrelang „pflegt" und weiterentwickelt. Sofern im Vertrag nichts anderes vereinbart wurde, darf der Student (bzw. das Unternehmen selbst) zwar einfache Änderungen vornehmen, etwa Preisangaben aktualisieren. Sobald aber Inhalte verändert oder neue Seiten hinzugefügt werden, ist dies ein Eingriff in das geschützte Werk, der ohne Zustimmung der Originaldesignerin nicht erlaubt ist.

Nutzungsrechte

Der Grundgedanke des Urheberrechtsgesetzes ist, dass der Urheber die volle Verfügungsgewalt über sein Werk hat: Nur er hat das Recht, das Werk zu vervielfältigen, zu verbreiten, auszustellen oder öffentlich wiederzugeben. Dieses Recht kann er jedoch anderen überlassen.

Genau das ist gemeint, wenn die Autorin stolz berichtet, sie habe ein Manuskript „verkauft". In Wirklichkeit hat sie dem Verlag nur erlaubt, das Manuskript abzudrucken. Der Jurist würde sagen: Sie hat dem Verlag ein „Nutzungsrecht eingeräumt", und tatsächlich unterscheidet sich der Manuskript-„Verkauf" grundlegend vom Verkauf etwa eines Autos. Denn während der Autoverkäufer mit dem Erhalt der Kaufsumme sämtliche Rechte an seinem alten Wagen verliert, behält bei einem Urheberrechtsvertrag die Autorin *alle* Rechte, die sie dem Verlag oder Sender nicht ausdrücklich eingeräumt hat.

Für das Urheberrecht kommt es also nicht darauf an, in wessen **Eigentum** sich das Original eines Werkes befindet, sondern wer welche **Nutzungsrechte** am Werk erworben hat. Das zu klären ist die zentrale Aufgabe von Urheberrechtsverträgen: Hier muss nicht nur das Honorar festgelegt, sondern präzise und umfassend geklärt werden, welche Nutzungsrechte der Auftraggeber für dieses Honorar erhält. Geklärt werden muss,
- **für welche Nutzungsarten** die Nutzungsrechte
- **in welchem Umfang** und
- **mit welchem Exklusivitätsgrad**

an den Vertragspartner übergehen.

Da sich die Vertragspartner von Urhebern oft noch weniger mit dem Urheberrecht auskennen als die Urheber selbst und nicht selten irrigerweise davon ausgehen, sie könnten mit einem einmal „gekauften" Text anstellen, was sie wollen, sollte man in solchen Verträgen lieber zu viele Angaben machen als zu wenige. Man sollte also nicht nur alle Nutzungsrechte aufzählen, die der Auftraggeber *erwirbt,* sondern auch noch ausdrücklich die Rechte ausschließen, bei denen es erfahrungsgemäß oft Missverständnisse gibt – vor allem für digitale Nutzungen.

Detailinformationen zu diesem Thema finden sich in der
Online-Ausgabe des Ratgebers an dieser Stelle in den Kapiteln
- Nutzungsarten
- Einfache und ausschließliche Nutzungsrechte
- Einräumung und Übertragung von Nutzungsrechten

Wie oft darf der Vertragspartner mein Werk nutzen?

Wo es einen vernünftigen Vertrag gibt, erübrigt sich diese Frage. Denn dann ist im Vertrag präzise geklärt, was der Partner darf. Alles, was dort nicht steht, darf er nicht. Wenn er es doch will, muss er darüber eine neue Vereinbarung – samt Honorarvereinbarung – treffen.

Da die Nutzungsrechte aber erfahrungsgemäß in vielen Urheberrechtsverträgen gar nicht erwähnt werden, ist in einigen Fällen im Gesetz festgelegt, welche Nutzungsrechte erworben wurden, *„sofern nichts anderes vereinbart wurde"*. Unter dieser Prämisse gilt:

- Wer ein Original der **bildenden Kunst** kauft, erwirbt damit im Zweifel lediglich das Ausstellungsrecht (§ 44 UrhG 🖉), aber nicht das Recht, das Werk zu vervielfältigen oder zu verbreiten.
- Wer ein Werk der **bildenden Kunst** versteigert oder für eine öffentliche (Wechsel-)Ausstellung ausleiht, hat damit das Recht, es in einem Katalog abzubilden (§ 58 UrhG 🖉). Diese Nutzung wird jedoch honorarpflichtig, sobald der Katalog über den Buchhandel vertrieben wird.
- Sind bei **Büchern** die Nutzungsrechte nicht präzise im Vertrag fixiert, so gilt ein ausschließliches Nutzungsrecht als vereinbart, *beschränkt auf eine Auflage von 1.000 Exemplaren* (Verlagsgesetz § 5 🖉). Sind diese Exemplare verkauft, kann der Autor also einen neuen Vertrag aushandeln oder sich einen anderen Verlag suchen.

In allen anderen Fällen sind die Nutzungsrechte vorbehaltlich anderer Vereinbarungen auf das beschränkt, „was dem Vertragszweck dient". Was dazu gehört, muss im Streitfall ein Gericht beurteilen.

Wer etwa mit einer Galerie eine **Ausstellung** vereinbart, räumt ihr damit neben dem Katalogrecht im Zweifel auch das Recht ein, eines der Werke auf einer Einladungskarte zu vervielfältigen. Das dient dem Vertragszweck „Ausstellung". Das Recht aber, Postkarten von den Werken herzustellen und zu verkaufen, muss ausdrücklich vereinbart werden.

Wer einer **Zeitung** ohne weitere Abmachungen einen Artikel „verkauft", räumte ihr damit ursprünglich lediglich das Recht ein, ihn einmal abzudrucken – nicht aber, ihn ins Internet zu stellen. Dass heute auch die Internet-Nutzung dazugehört, ist darauf zurückzuführen, dass die freien Journalisten es über Jahre unterlassen haben, dafür auf ein zusätzliches Honorar zu bestehen.

(Siehe auch Kapitel „Müssen Internet-Veröffentlichungen extra honoriert werden?").

Wer ein **Gastspiel** vereinbart, erlaubt dem Veranstalter damit noch längst nicht, die Aufführung oder das Konzert auf Tonband oder Video mitzuschneiden, und schon gar nicht, solche Bänder zu vervielfältigen und zu verkaufen. Dafür müsste ein eigener Vertrag geschlossen werden.

Wer ein **Computerprogramm** oder eine **Website** entwickelt, räumt dem Kunden nur das Recht ein, dieses Werk zu *nutzen*. Dazu benötigt der Kunde eine lauffähige Softwareversion, nicht aber den Quellcode. Diesen braucht die Entwicklerin also nur herauszurücken, wenn das im Vertrag ausdrücklich vereinbart war. Der Kunde darf das Programm auch nicht dekompilieren (außer in einigen Ausnahmefällen, die § 69e UrhG sehr eng definiert).

Alle Nutzungen, die über den ursprünglichen Vertragszweck hinausgehen, müssen freilich angemessen honoriert werden. Das bestimmt das Urheberrechtsgesetz, und dagegen verstoßen die Verträge, die in den letzten Jahren immer mehr Zeitungs- und Zeitschriftenverlage ihren freien Autoren aufzuzwingen versuchen: Die sollen ihnen *alle* Rechte an ihren Texten abtreten – wofür die Verlage freilich nur einmal das Honorar zahlen wollen, das es früher für einen einmaligen Abdruck gab. Dabei wird die Vorlage solcher **„Total-Buy-out-Verträge"** häufig mit dem Hinweis verbunden, wer nicht unterschreibe, bekomme gar keine Aufträge mehr. Solches Verhalten ist nicht nur eine Sauerei, sondern nach Überzeugung von ver.di auch schlicht **rechtswidrig,** da die Urheberinnen hier per Vertrag auf das Honorar für alle weiteren Nutzungen ihrer Werke verzichten sollen. Auf einen Vorab-Verzicht auf eine angemessene Vergütung aber *„kann der Vertragspartner sich nicht berufen",* heißt es in § 32 UrhG – d. h. eine solche Vereinbarung ist unwirksam, auch wenn man sie unterschrieben hat. Das haben inzwischen auch mehrere Gerichte bestätigt, die auf Klagen u. a. von ver.di verschiedenen Verlagen untersagt haben, solche Vereinbarungen standardmäßig im Verkehr mit ihren Freien zu verwenden.

Detailinformationen zu diesem Thema finden sich in der
Online-Ausgabe des Ratgebers an dieser Stelle in den Kapiteln
- Was tun gegen Total-Buy-out?
- Müssen Internet-Veröffentlichungen extra honoriert werden?

Wie oft darf ich mein Werk „verkaufen"?

Angesichts der schlechten Honorarsituation können Freie im Kunst- und Medienbereich häufig nur überleben, wenn sie ihre Werke mehrfach „verkaufen". Ob und in welchem Umfang das möglich ist, hängt wieder von der Art und der Ausschließlichkeit der eingeräumten Nutzungsrechte ab.

Grundsätzlich darf man Nutzungsrechte natürlich an so viele Geschäftspartner vergeben, d.h. einen Artikel so oft verkaufen, wie man will. Es sei denn, man hat einem der Auftraggeber ein **ausschließliches Nutzungsrecht**⌕ eingeräumt (wie es bei Zeitschriften und beim öffentlich-rechtlichen Rundfunk normal ist). Dann brauche ich für weitere „Verkäufe" seine Erlaubnis, bzw. ich muss warten, bis das ausschließliche Recht erloschen⌕ ist.

Wo es darüber keinen detaillierten Vertrag gibt, wird der Umfang der Rechte bei Zeitungen und Rundfunkanstalten häufig durch „Allgemeine Honorarbedingungen"⌕ festgelegt und manchmal durch einen Tarifvertrag. Ist auch das nicht der Fall, so gelten die Bestimmungen des Urheberrechts- bzw. des Verlagsgesetzes, die in gesonderten Kapiteln erläutert sind.

> Detailinformationen zu diesem Thema finden sich in der
> Online-Ausgabe des Ratgebers an dieser Stelle in den Kapiteln
>   ■ Wenn keine Nutzungsrechte vereinbart wurden
>   ■ Wenn der Kunde „Exklusivität" verlangt
>   ■ Fingerspitzengefühl geht vor Rechtslage
>   ■ Wenn andere meinen Beitrag übernehmen wollen

Was dürfen Dritte mit meinen Werken tun?

Leider werden Kreative im Alltag häufiger mit dem weniger angenehmen Fall konfrontiert, dass sie in einem fremden Hit plötzlich ihre eigene Kompositionen wiedererkennen, ihren Artikel irgendwo im Internet oder ihre Zeichnungen im Postkartenständer eines Kunstladens wiederfinden – ohne dass sie die entsprechende Erlaubnis gegeben haben oder auch nur gefragt worden sind.

In wenigen Fällen ist das erlaubt: Um den freien Informationsfluss nicht zu behindern, erlaubt das Urheberrechtsgesetz solche Nutzungen in einigen genau definierten Fällen genehmigungsfrei⌕ – etwa den Abdruck von aktuellen Zeitungsartikeln in Pressespiegeln, die Abbildung von Kunstwerken in der aktuellen Berichterstattung über diese Werke oder das Zitieren fremder Werke „im gebotenen Umfang". In den meisten dieser Fälle werden aber dennoch Honorare fällig, die die Verwertungsgesellschaften (siehe Seite 106) einziehen.

Von diesen Ausnahmen abgesehen handelt es sich in solchen Fällen aber meist um unerlaubte Nutzungen und damit um Verstöße gegen das Urheberrechtsgesetz. Bei Veröffentlichungen im *Internet*⌕ ist das sogar *immer* der Fall – eine Ausnahmeregelung, die das Zugänglichmachen fremder Werke auf allgemein zugänglichen Websites genehmigungsfrei erlauben würde, gibt es im Urheberrechtsgesetz nicht. Und wo mein Werk unerlaubt genutzt wird, da kann ich immer Schadenersatz geltend machen.

Detailinformationen zu diesem Thema finden sich in der
Online-Ausgabe des Ratgebers an dieser Stelle in den Kapiteln
- Erlaubte Nutzungen
- Unerlaubte Nutzungen und Plagiate
- Was tun bei Urheberrechtsklau im Internet?
- Was du nicht willst, dass man dir tu…

Besondere Schutzrechte

Um zu verhindern, dass Künstlerinnen und Künstler von ihren in der Regel wirtschaftlich stärkeren Vertragspartnern über den Tisch gezogen werden, sieht das Urheberrecht eine Reihe besonderer Schutzrechte vor:
- Der **Anspruch auf eine angemessene Vergütung**⌕ erlaubt es Urhebern, von ihrem Auftraggeber selbst dann ein „angemessenes" Honorar zu erzwingen, wenn im Vertrag ein niedrigeres Honorar vereinbart war.
- Der **Anspruch auf weitere Beteiligung**⌕ gibt vor allem Buchautoren das Recht zu einer Honorarnachforderung, wenn ihr Buch *überraschend* zum Bestseller geworden ist.
- Das **Folgerecht**⌕ garantiert bildenden Künstlern eine Beteiligung an der Wertsteigerung ihrer Werke, die bei einem Weiterverkauf realisiert wird.
- Das **Recht zum Rücktritt vom Verlagsvertrag**⌕ ermöglicht es z.B. Autoren, aus einem Buchvertrag auszusteigen, wenn das Buch vergriffen ist und der Verlag es nicht neu auflegt.
- Das **Recht zum Rückruf von Nutzungsrechten „wegen Nichtausübung"**⌕ ermöglicht es z.B. Autorinnen, aus einem Buchvertrag auszusteigen, wenn der Verlag ihr Buch gar nicht erst herausbringt.

Urheberrecht | 105

- Das **Rückrufrecht „wegen gewandelter Überzeugung"** ermöglicht es z. B. Publizisten, ein Buch vom Markt zu nehmen, hinter dem sie inhaltlich nicht mehr stehen.
- Das **Kündigungsrecht für Optionsverträge** ermöglicht es z. B. Musikerinnen, aus Verträgen auszusteigen, mit denen sie sich in jungen Jahren für ihre gesamte Zukunft an einen Plattenverlag gebunden haben („Knebelverträge").

Genauere Angaben zu all diesen Regelungen finden sich jeweils in eigenen Kapiteln.

Und weil der Gesetzgeber zumindest manchmal schlau ist und weiß, mit welchen Tricks die stärkeren Vertragspartner solche Rechte immer wieder auszuhebeln versuchen, hat er zusätzlich einen **Umgehungsschutz** in das Gesetz eingebaut. Der besagt, das Urheber auf diese Rechte *nicht von vornherein verzichten* können. Sie gelten also auch dann, wenn im individuellen Vertrag das Gegenteil steht.

Sollte zum Beispiel ein blauäugiger junger Maler mal einen Vertrag unterzeichnen, in den ein übler Partner hineingeschrieben hat, dass mit dem Kaufpreis für ein Bild auch das Folgerecht abgegolten ist – macht nichts! Eine solche Vertragsbestimmung ist nichtig; die Beteiligung am Weiterverkauf muss trotzdem gezahlt werden.

Das Gleiche gilt für Verträge, die eine nachträgliche Anhebung eines zu niedrigen Honorars auf ein angemessenes Niveau ausschließen: Ein vertraglicher Verzicht auf ein angemessenes Honorar ist ebenso nichtig wie der Verzicht auf ein anderes der genannten Schutzrechte. Sollte jemand solche Sauklauseln – zum Beispiel in einem „Total-Buy-out-Vertrag" – unterschrieben haben, so gelten trotzdem die Bestimmungen des Urheberrechtsgesetzes.

Detailinformationen zu diesem Thema finden sich in der
Online-Ausgabe des Ratgebers an dieser Stelle in den Kapiteln
- Anspruch auf ein angemessenes Honorar
- Anspruch auf weitere Beteiligung („Bestsellerparagraph")
- Folgerecht beim Weiterverkauf von Originalen der bildenden Kunst
- Rückruf- und Rücktrittsrecht wegen Nichtnutzung
- Rückrufrecht wegen gewandelter Überzeugung
- Kündigungsrecht für Options- und Knebelverträge
- Rechte auf unbekannte Nutzungsarten

Die Verwertungsgesellschaften

Wenn es sie nicht gäbe, müsste man sie erfinden: die Verwertungsgesellschaften. Man schickt ihnen ein paar Formulare – und bekommt im Gegenzug jedes Jahr Geld. Für nichts und wieder nichts, so stellt es sich vielen dar.

Für andere gehören sie zu den bestgehassten Institutionen. Für alles und jedes verlangen sie Geld, allen voran die GEMA, für jeden Song, der im Radio gespielt, jedes neuere Lied, das auf dem Schulfest gesungen, jede Leer-CD, die verkauft wird.

Tatsächlich verhelfen die Verwertungsgesellschaften Urheberinnen und Urhebern zu Honoraren, die sie sich mit ihrer kreativen Leistung verdient haben, die sie aber allein niemals eintreiben könnten. Sie treiben von Unternehmen und Institutionen jedes Jahr Millionenbeträge für „Zweitnutzungen" urheberrechtlich geschützter Werke ein – z. B. für die Sendung von Musik im Radio, das Fotokopieren von Büchern in Schulen, die Musikberieselung im Kaufhaus, die Wiedergabe von Zeitungsartikeln in Pressespiegeln und für das Anfertigen von (legalen) Privatkopien geschützter Werke. Und sie verteilen diese Millionenbeträge an die Urheberinnen und Urheber.

> Detailinformationen zu diesem Thema finden sich in der
> Online-Ausgabe des Ratgebers an dieser Stelle im Kapitel
> ■ Verwertungsgesellschaften – was ist das?

„Geld umsonst"

Um an der jährlichen Ausschüttung der von den Verwertungsgesellschaften eingezogenen Gelder teilzuhaben, müssen Urheberinnen und Leistungsschutzberechtigte sich bei „ihrer" Verwertungsgesellschaft angemeldet haben. Das ist problemlos möglich und – außer bei der GEMA – kostenlos. Die Verwertungsgesellschaften sind gesetzlich *verpflichtet,* einen Wahrnehmungsvertrag mit jedem abzuschließen, der das verlangt (und Rechte im Bereich der jeweiligen Verwertungsgesellschaft besitzt).

Von Bedeutung sind hierfür in Deutschland vier Verwertungsgesellschaften:
- Die **GEMA** (Gesellschaft für musikalische Aufführungsrechte) für Komponisten und Textdichterinnen im Bereich Musik,

Urheberrecht | 107

- die **GVL** (Gesellschaft zur Verwertung von Leistungsschutzrechten)⌾ für ausübende Musiker und darstellende Künstlerinnen,
- die **VG** Bild-Kunst (Verwertungsgesellschaft Bild Kunst)⌾ für bildende Künstler, Fotografinnen, Karikaturisten, Designerinnen und alle, die bildgestaltend an Filmen mitwirken,
- die **VG Wort** (Verwertungsgesellschaft WORT)⌾ für Wort-Autorinnen und -Autoren in allen Medien.

Etliche Werke fallen also in den Bereich mehrerer Verwertungsgesellschaften, sodass bei der Meldung seiner Werke niemand falsche Bescheidenheit walten lassen sollte: Verträge mit mehreren Verwertungsgesellschaften sind nicht nur sinnvoll, sondern *nötig*, wenn etwa eine Rockgruppe eigene Kompositionen (GEMA) auf CD aufnimmt (GVL) oder wenn ein Filmemacher Drehbuchautor (VG Wort), Regisseur (GVL) und Kameramann (VG Bild-Kunst) in einer Person ist. Ist er außerdem noch Produzent, kommt noch eine der Film-Verwertungsgesellschaften hinzu.

Auch bei den Meldungen ist Bescheidenheit fehl am Platze: Die Ausschüttungen richten sich zumindest teilweise danach, welche geschützten Werke die Wahrnehmungsberechtigten ihrer Verwertungsgesellschaft gemeldet haben. Für eine Komposition etwa, die der GEMA nicht bekannt ist, gibt's auch keine Tantiemen. Einzelheiten werden für jede VG in einem gesonderten Kapitel dargestellt.

Einige Verwertungsgesellschaften unterscheiden zwischen den **Wahrnehmungsberechtigten** oder angeschlossenen Mitgliedern (das kann jeder werden) und den **ordentlichen Mitgliedern,** die Mitspracherechte bei VG-internen Angelegenheiten haben, insbesondere bei der Verwendung und Verteilung der Einnahmen. Voraussetzung für eine ordentliche Mitgliedschaft ist in der Regel eine mehrjährige Wahrnehmungsberechtigung, ein bestimmtes Tantiemenaufkommen und/oder eine hauptberufliche Tätigkeit. Die GEMA kennt als Zwischenstufe noch das außerordentliche Mitglied. Für die Höhe der individuellen Ausschüttungen macht die Art der Mitgliedschaft keinen Unterschied. Die Verwertungsgesellschaften schütten Tantiemen nicht nur an Urheberinnen, sondern auch an die jeweiligen Verlage aus. Wer z.B. Bücher im Selbstverlag herausbringt, sollte sich bei der jeweiligen VG nach den entsprechenden Regelungen erkundigen; sie werden im Folgenden *nicht* berücksichtigt.

Detailinformationen zu diesem Thema finden sich in der
Online-Ausgabe des Ratgebers an dieser Stelle in den Kapiteln
- GEMA
- GVL
- Verwertungsgesellschaft Bild-Kunst
- Verwertungsgesellschaft Wort

Noch mehr Geld umsonst

Die Verwertungsgesellschaften sind laut Gesetz verpflichtet, mit einem Teil der eingezogenen Gelder Vorsorge- und Unterstützungseinrichtungen🗗 für „bedürftige Urheber in Notsituationen" einzurichten. Außerdem gibt es bei den Verwertungsgesellschaften verschiedene Hilfen zur **Alterssicherung**🗗 sowie Zuschüsse für **kulturelle Zwecke**🗗.

Die entsprechenden Fonds, die grundsätzlich allen Wahrnehmungsberechtigten der jeweiligen Verwertungsgesellschaft zugänglich sind, werden in gesonderten Kapiteln dargestellt.

Detailinformationen zu diesem Thema finden sich in der
Online-Ausgabe des Ratgebers an dieser Stelle in den Kapiteln
- Hilfen in Notlagen
- Hilfen bei der Alterssicherung
- Förderung kultureller Zwecke

Wenn GEMA und GVL Geld verlangen ...

So segensreich die Tätigkeit der Verwertungsgesellschaften für alle Publizistinnen und Künstler ist – damit sie funktionieren, lässt es sich nicht vermeiden, dass sie hin und wieder auch von unsereinem Geld *verlangen*. Nämlich immer dann, wenn ein Künstler für sein Schaffen das Werk einer anderen Künstlerin benutzen will.

Das ist vor allem im Musikbereich oft der Fall. Die GEMA verfügt über die „kleinen Aufführungsrechte" für etwa zweieinhalb Millionen Musiktitel, zusammen mit ihren ausländischen Partnern sogar fast für das gesamte Musikrepertoire der Welt. Wer einen dieser Titel öffentlich spielen, in seinem Theater-

Urheberrecht | 109

stück nutzen, seiner Website hinterlegen oder anderweitig nutzen will, muss der GEMA dafür eine Vergütung zahlen. Wird dabei auch eine Vergütung für die GVL fällig, so zieht die GEMA die gleich mit ein, sodass man sich darum nicht gesondert zu kümmern braucht.

Detailinformationen zu diesem Thema finden sich in der
Online-Ausgabe des Ratgebers an dieser Stelle im Kapitel
■ Wie viel verlangt die GEMA wofür?

Kooperation

Den Anfang machten Ende der siebziger Jahre freie Journalistinnen und Journalisten: Sie schlossen sich zu Journalistenbüros zusammen, die sich einzeln arbeitenden Freien gleich mehrfach überlegen zeigten. Sie boten
- geringere Fixkosten für Miete und Technik, dadurch die Möglichkeit zu besserer Ausstattung (Kopierer, Schnittplatz) und professionellerem Auftreten (Briefpapier),
- bessere Erreichbarkeit, kein Kontaktverlust im Urlaub, größerer Bekanntheitsgrad bei Redaktionen (zwei Leute rufen doppelt so oft an wie einer) und damit mehr Aufträge,
- mehr Wissen, mehr Archivmaterial, mehr Informationskanäle und damit erfolgreichere Recherchen,
- die Möglichkeit zur Themenaufteilung und Spezialisierung, ohne dass der Gesamtüberblick verloren geht,
- die Möglichkeit zum gegenseitigen Ausgleich von Auftragsflauten und Überlastungsphasen

und vor allem die Chance zum gemeinsamen Ideen-Finden, zur gegenseitigen Kritik, zur Absicherung („Kannste das mal eben lesen?"). Denn wo freie Arbeit einen Nachteil hat, da ist es die Vereinzelung: Dass es keine Kollegin am Schreibtisch gegenüber gibt, keine Kantinengespräche, kein „Haste schon gehört?" auf dem Flur.

Gemeinsam stärker: Grundinformationen zur Kooperation

Journalistenbüros machten diese Kommunikation ohne den Preis der Festanstellung möglich. Solche Formen der Kooperation (siehe Seite 112) waren so einleuchtend, dass Künstlergruppen mit Gemeinschaftsateliers folgten, Schriftstellerinnen Literaturhäuser gründeten (und sich damit zugleich einen Weg zu öffentlichen Geldern erschlossen). Auch außerhalb des Kunst- und Medienbereichs machte das Beispiel Schule und führte etwa zur Gründung von „Geburtshäusern" durch freie Hebammen.

Inzwischen haben die Wünsche der Auftraggeber zu weiteren Formen der Kooperation geführt. Zunächst im Computerbereich, dann auch in den Medien nahm die Nachfrage nach „Komplettangeboten" zu: Kunden wollen nicht mehr viel Zeit und Mühe auf die Koordination verschiedener Auftragnehmer verwenden. Wer die Werbebroschüre komplett liefern kann, mit Text, Fotos, Grafik und Druckabwicklung, wer die Pressekonferenz komplett übernimmt, mit Einladung, Pressemappe, Raumanmietung und Schnittchen, wer für die Website auch das Hosting mit anbieten kann, der hat den Auftrag schon fast sicher.

Wer sich dafür keine große Firma ans Bein binden und trotzdem Aufträge bekommen will, arbeitet in Netzwerken (Seite 113). Mit Freunden, Bekannten oder anderen Profis zusammen, lauter Einzelkämpferinnen, die sich aber bei Bedarf schnell und unkompliziert zu einem eingespielten Team verbinden lassen.

Wie man so was am besten managt, ohne in Bürokratie zu versinken, aber auch ohne zu große Risiken einzugehen, das beschreibt dieses Kapitel. Und welche Form wann am besten ist. Wie die verschiedenen Kooperationen im Einzelfall *umgesetzt* werden, soll dieser Ratgeber nur begrenzt beantworten: Um eine GmbH zu gründen, braucht man ohnehin einen Notar. Der weiß auch besser, wie im konkreten Fall der Gesellschaftervertrag aussehen sollte.

Einzelkämpfer

Wer für sein Geschäft selbst und allein verantwortlich ist, braucht dafür keine internen Verträge. Er ist entweder Gewerbetreibender oder Freiberuflerin (siehe Seite 24); sein Status im Steuer- und Gewerberecht richtet sich zudem danach, ob er

- als Gewerbetreibender Kaufmann oder Kleingewerbetreibender (Seite 28) ist oder
- als Freiberufler einer künstlerischen oder publizistischen Tätigkeit (Seite 29) nachgeht.

Einen entscheidenden Unterschied verursacht die Eintragung ins Handelsregister: Freiberufler und Kleingewerbetreibende brauchen sich dort nicht eintragen zu lassen – sie können es aber freiwillig tun. Das hat dann folgende Konsequenzen:
- Sie dürfen einen Fantasienamen ⌕ führen (allerdings mit dem zwingenden Zusatz „e.K." für „eingetragener Kaufmann").

- Sie müssen die doppelte Buchführung (siehe Seite 75) anwenden und jährlich eine Bilanz erstellen.
- Außerdem unterliegen sie den strengeren Vorschriften des Handelsgesetzbuches (HGB) für Kaufleute.

Wer nicht ohnehin schon doppelte Buchführung macht, sollte sich so einen Schritt also dreimal überlegen. Unabhängig von diesem Status gilt für alle Alleinunternehmer, dass sie zunächst persönlich voll für ihre Geschäfte haften – also auch mit ihrem gesamten *privaten* Vermögen. Es sei denn, sie gründen eine Gesellschaft wie eine GmbH⊠, eine haftungsbeschränkte Unternehmergesellschaft⊠ oder eine Limited⊠. Solche Kapitalgesellschaften, bei denen die Haftung im Grundsatz auf das Gesellschaftskapital begrenzt ist, sind auch als **Ein-Personen-Gesellschaften** möglich.

Feste Kooperationen

Wer Kommunikation und Austausch durch eine geregelte Zusammenarbeit will, kommt ohne ein Mindestmaß an Abstimmung nicht aus. Denn wo immer zwei Leute etwas zusammen unternehmen, da haben sie schon eine Gesellschaft gegründet, ob sie es wollen oder nicht. Das Gesetz bestimmt das so. Das ist auch gar nicht so verkehrt. Denn wo mehrere Leute gemeinsam Geld verdienen oder Geld sparen wollen, da kann es Streit geben, und darum sollte man die Regeln der Zusammenarbeit möglichst schon vor dem ersten Streit festlegen. Wie weit solche Absprachen für eine feste Zusammenarbeit gehen müssen, hängt vom gemeinsamen Vorhaben ab. Nämlich davon, ob die Mitglieder der Gruppe
- nur durch gemeinsame Räume und gemeinsam genutzte Geräte Kosten sparen, ansonsten aber einzeln für sich auf eigene Rechnungen arbeiten wollen („**Kostenteilungsgemeinschaft**"⊠),
- eine **dauerhafte Arbeitsgemeinschaft**⊠ bilden wollen, bei der man zusammenarbeitet, gemeinsame Kunden und auch gemeinsame Einnahmen hat, oder
- sich von vornherein als „**Produktionsgemeinschaft**"⊠ für ein gemeinsames Projekt zusammentun, etwa für eine Theaterproduktion oder als Musikgruppe.

Detailinformationen zu diesem Thema finden sich in der
Online-Ausgabe des Ratgebers an dieser Stelle in den Kapiteln
- Kostenteilungsgemeinschaft
- Dauerhafte Arbeitsgemeinschaft
- Produktionsgemeinschaft

Netzwerke

Aber auch diese Formen einer festen Zusammenarbeit reichen häufig nicht aus: Auftraggeber suchen zunehmend nach Komplettangeboten. Sie wollen nicht mehr eigene Zeit darauf verwenden, verschiedene Auftragnehmer zu koordinieren, die Webspace bereitstellen, Werbetexte entwerfen, das Web-Design machen, den E-Shop programmieren usw., sondern suchen nach einem „Generalunternehmer", der ihnen zusagt, zu einem bestimmten Termin den kompletten E-Shop ins Netz zu stellen.

Mit einem solchen Auftrag wäre auch die Studiogemeinschaft der fünf Web-Designerinnen überfordert – und ein Einzelkämpfer sowieso. Wer da nicht gleich einen Apparat mit vielen Angestellten aufbauen möchte, sucht sich weitere Kolleginnen und Kollegen, mit denen er bei Bedarf – also auftragsbezogen – zusammenarbeiten kann.

Solche Beziehungen erfordern Vertrauen und Erfahrung in der praktischen Zusammenarbeit, die sich beide nicht von einem Tag auf den anderen herstellen lassen. Selbstständige, die solche Formen der Zusammenarbeit anpeilen, pflegen also Kontakte zu Kolleginnen aus anderen Fachgebieten, tauschen sich auch unabhängig von Aufträgen aus, reden miteinander, planen gemeinsame Projekte – um dann im Fall des Falles von einem Tag auf den anderen als Team agieren zu können.

Dennoch sollten alle Arten temporärer Kooperation mit Verträgen geregelt werden, die umso präziser sein sollten, je weniger sich die Mitglieder der Arbeitsgemeinschaft kennen und je seltener sie sich sehen. Hier sollte man durchaus einen „richtigen" Vertrag aufsetzen, der neben den bisher angesprochenen Punkten auch Fragen wie Haftung, Kündigungsfristen und Vertragsstrafen enthält. Sicher ist sicher.

Um so eine temporäre Zusammenarbeit möglichst risikofrei und möglichst wenig aufwendig zu organisieren, gibt es im Prinzip wieder drei Möglichkeiten:

- Ein Netzwerk von Leuten, die sich untereinander zwar koordinieren, aber alle **auf Basis von Einzelverträgen**⌕ für einen Auftraggeber an einem bestimmten Projekt arbeiten,
- einen Hauptauftragnehmer, der den Auftrag verantwortlich übernimmt und die anderen zumindest formal als **Subunternehmer**⌕ engagiert,
- eine **befristete Arbeitsgemeinschaft**⌕, die gegenüber dem Auftraggeber als Team auftritt und deshalb eine Gesellschaft ist.

Detailinformationen zu diesem Thema finden sich in der Online-Ausgabe des Ratgebers an dieser Stelle in den Kapiteln
- Netzwerk mit lauter Einzelverträgen
- Subunternehmer
- Befristete Kooperation (einmalige Arbeitsgemeinschaft)

Gesellschaftsformen und -verträge

Bei der Frage, welchen rechtlichen Rahmen man einer solchen Zusammenarbeit geben will, dürfte es für die Selbstständigen, an die sich dieser Ratgeber wendet, meist keine große Diskussion geben: Was über eine **Gesellschaft bürgerlichen Rechts (GbR)**⌕ hinausgeht, ist für sie in der Regel viel zu aufwändig.

Die GbR ist das, wie man sich eine Zusammenarbeit mit dem gesunden Menschenverstand vorstellt: eine Verabredung unter gleichberechtigten Selbstständigen,
- ohne großen Gründungsaufwand und ohne Gründungskosten,
- ohne erzwungenen bürokratischen Apparat,
- ohne formalen Aufwand wie Veröffentlichungspflichten, Mitgliederversammlungen oder Registereinträge,
- ohne von außen (gesetzlich) festgelegte Regeln,
- ohne neue Pflichten wie Gewerbesteuer- oder Buchführungspflicht (sofern sie nicht für die einzelnen Gesellschafter ohnehin schon bestanden).

Dass die Mitglieder einer GbR für deren Geschäfte alle mit ihrem vollen Privatvermögen haften, unterscheidet sie ebenfalls nicht von Einzelunternehmern. Auch dagegen ist also im Prinzip nichts einzuwenden.

Dennoch kann es im konkreten Fall Gründe geben, eine andere Gesellschaftsform wie eine haftungsbeschränkte **Unternehmergesellschaft**⌕, eine

GmbH⊠, eine **Partnerschaftsgesellschaft**⊠ oder einen **Verein**⊠ in Erwägung zu ziehen. Wer zum Beispiel
- seine Haftung beschränken,
- unter einem reinen Fantasienamen operieren,
- steuerbegünstigte Spenden einnehmen oder
- den Eindruck einer „großen Firma" erwecken will,

kann das mit einer GbR kaum verwirklichen. Auch wenn das Geschäft eine bestimmte Größenordnung überschreitet, kann das Nachdenken über eine neue Gesellschaftsform durchaus sinnvoll sein.

Allerdings sind diese Vorteile in der Regel nicht umsonst zu haben: Gesellschaftsformen, die über die GbR hinausgehen, sind mit zusätzlichen Kosten, einem zusätzlichen Gründungs- und Verwaltungsaufwand und/oder dem Verlust eventueller Privilegien wie Gewerbesteuerfreiheit, Künstlersozialversicherung oder der Befreiung von der Buchführungspflicht verbunden. Welche Vor- und Nachteile das für die einzelnen Gesellschaftsformen sind, wird in gesonderten Kapiteln erläutert.

Gänzlich abzuraten ist in aller Regel von der englischen **Limited**⊠, wie sie häufig noch im Internet als Ideallösung propagiert wird: Die angeblichen Vorteile einer Limited vermögen die Pflichten, die mit ihrer Gründung verbunden sind (und die auf den einschlägigen Internetseiten meist vornehm verschwiegen werden), nur in seltenen Fällen aufzuwiegen.

Auch die haftungsbeschränkte Unternehmergesellschaft hat nicht ganz das gehalten, was der Arbeitstitel „Ein-Euro-GmbH" ursprünglich suggeriert hatte: Die **„UG (haftungsbeschränkt)"** ⊠ ist im Grunde nichts anderes als eine „GmbH im Aufbau", die in absehbarer Zeit auch zur vollwertigen GmbH werden muss. Lediglich die Anforderungen an die Gründungsformalitäten und an das aufzubringende Kapital sind ein wenig abgemildert.

Unabhängig von der Wahl der Gesellschaftsform gilt für jede Art der Zusammenarbeit: Sie wird umso besser funktionieren, je genauer sich die Partnerinnen und Partner *vorher* über die **Modalitäten der Zusammenarbeit** geeinigt haben. Das geht nur, wenn man sich Zeit nimmt, die in den letzten Kapiteln aufgeworfenen Fragen in Ruhe zu besprechen, mögliche Streitpunkte mit Fantasie durchzuspielen, sich auf Vollmachten und für alle durchschaubare Abrechnungen zu einigen. Wichtig ist, dass man sich hier wirklich *einig* ist. Ob man das, worauf man sich geeinigt hat, danach formlos aufschreibt (was für eine GbR völlig ausreicht) oder von einem Fachmann in einen formal korrekten Vertrag gießen lässt (wie es für eine GmbH oder einen Verein unverzichtbar ist), ist dann eher eine untergeordnete Frage.

Detailinformationen zu diesem Thema finden sich in der Online-Ausgabe des Ratgebers an dieser Stelle in den Kapiteln
- Gesellschaft bürgerlichen Rechts (GbR)
- OHG und KG
- Gesellschaft mit beschränkter Haftung (GmbH)
- Unternehmergesellschaft (UG haftungsbeschränkt)
- Partnerschaftsgesellschaft
- Verein
- Die englische „Limited"

Selbstständige als Arbeitgeber

Es ist ja nicht ehrenrührig, als Selbstständiger so gut im Geschäft zu sein, dass man irgendwann die Arbeit nicht mehr schafft und vor die Frage gestellt wird, Leute einzustellen – also selber zum Arbeitgeber zu werden. Wer in dieser Situation nicht vergisst, wie es ihm selber auf der anderen Seite erging, wird schon von selbst fair mit seinen Leuten umgehen.

Allerdings sollte man nicht unterschätzen, mit was für einem Berg von Formalitäten die Beschäftigung von Arbeitnehmern verbunden ist: Arbeitgeber müssen
- klare Arbeitsbedingungen vereinbaren und in einem **Arbeitsvertrag** ⌕ schriftlich niederlegen,
- die **gesetzlichen Mindestbedingungen** ⌕ für Arbeitsverhältnisse einhalten,
- die Arbeitnehmerin bei der **Krankenkasse** ⌕, der **Berufsgenossenschaft** ⌕ und gegebenenfalls zusätzlich bei der zuständigen **AOK** ⌕ anmelden,
- monatlich den Beitrag zur **Sozialversicherung** ⌕ ausrechnen, an die Krankenkasse abführen und (zusammen mit weiteren Daten) an die zentrale **ELENA** ⌕-Speicherstelle melden,
- den Arbeitnehmer beim Finanzamt anmelden, ein Lohnkonto führen und monatlich die **Lohnsteuer** ⌕ ausrechnen und an das Finanzamt abführen,
- bei einer Beendigung des Arbeitsverhältnisses zumindest die **gesetzlichen Kündigungsfristen** ⌕ einhalten und ein **Zeugnis** ausstellen.

Kooperation | 117

All diese Anforderungen muss auch erfüllen, wer **Familienangehörige**🗗 als Arbeitnehmer beschäftigen oder **Praktikanten**🗗 außerhalb eines Pflichtpraktikums einstellen will.

Wer glaubt, das alles gar nicht selber bewältigen zu können, sollte daraus gleich die richtige Konsequenz ziehen: Es empfiehlt sich wirklich, die gesamte Gehaltsbuchhaltung (siehe Seite 74) mitsamt der Lohnsteuer- und Sozialversicherungsbürokratie in geübte Hände zu legen, also außer Haus zu geben oder dafür eine Fachkraft einzustellen. So behält man selbst den Kopf frei für wichtigere – und befriedigendere – Aufgaben. Und es passieren weniger Fehler, was mit Blick auf das Betriebsklima auch nicht zu verachten ist.

Ansonsten hat die Beschäftigung von Arbeitnehmern keine Auswirkungen auf den Status von Selbstständigen – mit drei Ausnahmen:

- Wer über die **Künstlersozialkasse** (siehe Seite 170) versichert ist, darf höchstens *einen* Arbeitnehmer beschäftigen. Weitere Auszubildende und geringfügig Beschäftigte sind erlaubt – wer jedoch zwei oder mehr „richtige" Arbeitnehmer beschäftigt, fliegt aus der KSK raus.
- Als **arbeitnehmerähnlich**🗗 gilt nach § 12a Tarifvertragsgesetz nur, wer seine Leistungen *„persönlich und im Wesentlichen ohne Mitarbeit von Arbeitnehmern"* erbringt. Wer nicht nur Hilfskräfte wie Putzleute oder Schreibkräfte, sondern als freier Journalist einen anderen freien Journalisten oder als Kameramann eine Tontechnikerin beschäftigt, hat also keinen Anspruch mehr auf die entsprechenden Sonderrechte wie Tarifbezahlung oder bezahlten Urlaub (siehe Seite 72).
- Dozenten, Pflegepersonen und Selbstständige mit nur einem Auftraggeber können als Arbeitgeber der **Rentenversicherungspflicht**🗗 entkommen. Diese gilt für sie nämlich nur, solange sie *„keine versicherungspflichtigen Arbeitnehmer beschäftigen"*.

Detailinformationen zu diesem Thema finden sich in der
Online-Ausgabe des Ratgebers an dieser Stelle in den Kapiteln
- Arbeitsverhältnis und Arbeitsvertrag
- Gesetzliche Mindestrechte für Arbeitnehmer
- Arbeitgeber und Sozialversicherung
- Arbeitgeber und Finanzamt
- Beschäftigung von Familienangehörigen
- Beschäftigung von Praktikanten

Selbstständige als Auftraggeber

Wer diesen Aufwand scheut, könnte auf die Idee kommen, andere als „freie Mitarbeiter" zu beschäftigen. Das ist im Prinzip möglich – und vernünftig. Zu beachten ist aber auch hier, dass das Auftragsverhältnis kein verkapptes Arbeitsverhältnis sein und auch nicht unter die Definition der **Scheinselbstständigkeit** ⌦ fallen darf. Sonst könnten bei einer Betriebsprüfung durch die Deutsche Rentenversicherung Sozialversicherungsbeiträge in erheblicher Größenordnung nachgefordert werden. Und wenn weder der „Freie" noch der Auftraggeber für das Entgelt Steuern abgeführt hat, kann das sogar in einem Strafverfahren enden.

Es ist also sicherzustellen, dass die freie Mitarbeiterin nicht nur pro forma „frei", sondern wirklich frei von Weisungen, frei in der Einteilung ihrer Arbeitszeit und frei in der Wahl ihrer sonstigen Auftraggeber und Aufträge beschäftigt wird. Dann kann nichts passieren. Noch sicherer: Man arbeitet gleichberechtigt zusammen, in einem Netzwerk, wie vorn beschrieben (Seite 113).

Auf den Status von Selbstständigen hat die Vergabe von Aufträgen keine Auswirkungen. Allerdings können hier dieselben Probleme auftauchen, die im Kapitel „Subunternehmer" ⌦ beschrieben sind: Man haftet gegenüber dem Auftraggeber für die Arbeit der „freien Mitarbeiter" und gegenüber diesen für die korrekte Bezahlung – auch wenn der Auftraggeber gar nicht (oder zu spät) zahlt. Außerdem sollte man zwei Sonderfälle beachten:

- Wer „nicht nur gelegentlich" **Aufträge an freie Künstlerinnen oder Publizisten** vergibt, wird selbst zum Vermarkter künstlerischer Leistungen – und muss Künstlersozialabgabe zahlen (siehe Seite 176).
- Wer Aufträge nicht selber vergibt, sondern **gegen Provision** *vermittelt* oder z. B. journalistische Beiträge von Dritten vermarktet, geht damit einer eindeutig gewerblichen Tätigkeit nach (siehe Seite 28). Tut ein Freiberufler das nicht nur in äußerst seltenen Ausnahmefällen, sondern regelmäßig, so verliert er damit seinen Freiberuflerstatus.

Vorsicht ist schließlich geboten für Leute, die als Kleinunternehmer umsatzsteuerfrei bleiben (siehe Seite 153), ihre Vorsteuer pauschal berechnen (siehe Seite 165) oder als Kleingewerbetreibende von der Buchführungspflicht befreit ⌦ bleiben wollen: Alle drei Privilegien sind an bestimmte Umsatzhöchstgrenzen gebunden, die man umso eher überschreitet, je mehr Aufträge man auf eigene Rechnung an Dritte vergibt.

Gewinnsteuern

Selbstständige müssen Steuern zahlen. Meist sogar verschiedene Steuern: Die **Einkommensteuer** (Seite 138) trifft alle, die von dieser Arbeit leben; die **Umsatzsteuer** (Seite 147) ist für Selbstständige in der Regel Pflicht; Gewerbetreibende unterliegen der **Gewerbesteuer** (Seite 144); und wer eine GmbH gegründet hat oder sein Geschäft als Verein betreibt, muss **Körperschaftssteuer** (Seite 145) zahlen.

Steuern sind bei vielen, die sich gerade selbstständig machen, ein Angstthema – zu Unrecht. *So* kompliziert ist das Steuerrecht nun auch wieder nicht. Wer ohne Angestellte selbstständig arbeitet, *kann* seine Steuererklärung problemlos selber machen. Ob er es *will,* ist eine andere Frage. Aber auch wer das lieber einer Steuerberaterin überlässt, sollte sich ein wenig mit dem Thema Steuern auseinandersetzen: Es hilft, das eigene Geschäft im Alltag zu verstehen.

Zudem erwarten die Finanzämter von Selbstständigen Selbstständigkeit auch in Steuersachen. Da gibt es niemanden mehr, der – wie der Arbeitgeber bei Arbeitnehmern – qua Gesetz dafür sorgt, dass ich meine Steuern korrekt und pünktlich bezahle. Auch die Ausrede „Aber das hätte mir das Finanzamt doch sagen müssen" zieht nicht: Selbstständige müssen sich selbst informieren. Wer Fristen überzieht, muss mit Strafgeldern rechnen. Und wer gar keine Steuererklärung abgibt, obwohl er das müsste, begeht sogar eine Straftat. Steuerhinterziehung ⌕ kann richtig teuer werden.

Grundinformationen zu Steuern für Selbstständige

Die Besteuerung von Selbstständigen funktioniert so: Sie müssen einmal im Jahr ausrechnen, welchen Gewinn sie im vergangenen Jahr gemacht haben (siehe Seite 126). Gewinn sind alle Einnahmen (Seite 126) abzüglich der Kosten (Seite 128), die ihnen im Rahmen der selbstständigen Arbeit entstanden sind. Diesen Gewinn tragen sie in ihre Einkommensteuererklärung (Seite 138) – und gegebenenfalls die Gewerbesteuererklärung – ein. Wer noch Einkünfte aus anderen, nicht selbstständigen Tätigkeiten hat – kein Problem: Man trägt sie ebenfalls in die Formulare zur Einkommensteuererklärung ein.

Aus der Summe all dieser Einkünfte errechnet das Finanzamt dann die Steuerschuld für das betreffende Jahr. Die steht im Steuerbescheid, in dem das Finanzamt auch Steuervorauszahlungen festlegt, die man von da an vierteljährlich zu leisten hat.

Ein wenig anders geht das bei der Umsatzsteuer, die im nächsten Kapitel genauer erläutert wird. Dort müssen Selbstständige in der Regel vierteljährlich – Existenzgründer sogar monatlich – eine Umsatzsteuervoranmeldung machen (siehe Seite 160), die so eine Art provisorische Umsatzsteuererklärung ist. Vorteil dieses Verfahrens: Wer hohe Ausgaben und geringe Einnahmen hat, bekommt Umsatzsteuer vom Finanzamt zurück – in diesem Fall eben besonders schnell.

Anders als bei Arbeitnehmern erfolgt die Besteuerung von Selbstständigen in einem zweistufigen Verfahren: In der ersten Runde bekommen sie einen Steuerbescheid ohne große Prüfung „unter Vorbehalt" ⌕, und erst in der zweiten Runde prüft das Finanzamt den ganzen Papierkram ausführlich vor Ort in einer Betriebsprüfung⌕. Bei kleinen Selbstständigen allerdings findet diese zweite Runde äußerst selten statt – bei Betrieben mit bis zu 32.000 € Jahresgewinn im Durchschnitt weniger als einmal in einem kompletten Berufsleben.

Wie zahle ich am wenigsten Steuern?

Da gerade unter kleinen Selbstständigen alle möglichen Tipps und Weisheiten kursieren, wie man seine Steuerlast minimieren kann, sei hier eines klargestellt: **Wer wenig Steuern zahlen will, darf nicht so viel verdienen.** Alles andere funktioniert nicht. Die vier häufigsten Missverständnisse sind diese:

- **„Selbstständige können alles absetzen"**

Das hört man oft ein wenig neidisch von Nicht-Selbstständigen, und dabei schwingt der Vorwurf mit, Selbstständige würden vom Fiskus besser behandelt als Arbeitnehmer. Stimmt nicht: Natürlich können Selbstständige alle Ausgaben, die sie für ihre Arbeit tätigen, von ihren Einnahmen abziehen, bevor diese versteuert werden. Aber Arbeitnehmer können das genauso. Was bei Selbstständigen die Betriebsausgaben sind, sind bei Arbeitnehmern die Werbungskosten – die Kriterien für beide sind bis auf minimale Abweichungen identisch. Wenn Selbstständige höhere Beträge „absetzen" können als Arbeitnehmer, dann nur, weil sie höhere Ausgaben haben. Was ja nicht gerade ein

Vorteil ist – der Arbeitnehmer muss seinen Arbeitsplatz, seine Arbeitsgeräte und seine Dienstreisen ja in der Regel nicht aus eigener Tasche bezahlen. Und wenn euch ein Selbstständiger erzählt, er habe seine Sofa-Garnitur im Wohnzimmer „von der Steuer abgesetzt" – fragt ihn mal, ob er dafür schon eine Betriebsprüfung hatte. Er könnte sich noch wundern (wenn es denn überhaupt stimmt). Der Glaube, man würde sich „steuerlich besser stehen", wenn man einen Arbeitnehmerjob als „freier Mitarbeiter" macht, ist jedenfalls blanker Unsinn: In aller Regel fährt man dabei sogar schlechter, weil man die Sozialversicherung allein bezahlen muss und bei Krankheit und im Urlaub gar nichts bekommt. Ganz abgesehen davon, dass es sich dabei dann meist um scheinselbstständige Beschäftigungen (siehe Seite 19) handelt.

- **„Kosten machen, um Steuern zu sparen"**

Auch diese Anweisung, die man sogar von Steuerberatern hört, ist ziemlicher Quatsch – solange sie nicht meint, dass man große Ausgaben von einem mageren Jahr auf eines mit hohen Einnahmen *verschieben* soll. *Das* kann sinnvoll sein. Ansonsten muss man das Geld für die Kosten, die man steuermindernd vom Gewinn abziehen kann, ja erst mal ausgeben. Und da gilt selbst beim höchsten Steuersatz, der „Reichensteuer": Eine Ausgabe von 1.000 € senkt die Einkommensteuer um 450 €. Plus 24,75 € Solidaritätszuschlag. Die restlichen 525,25 € sind weg. Viel richtiger ist: Netto behält am *meisten übrig*, wer möglichst wenig „Kosten macht".

- **„Ich lass mir nichts gefallen"**

Gerade dem Finanzamt gegenüber erweisen sich manche Leute als heldenhafte Kämpfer für Recht und Gerechtigkeit – und bombardieren ihre Sachbearbeiterin mit Widersprüchen, langen Schriftsätzen, Dienstaufsichtsbeschwerden und manchmal auch Beschimpfungen. Kann man machen, wenn es einem damit besser geht. Aber man sollte auch überlegen, wie es der Sachbearbeiterin damit geht. Ich könnte jedenfalls verstehen, wenn sie danach nur noch eingeschränkt zu kulantem Verhalten bereit wäre. Wer die Sachbearbeiterin dagegen mal anruft und die Sache ruhig am Telefon bespricht, wer sie mal *fragt*, wie er ein bestimmtes Problem korrekt angehen soll, wer seiner Steuererklärung ein nettes Begleitschreiben mit ein paar Erläuterungen beifügt – der wird das Gegenteil erleben. Ist doch klar: Finanzbeamte sind auch Menschen. Und sie reagieren anders, wenn sie bei einem Problem einen konkreten

Menschen vor Augen haben – und nicht nur eine Steuernummer oder gar einen Querulanten. Kollegen, die mit den Unterlagen für ihre erste Steuererklärung persönlich beim Finanzamt vorbeigegangen sind, berichten nicht nur von großer Hilfsbereitschaft, sondern auch von einem erfreulich positiven Gesprächsklima, das sich über Jahre hielt.

- **„Das merken die doch sowieso nicht"**
Angesichts des Vertrauens, das Finanzämter Selbstständigen entgegenbringen, ist mancher schon auf die Idee gekommen, einfach nicht alle Einnahmen anzugeben – „wie sollen die das denn merken?" Vorsicht: Die merken das! Finanzämter informieren sich gegenseitig von ihren Betriebsprüfungen. Liegt zum Beispiel einem Finanzamt aus der Prüfung einer Kneipe ein Beleg vor, dass diese einem Mucker 250 Euro für einen Liveauftritt bezahlt hat, und findet sich diese Einnahme nicht in dessen Einnahmenüberschussrechnung, dann dürfte sich bald ein Steuerprüfer bei ihm zur Betriebsprüfung ansagen. Und wenn sich dann zeigt, dass er Einnahmen verschwiegen hat, dann ist das ein Straftatbestand, der neben der Steuernachforderung eine empfindliche Geldstrafe nach sich ziehen kann. Also: Versucht nie, bei den *Einnahmen* herumzutricksen.

Wer dagegen unsicher ist, ob er eine bestimmte Ausgabe als Betriebsausgabe abziehen darf: Tut es einfach. Wenn das Finanzamt damit nicht einverstanden ist, wird es das schon sagen. Ohne große Konsequenzen: Eine andere Rechtsauffassung zu haben als das Finanzamt ist nicht strafbar.

Steuern müssen sein. Steuererklärungen sind was ganz Normales. Wer sich einmal von den drei großen Vorurteilen befreit hat, dass das deutsche Steuersystem nie und nimmer zu verstehen ist, dass Finanzbeamte unsere natürlichen Feinde sind und dass man seine Steuerlast unbedingt auf null drücken muss – der kann an dieses Thema ganz gelassen herangehen und wird feststellen: Ist gar nicht so schwer. Dazu sollen die folgenden Kapitel beitragen.

Steuererklärung selber machen?

Die Frage „Kann ich meine Steuererklärung selber machen?" ist ganz einfach zu beantworten: Du *kannst!* Steuern sind keine Geheimwissenschaft. Wer ein wenig Spaß am Tüfteln und Herumrechnen hat, kann sich zumindest in der

Anfangphase das Geld für einen Steuerberater sparen – und sich nebenbei noch einen prima Überblick über seine Geschäftsentwicklung verschaffen.

Ob man die Steuererklärung selber machen *soll,* ist eine ganz andere Frage. Das hängt wesentlich von der eigenen Lust ab – und davon, wie sich das Geschäft entwickelt. Auch wer in den ersten Jahren seine Steuern selbst erledigt hat, sollte diese Frage spätestens dann neu überdenken, wenn er

- von der Einnahmenüberschussrechnung (Seite 73) zur **Bilanzierung** (Seite 75) übergeht,
- eine **GmbH** gründet oder
- die ersten **Arbeitsverträge** mit eigenen Angestellten abschließt.

Bei der Körperschafts- und Gewerbesteuer sowie bei der Gewinnermittlung per Bilanz sind nämlich nicht nur die erforderlichen Fachkenntnisse, sondern auch die „Gestaltungsmöglichkeiten" viel größer als bei der Einnahmenüberschussrechnung für die Einkommensteuererklärung, sodass sich der Einsatz einer Steuerberaterin hier auch finanziell lohnen kann.

Alle Informationen, die man bis zu diesem Punkt braucht, um die Steuererklärung selber zu machen, enthalten die folgenden Kapitel. Nicht mehr – aber hoffentlich auch nicht weniger.

> Detailinformationen zu diesem Thema finden sich in der
> Online-Ausgabe des Ratgebers an dieser Stelle in den Kapiteln
> - Wo finde ich Rat?
> - Steuererklärungen via Internet („Elster")

Der Ablauf des Steuerverfahrens für Selbstständige

Selbstständige müssen sich um ihre Steuern selber kümmern. Sie müssen sich selbst informieren, welche Steuern sie zu zahlen haben und zu welchem Termin sie welche Steuererklärungen und Unterlagen abzugeben haben. Eine Aufforderung seitens des Finanzamtes gibt es – von wenigen Ausnahmen abgesehen – nicht. Hier gilt ganz rigoros das Prinzip: Unkenntnis schützt vor Strafe nicht. Wer etwa den Termin der **Umsatzsteuervorauszahlung** (Seite 160) versäumt, weil er gar nicht wusste, dass man dazu weder einen Steuerbescheid noch eine Zahlungsaufforderung bekommt, muss den Säumniszuschlag (monatlich ein Prozent der Steuerschuld) trotzdem zahlen.

Selbstständige müssen ihre **Steuererklärungen** grundsätzlich bis zum 31. Mai nach dem Ende des jeweiligen Steuerjahres abgeben; bei der Umsatzsteuer müssen zusätzlich Umsatzsteuervoranmeldungen (Seite 160) abgegeben werden. Auf dieser Grundlage erstellt das Finanzamt einen **Steuerbescheid**, in dem die fälligen Steuern und die **Vorauszahlungen** festgesetzt werden, die von da an zu zahlen sind. Die **Zahlungstermine** sind dort ebenfalls festgelegt.

Eine Ausnahme bildet die Umsatzsteuer: Hier gibt es einen Steuerbescheid in der Regel nur, wenn das Finanzamt mit der Berechnung in der **Umsatzsteuererklärung** (Seite 160) nicht einverstanden ist. Die Steuerschuld, die sich aus der Umsatzsteuererklärung ergibt, muss auf jeden Fall *ohne Aufforderung durch das Finanzamt* innerhalb eines Monates nach Abgabe der Steuererklärung bezahlt werden.

Selbstständige brauchen in ihre Steuererklärungen nur die Zahlen einzutragen, die für die Steuerberechnung nötig sind: Der Gewinn- und Verlustrechnung brauchen *keine* **Belege** beigefügt zu werden. Falls das Finanzamt ausnahmsweise einzelne Belege sofort sehen will, wird es sie anfordern.

Anders als bei Arbeitnehmern ergehen die Steuerbescheide für Selbstständige in der Regel *„unter dem Vorbehalt der Nachprüfung"*. Das bedeutet, dass das Finanzamt diesen Steuerbescheid im Laufe der nächsten (etwa vier) Jahre jederzeit genauer unter die Lupe nehmen kann. Bei einer solchen **Betriebsprüfung** will der Steuerprüfer dann auch sämtliche Belege sehen, die man zu diesem Zweck zehn Jahre lang aufbewahren muss.

Wer mit einem Steuerbescheid nicht einverstanden ist, kann – unabhängig davon, ob er unter dem Vorbehalt der Nachprüfung ergangen ist oder nicht – binnen eines Monats **Einspruch gegen den Steuerbescheid** einlegen. Weist das Finanzamt den Einspruch zurück, kann man Klage vor dem Finanzgericht erheben.

Unter bestimmten Umständen ist die **Korrektur von Steuerbescheiden** auch noch möglich, wenn die Einspruchsfrist längst verstrichen ist. Neben einigen Eingriffsmöglichkeiten, die das Finanzamt da hat, können auch Steuerpflichtige eine Änderung alter Steuerbescheide verlangen – etwa wenn sie noch Belege finden, die sie in einer früheren Steuererklärung vergessen haben. Das ist auf jeden Fall möglich, solange der betreffende Bescheid „unter dem Vorbehalt der Nachprüfung" steht.

Damit diese ganzen Termine und Fristen eingehalten werden, stehen dem Finanzamt Zwangsmittel zur Verfügung. Die leichteren davon sind der **Ver-**

Gewinnsteuern | 125

spätungszuschlag bei verspäteter Abgabe der Steuererklärung und der **Säumniszuschlag** bei verspäteter Zahlung; die heftigeren sind Bußgelder und Strafanzeigen. Wer solche Sanktionen vermeiden will, obwohl er Termine nicht einhalten kann, sollte beim Finanzamt rechtzeitig eine **Fristverlängerung**⌕ für die Abgabe von Steuererklärungen beantragen. Eine **Stundung**⌕ von Steuerschulden ist auch möglich, in der Regel aber zu teuer.

Und immer, wenn man etwas vergessen oder versäumt hat, gilt: Nicht zitternd abwarten, ob (oder bis) das Finanzamt das merkt, sondern gleich dort anrufen und um Rat bitten. Mit den meisten Leuten dort kann manreden.

Detailinformationen zu diesem Thema finden sich in der
Online-Ausgabe des Ratgebers an dieser Stelle in den Kapiteln
- Belege und der „Vorbehalt der Nachprüfung"
- Ausgabenbelege selber basteln
- Betriebsprüfungen
- Einspruch gegen Steuerbescheide
- Kann ich meine Steuererklärung nachträglich korrigieren?
- Falsche Angaben oder gar keine Steuererklärung gemacht?
- Fristen, Strafgelder und Stundung

Steuernummern

Selbstständige haben in Deutschland derzeit mit drei, demnächst mit vier Steuernummern zu tun, nämlich
- der alten **Steuernummer**⌕, die für alle Steuerarten gilt und bis auf Weiteres auf jeder Steuererklärung angegeben werden soll,
- der **Umsatzsteuer-Identifikationsnummer**⌕, die gebraucht wird, wenn man Geschäfte zwischen verschiedenen EU-Ländern umsatzsteuerfrei abwickeln will, und
- der **Steuer-Identifikationsnummer**⌕, die seit 2008 zugeteilt wird und irgendwann die alte Steuernummer ersetzen soll. Geplant ist später noch
- eine **Wirtschafts-Identifikationsnummer** für Unternehmen und Selbstständige.

Detailinformationen zu diesem Thema finden sich in der
Online-Ausgabe des Ratgebers an dieser Stelle in den Kapiteln
- Steuernummer
- Umsatzsteuer-Identifikationsnummer
- Steuer-Identifikationsnummer (TIN)

Gewinnermittlung

Der Kern der jährlichen Steuererklärungen ist die Gewinnermittlung, denn für die Einkommen-, Gewerbe- und Körperschaftssteuer von Selbstständigen ist ihr Gewinn maßgeblich. Gewinn ist, ganz einfach gesagt, das, was von den Einnahmen nach Abzug der betriebsnotwendigen Ausgaben übrig bleibt.

Freiberufler (siehe Seite 29) und **Kleingewerbetreibende** dürfen ihre Gewinnermittlung auch genauso machen: In einer Einnahmenüberschussrechnung zählen sie alle Gelder, die sie eingenommen, und alles, was sie ausgegeben haben, zusammen und ziehen die Ausgaben von den Einnahmen ab – die Differenz ist der Gewinn.

Selbstständige, die sich zu einer **Gesellschaft bürgerlichen Rechts (GbR)** zusammengeschlossen haben, müssen nach denselben Regeln eine *gemeinsame* Gewinnermittlung erstellen. Der Fachbegriff dafür ist „einheitliche und gesonderte Gewinnfeststellung".

Komplizierter ist die Gewinnermittlung für **Kaufleute** (siehe Seite 28): Sie müssen eine **Bilanz** machen, d. h. einmal im Jahr den Wert ihres Unternehmens ermitteln, einschließlich des Betriebsvermögens, der offenen Rechnungen, der noch nicht getilgten Kredite usw. Ihr Gewinn ist dann – grob gesagt – die Differenz zwischen dem ermittelten Wert des Unternehmens und dem Wert nach der Bilanz des Vorjahres.

Kernfrage jeder Gewinnermittlung aber ist: Welche **Einnahmen** (Seite 126) sind steuerpflichtig, welche **Ausgaben** (Seite 128) darf ich steuermindernd abziehen?

Detailinformationen zu diesem Thema finden sich in der
Online-Ausgabe des Ratgebers an dieser Stelle in den Kapiteln
- Einnahmenüberschussrechnung – wie geht das?
- Einnahmenüberschussrechnung – das Formular
- Bilanz und Bestandsvergleich
- Einheitliche und gesonderte Gewinnfeststellung – die Gewinnermittlung einer GbR

Betriebseinnahmen

Betriebseinnahmen sind sämtliche Einnahmen, die im Zusammenhang mit der beruflichen Tätigkeit stehen. Dazu gehören

Gewinnsteuern | 127

- alle **Honorare, Vergütungen** und **Gagen,**
- **Spesenzahlungen** des Auftraggebers wie Kilometer- und Tagegeld,
- **Tantiemen** der **Verwertungsgesellschaften** und andere **Lizenzgebühren** aus Urheber-, Patent- und anderen Schutzrechten,
- die meisten **Kulturpreise und Kunststipendien**⃞,
- nach Ansicht des Finanzgerichts Sachsen (Urteil 8 V 179/07 vom 16.3.2009⃞) auch **Existenzgründerzuschüsse,** die z.B. aus Mitteln eines Landes oder des Europäischen Sozialfonds gezahlt werden, *nicht aber* der Gründungszuschuss⃞ der Arbeitsagentur,
- Zuschüsse zur Altersvorsorge, wie sie etwa die **Rundfunkanstalten**⃞ und das **Autorenversorgungswerk**⃞ der VG Wort an Freie zahlen,
- **Verdienstausfallzahlungen** für ehrenamtliche Tätigkeit,
- **Schadenersatzleistungen,** z.B. nach Unfällen mit dem Dienstwagen oder wegen der Verletzung von Urheberrechten,
- betriebsbezogene **Versicherungsleistungen,** z.B. einer Betriebskostenversicherung⃞ bei Feuer, Einbruch, Wasserschäden usw.,
- **Erlöse aus dem Verkauf von Arbeitsgerät** – etwa des Dienstwagens oder des ausgedienten Computers,
- die vereinnahmte **Mehrwertsteuer.**

Auch **im Ausland erzielte Einkünfte**⃞ von Leuten, die ihren ständigen Aufenthalt in Deutschland haben, sind grundsätzlich in Deutschland steuerpflichtig.

Wer die Kosten für einen Pkw⃞ oder ein Telefon⃞, die auch privat genutzt werden, voll als Betriebsausgaben ansetzt, muss den **privaten Nutzungsanteil** ebenfalls als Betriebseinnahme verbuchen.

Keine Betriebseinnahmen und somit steuerfrei sind

- Einkünfte aus *nebenberuflich* selbstständiger Tätigkeit⃞, soweit sie 410 € im Jahr nicht übersteigen,
- die meisten **Kunstfördermittel und Ausbildungsstipendien**⃞,
- der **Gründungszuschuss**⃞ der Arbeitsagentur,
- Zahlungen von *privaten* **Versicherungen** und **Krankenkassen,**
- **Sozialhilfe, Arbeitslosengeld II** und Zahlungen privater Sozialfonds (z.B. der Verwertungsgesellschaften) **wegen Hilfsbedürftigkeit,**
- Einnahmen aus **Privatverkäufen,** z.B. bei eBay oder des Privatwagens.

Ebenfalls steuerfrei ist die sogenannte **Übungsleiterpauschale**🔎 – das sind Zahlungen von öffentlichen und gemeinnützigen Auftraggebern für bestimmte nebenberufliche Tätigkeiten bis zur Höhe von 2.100 € im Jahr. Streng genommen handelt es sich hier aber nicht um eine steuerfreie *Einnahme*, sondern eine ganz normale Betriebseinnahme, für die aber eine Betriebsausgabenpauschale in gleicher Höhe abgezogen werden kann.

Die meisten Zahlungen der gesetzlichen Sozialversicherung sind zwar steuerfrei, unterliegen aber dem **Progressionsvorbehalt**🔎, was man als eine besondere (reduzierte) Besteuerung verstehen kann. Unter diese Bestimmung fallen z. B. das **Arbeitslosengeld (I)**, **Krankengeld**, **Mutterschaftsgeld** und das **Verletztengeld** der Berufsgenossenschaften.

Buchungsdatum für Einnahmen ist bei Freiberuflern und Kleingewerbetreibenden grundsätzlich der Tag des Zahlungseingangs. Das ist bei Überweisungen der Tag, an dem das Geld dem Konto gutgeschrieben wird; bei Schecks der Tag, an dem der Empfänger ihn in der Hand hält – auch wenn er ihn erst später einlöst. Das Honorar für das Weihnachtsmärchen, das erst am 2. Januar auf dem Konto der freien Theatergruppe eingeht, taucht also erst in der Steuererklärung für das neue Jahr als Betriebseinnahme auf. Der Scheck dagegen, der am 30. Dezember eingeht, aber erst am 2. Januar gutgeschrieben wird, muss noch im alten Jahr verbucht werden. Wer seinen Gewinn per Bilanz ermittelt, bucht dagegen jede Einnahme zum *Rechnungs*datum.

> Detailinformationen zu diesem Thema finden sich in der Online-Ausgabe des Ratgebers an dieser Stelle in den Kapiteln
> - Preise, Stipendien und Zuschüsse zur Förderung der Kunst
> - Gesellschaftereinlagen, Kredite und Investitionszuschüsse
> - Ausländische Einkünfte und deutsche Einkommensteuer
> - Einnahmen für mehrjährige Tätigkeit
> - Übungsleiterfreibetrag
> - Freibetrag für ehrenamtliche Tätigkeit
> - Nebenberufliche Einkünfte aus selbstständiger Tätigkeit bis 410 € im Jahr

Betriebsausgaben

Betriebsausgaben sind sämtliche Kosten, die im Zusammenhang mit der selbstständigen Tätigkeit entstehen. Entscheidend für die Anerkennung als Betriebsausgabe ist, dass die jeweilige Aufwendung *beruflich* veranlasst war und „nicht der privaten Lebensführung zuzurechnen" ist.

Klar: Mein Bett ist keine Betriebsausgabe – obwohl ich es brauche, um meine Arbeitskraft zu regenerieren. Aber auch die Kleidung, die ich im Beruf verschleiße, kann ich privat nutzen. Ob ich es tatsächlich tue, spielt keine Rolle: Allein die *Möglichkeit* einer privaten Nutzung schließt die Berücksichtigung als Betriebsausgabe aus. Nur wenn eine private Nutzung ausscheidet, wie etwa bei Theaterkostümen, kann man die Kosten absetzen. Auch Tageszeitungen fallen in der Regel in diese Kategorie: private Nutzung möglich – keine Betriebsausgabe. Darauf bestehen viele Finanzämter selbst bei Journalisten, die die Zeitungen für ihren Beruf brauchen.

Bei den **laufenden Kosten** gilt dabei der **Grundsatz „ganz oder gar nicht":** Das Arbeitszimmer🖉 zu Hause, das zur Hälfte auch als Gästezimmer genutzt wird, darf nicht etwa zur Hälfte, sondern *gar nicht* als Betriebsausgabe abgesetzt werden. Auch wer eine *Dienstreise*🖉 mit ein paar Urlaubstagen verbindet und die beruflich veranlassten Kosten nicht „leicht und einwandfrei" von den privaten trennen kann, muss die gesamten Reisekosten privat tragen. Von dieser Regel gibt es nur drei Ausnahmen: Von den laufenden Kosten von Pkws🖉, Telefonen🖉 und PCs🖉 wird bei gemischter Nutzung der Anteil als Betriebsausgabe anerkannt, der dem Anteil der beruflichen Nutzung entspricht.

Anders sieht es bei längerlebigen **Wirtschaftsgütern („Anlagen")** aus (Seite 133): Ihr Anschaffungspreis kann *vollständig* als Betriebsausgabe angesetzt werden, sofern sie *nachweislich* zu mehr als zehn Prozent beruflich genutzt werden. Für die private Mitnutzung muss dann jedoch ein entsprechender Betrag als Betriebs*einnahme* verbucht werden.

Weitere Gründe, nach denen das Finanzamt Betriebsausgaben zurückweisen kann, gibt es im Normalfall nicht. Vor allem darf das Finanzamt Selbstständigen nicht in ihre Ausgabenpolitik hineinreden. Hat die Musikerin also drei teure Computer gekauft, die sie nachweislich alle drei beruflich nutzt, dann muss das Finanzamt alle drei als Arbeitsmittel anerkennen. Das Argument „Für eine Musikerin reicht *ein* PC" gilt hier ebenso wenig wie der Hinweis: „Aldi-PCs hätten es auch getan." Sind die Kosten allerdings **unangemessen** hoch, so kann das Finanzamt die Anerkennung verweigern. Diese Grenze sah das Finanzgericht Nürnberg zum Beispiel bei einem Vermieter überschritten, der sich – bei 80.000 Euro Jahresumsatz – einen Porsche 911 Turbo Coupé zum

Preis von 120.000 Euro angeschafft hatte, den er als „Dienstwagen" absetzen wollte. Diese Art Fahrzeug und ein solcher **Repräsentationsaufwand** seien für den Geschäftserfolg des Unternehmens ohne jede Bedeutung, befand das Finanzgericht und kürzte die Abschreibung, die es dem Vermieter zugestand, auf einen Betrag, der einem Neupreis von 70.000 Euro entsprach.

Als Betriebsausgabe gilt jeweils der volle Preis einschließlich Mehrwertsteuer; **Buchungsdatum** ist für alle, die Einnahmenüberschussrechnung machen, immer der Tag der Zahlung. Das ist bei Überweisungen der Tag, an dem das Geld vom Konto abgebucht wird; bei Schecks der Tag der Ausstellung. Nur wer seinen Gewinn per Bilanz ermittelt, bucht Ausgaben unter dem Rechnungsdatum. Wer einen Ausgabenbeleg verloren oder für eine Bagatellausgabe gar keinen Beleg bekommen hat, kommt beim Finanzamt oft auch mit einem selbst ausgestellten **Notbeleg (Eigenbeleg)** ⌕ durch.

Betriebsausgaben: laufende Kosten

An Kosten, die im Jahr der Zahlung vollständig als Betriebsausgabe geltend gemacht werden können (sofern der Einzelpreis bei den Anschaffungen unter 410 bzw. 150 € (siehe Seite 133) plus Mehrwertsteuer liegt), kommen im Bereich dieses Ratgebers insbesondere infrage Ausgaben für

- **beruflich genutzte Räume** – beim **häuslichen Arbeitszimmer** gelten allerdings strenge und unangenehme Beschränkungen ⌕;
- **Büromöbel und Büroausstattung** einschließlich Blumen und Bilder;
- **technische Geräte** wie Telefon, Fax, Anrufbeantworter, Handy, DSL/WLAN-Router usw.;
- **Telefon-, Handy- und Internetgebühren** – bei beruflicher und privater Nutzung sind besondere Regeln ⌕ zu beachten;
- **Porto, Fotokopien, Büromaterial, CD-Rohlinge und sämtliche Arbeitsmaterialien**;
- **Bücher, Zeitungen, Zeitschriften, Noten und Textbücher,** soweit eine private Mitnutzung ausscheidet – weshalb man gewisse Regeln ⌕ beachten sollte;
- **Berufskleidung** nur dann, wenn eine private Mitnutzung der Kleidungsstücke praktisch ausgeschlossen ist. Das trifft mit Sicherheit auf Theater-

kostüme zu, nach einem BFH-Urteil aber schon nicht mehr auf die schwarzen Hosen, die sich eine Cellistin eigens für ihre Orchesterauftritte zugelegt hatte;
- **Pkw-Nutzung** nach umfangreichen Regeln🗎, die für Dienstfahrten mit dem Privatwagen eine Kilometerpauschale von 30 Cent vorsehen; für Dienstwagen muss ein privater Nutzungsanteil verbucht werden;
- **andere Fahrzeuge** wie Motor- oder Fahrräder nach ähnlichen Regeln und Pauschalen🗎;
- **Fahrten zwischen Wohnung und Betriebsstätte** mit einer Entfernungspauschale🗎 von 30 Cent pro Entfernungskilometer – unabhängig vom benutzten Fahrzeug;
- **Reisekosten** wie Fahrt-, Flug-, Übernachtungskosten und Mehraufwendungen für Verpflegung – auch hier muss eine Reihe von Regeln🗎 beachtet werden;
- die **Bahncard,** und zwar in voller Höhe, also ohne Abzug eines privaten Nutzungsanteils, sofern die Anschaffung insgesamt zur Senkung der Betriebsausgaben geführt hat;
- **beruflich bedingte Umzüge** und **doppelte Haushaltsführung,** etwa bei einem befristeten Engagement in einer anderen Stadt; da dabei recht hohe Betriebsausgaben anfallen können, gibt es natürlich auch genaue Vorschriften🗎;
- **Bewirtungen** aus geschäftlichem Anlass – in der Regel (von der es Ausnahmen🗎 gibt) in Höhe von 70 Prozent der kompletten Restaurantquittung;
- **Werbung und Akquisition,** aber auch für **Bewerbungen,** wenn denn einer die Schnauze voll hat von der selbstständigen Arbeit. Dazu zählen z. B. Fotokopien, Porto, Reisekosten zu Vorstellungsgesprächen, Referenzmappen, Inserate und eventuell sogar eine eigene Website;
- **Werbegeschenke** bis zum Einzelwert von 35 € pro Beschenktem und Jahr (Geschenke, die teurer sind, dürfen gar nicht – also auch nicht mit 35 €! – abgezogen werden);
- **Honorare,** die an Dritte gezahlt wurden, und alle **Lohnkosten** bis hin zu den Pensionsrückstellungen für die Betriebsrente des GmbH-Geschäftsführers;
- **Rechts- und Steuerberatungskosten** bei der Gewinnermittlung (Beratungskosten bei der *persönlichen* Steuererklärung sind Sonderausgaben;

sind die Kosten gemischt angefallen, akzeptiert das Finanzamt ohne weiteren Nachweis 100 € davon als Betriebsausgabe);
- **Kontoführungsgebühren** für das Geschäftskonto und Zinsen für beruflich bedingte Kredite;
- **Aus- und Weiterbildung** einschließlich notwendiger Fahrt-, Unterkunfts- und Verpflegungsmehrkosten – die genauen Regeln🗎 schließen allerdings die erste Schul- und Berufsausbildung aus, sofern es sich dabei nicht um ein bezahltes Ausbildungsverhältnis handelt;
- **Beiträge zu allen Berufsverbänden** einschließlich der Gewerkschaft (Manchmal zweifeln Finanzämter das an – zu Unrecht. In diesem Fall ver.di einschalten.) Betriebsausgaben sind hier nicht nur die Mitgliedsbeiträge sondern auch Zahlungen z. B. für Rechtsberatung, Broschüren usw.;
- **Mehrwertsteuer,** die an das Finanzamt abgeführt wurden (die gezahlte Gewerbesteuer gilt seit 2008 nicht mehr als Betriebsausgabe);
- **berufliche und Geschäftsversicherungen** einschließlich der Beiträge zur Berufsgenossenschaft (die anderen Sozialversicherungen und weitere private Versicherungen sind Sonderausgaben🗎; bei Betriebskostenversicherungen🗎 kommt es auf das versicherte Risiko an);
- **ehrenamtliche Tätigkeit für ver.di** wie Fahrtkosten und Verpflegungsmehraufwendungen. Aber Achtung: Zahlt die Gewerkschaft hierfür einen Verdienstausfall und/oder Tagegeld, so ist dieser Betrag als Betriebseinnahme zu verbuchen und zu versteuern.

Anregungen für weitere Betriebsausgaben sind den einschlägigen Ratgebern zu entnehmen. An einigen Stellen sollte man es aber gar nicht erst versuchen: **Geldstrafen, Bußgelder** (auch für falsches Parken in beruflichen „Notfallsituationen"), **Schmier- und Bestechungsgelder** sowie **„unangemessene" Repräsentationsaufwendungen** werden grundsätzlich nicht als Betriebsausgaben anerkannt.

Wer sich bei der Beurteilung seiner Ausgaben nicht sicher ist, sollte nicht allzu lange grübeln: Nicht alle Steuerfragen sind „ausgeurteilt" oder letztgültig durch Verordnungen geregelt, und die letzte Entscheidung trifft ohnehin das Finanzamt im Einzelfall. Im Zweifel also lieber eine Ausgabe mehr angeben – Irrtum ist hier nicht strafbar. Wenn das Finanzamt die Ausgabe nicht als Betriebsausgabe anerkennen will, wird es das schon sagen (in der Regel allerdings erst bei einer Betriebsprüfung). Dann kann man immer noch überlegen, ob es lohnt, Einspruch einzulegen.

Gewinnsteuern | 133

Detailinformationen zu diesem Thema finden sich in der
Online-Ausgabe des Ratgebers an dieser Stelle in den Kapiteln
- Werden die Kosten für meinen Arbeitsraum als Betriebsausgabe anerkannt?
- Telefon-, Handy- und Internetgebühren als Betriebsausgaben
- Bücher, Zeitungen, Zeitschriften, Noten und Textbücher
- Wie rechne ich die Dienstfahrten mit meinem Auto bei der Steuer ab?
- Dienstfahrten mit anderen Fahrzeugen als Betriebsausgabe
- Fahrten zwischen Wohnung und Arbeit als Betriebsausgabe
- Reisekosten und Einkommensteuer: Vorsicht Ärger!
- Doppelte Haushaltsführung und Umzugskosten als Betriebsausgaben
- Können Restaurantbesuche Betriebsausgaben sein?
- Aus- und Weiterbildungskosten als Betriebsausgaben

Betriebsausgaben: Anschaffungen von bleibendem Wert

Größere Anschaffungen, die ihren Wert über längere Zeit behalten, wie technische Geräte, Musikinstrumente oder Pkws, heißen im Steuerrecht „Anlagegüter", die zum „Betriebsvermögen" gehören. Das bedeutet im normalen Geschäftsalltag nicht viel – allerdings werden sie im Steuerrecht anders behandelt als die laufenden Ausgaben:

Alle Anlagegüter müssen über mehrere Jahre „abgeschrieben" werden. Ihr Kaufpreis geht also nicht gleich im Kaufjahr als Betriebsausgabe in die Gewinnermittlung ein, sondern wird – je nachdem wie lange so ein Teil üblicherweise hält – über mehrere Jahre verteilt. Dieses Verfahren nennt sich **„Absetzung für Abnutzung"(AfA).**

Da es sich für größere Unternehmen und sehr teure Anschaffungen eventuell lohnen kann, die Abschreibung zur Steuerung des Gewinns und damit zur Steueroptimierung einzusetzen (für normale kleine Selbstständige sind da in der Regel kaum mehr als ein paar Euro im Jahr herauszuholen), sind die Abschreibungsregeln zuletzt fast jährlich geändert worden, sodass sich inzwischen ein kaum noch überschaubarer Wust ergibt. Da gibt es
- die **„klassische" Variante:** Hier können alle Geringwertigen Wirtschaftsgüter (GWG) bis zu einem Netto-Kaufpreis von 410 € im Jahr der Anschaffung in voller Höhe als Betriebsausgaben angesetzt werden; die Anschaffungskosten für alle Wirtschaftsgüter, die teurer waren, müssen als „Absetzung für Abnutzung" (AfA) über mehrere Jahre verteilt werden.

Diese Variante war bis zum Steuerjahr 2007 obligatorisch; vom Steuerjahr 2010 an *darf* sie wieder angewandt werden.

- die **„Sammelposten-Variante"**: Hier dürfen nur Geringwertige Wirtschaftsgüter (GWG) bis zu einem Netto-Kaufpreis von 150 €,⌕ sofort im Jahr der Anschaffung in voller Höhe als Betriebsausgaben angesetzt werden; die AfA⌕ dagegen ist erst ab einem Anschaffungspreis von 1.000 € obligatorisch. Für alle Wirtschaftsgüter zwischen 150 und 1.000 € (jeweils zzgl. Mehrwertsteuer) müssen Sammelposten⌕ gebildet werden, die über fünf Jahre abgeschrieben werden. Diese Variante war **für die Steuerjahre 2008 und 2009 obligatorisch;** vom Steuerjahr 2010 *darf* sie wahlweise alternativ zur „klassischen" Variante angewandt werden.
- für das Abschreibungsverfahren außerdem die **lineare**⌕ und die **degressive Abschreibung**⌕, deren Eckwerte in den letzten Jahren fast jährlich geändert wurden.

Welche Variante in welcher Situation die günstigere ist, wird in einem gesonderten Kapitel⌕ beschrieben.

Aber Vorsicht: Nicht alles, was mehr als 410 bzw. 150 € kostet, fällt unter die AfA bzw. gehört in Sammelposten. Es muss sich um ein „Anlagegut" handeln, das *länger als ein Jahr genutzt* wird und einen realen (Verkaufs-)Wert behält: Die Kosten für **Reparaturen** und **Renovierungsarbeiten** können also in beliebiger Höhe immer *sofort* abgesetzt werden, ebenso die Kosten für **Theaterrequisiten** oder ein **Bühnenbild**. Auch der **Teppichboden,** der im Übungsraum *fest verklebt* wird, kann sofort abgesetzt werden; der Perser im Büro dagegen muss über acht Jahre abgeschrieben werden – wenn er mehr als 500 € pro Quadratmeter kostet, sogar über fünfzehn.

Detailinformationen zu diesem Thema finden sich in der
Online-Ausgabe des Ratgebers an dieser Stelle in den Kapiteln

- Absetzung für Abnutzung (AfA) – das Verfahren
- Welche Nutzungsdauer gilt bei der AfA?
- Geringwertige Wirtschaftsgüter (GWG) bis 410 € (Rechtslage bis 2007 und ab 2010)
- Geringwertige Wirtschaftsgüter bis 150 € (neue Rechtslage ab 2008)
- „Sammelposten" für Wirtschaftsgüter zwischen 150 und 1.000 € (neue Rechtslage ab 2008)
- „Klassische" oder „Sammelposten-Variante" – was ist günstiger?
- Sonderabschreibung
- Abschreibung bei privater Mitnutzung

Gewinnsteuern | 135

Betriebskostenpauschalen

Selbstständige können nur solche Beträge als Betriebsausgaben absetzen, die sie *tatsächlich* und *nachweislich* ausgegeben haben. Ein pauschaler Betriebsausgabenabzug ist nur ganz wenigen Berufen – und ihnen auch nur in sehr bescheidenem Umfang – erlaubt: Nach einem Rundschreiben des Bundesfinanzministeriums vom 21.1.1994 erkennen die Finanzämter ohne Einzelnachweis als Betriebsausgaben an

- 30 % vom Umsatz, aber höchstens 2.455 € im Jahr bei *hauptberuflich selbstständiger*
  - **schriftstellerischer** oder
  - **journalistischer Tätigkeit**,
- 25 % vom Umsatz, aber höchstens 614 € im Jahr bei *nebenberuflicher*
  - **künstlerischer,**
  - **schriftstellerischer,**
  - **wissenschaftlicher,**
  - **Vortrags-, Lehr-** oder **Prüfungstätigkeit**
  (dazu zählt sogar nebenberuflicher **Nachhilfeunterricht**).

Günstiger als beim Einzelnachweis fährt mit diesen Pauschalen allerdings nur, wer nur geringe Einkünfte *und* niedrige Betriebsausgaben hat: Die Höchstbeträge entsprechen Jahreseinkünften von 8.183 € bei hauptberuflicher und 2.456 € bei nebenberuflicher Selbstständigkeit.

Mit der Pauschale sind sämtliche Betriebsausgaben abgegolten – mit Ausnahme der Kosten für eine beruflich bedingte **doppelte Haushaltsführung** ⌕. Diese können *zusätzlich* zur Pauschale geltend gemacht werden. Da das offenbar selbst vielen Finanzämtern unbekannt ist: Es steht im Bundessteuerblatt 76 II S. 192 bzw. im Rundschreiben des Bundesfinanzministeriums IV B 6 – S 2355 – 24/89 vom 27.12.1989.

Etwas anders konstruiert ist die Betriebskostenpauschale für **Tagespflegepersonen**: Tagesmütter, die fremde Kinder in der eigenen Wohnung betreuen, können pro Kind und Monat pauschal 300 € als Betriebsausgaben ansetzen. Voraussetzung ist jedoch, dass die Betreuungszeit mindestens 40 Stunden in der Woche beträgt. Ist die Betreuungszeit kürzer, muss die Pauschale entsprechend (proportional) gekürzt werden. Findet die Betreuung in der Wohnung der Eltern des Kindes statt, entfällt die Pauschale. Während ihres Urlaubs oder bei Krankheit darf die Tagesmutter die Pauschale nur abziehen, wenn sie das Betreuungsentgelt auch weiter bezahlt bekommt.

Der **Übungsleiterfreibetrag** ⌿ entfällt in all diesen Fällen, er kann also nicht *zusätzlich* zur Betriebskostenpauschale geltend gemacht werden.

Durchlaufende Posten

Ausgaben, die man für einen Auftraggeber nur verauslagt, die also ausdrücklich *zusätzlich* zum Honorar erstattet werden – etwa für Materialaufwand oder Fahrkarten, lassen sich wahlweise auf zwei Arten verbuchen: Entweder man verbucht die Kosten als Betriebsausgaben und die Kostenerstattung als Betriebseinnahme. Dann kann nichts schiefgehen. Oder man lässt beides (als „durchlaufende Posten" eben) ganz aus der Steuererklärung heraus. In diesem Fall reicht man das Original der Rechnung an den Auftraggeber weiter, damit er daraus die Vorsteuer ziehen kann, und lässt sich exakt den Rechnungsbetrag erstatten – ohne dass der aber in der Gewinnermittlung oder in der Umsatzsteuererklärung auftaucht, weder als Ausgabe noch als Einnahme.

Für die Höhe des Gewinns macht das keinen Unterschied, eventuell aber für die Umsatzsteuer: Wer die **Vorsteuer nach Durchschnittssätzen** berechnet (siehe Seite 165), erhöht bei der ersten Variante seinen Umsatz und damit die (geldbringende) Vorsteuerpauschale. Die zweite Variante kann den Umsatz etwas drücken, wenn man z. B. die 17.500-Euro-Grenze nicht überschreiten will, um die **Umsatzsteuerbefreiung für Kleinunternehmer** (Seite 153) nicht zu gefährden, oder die 61.356-Euro-Grenze, um das Recht zum Vorsteuerabzug nach Durchschnittssätzen nicht zu verlieren.

Dieses Verfahren ist erlaubt, solange man folgende Regeln beachtet:
- Es muss sich um *konkret verauslagte Gelder* handeln – Kilometergeld und Verpflegungsaufwendungen, die der Auftraggeber *pauschal* erstattet, müssen *immer* als Einnahme verbucht werden.
- Auf der Rechnung muss der **Auftraggeber als Empfänger** angegeben sein (sonst kann er daraus ja keine Vorsteuer ziehen). Bei Kleinbetragsrechnungen bis 150 € – Fahrkarten etwa oder Hotelrechnungen – darf der Name des Empfängers fehlen.

Für eine eventuelle Steuerprüfung sollte man sich zur Sicherheit eine **Kopie der Belege** aufheben, um den Vorgang belegen zu können.

Rücklagen für künftige Investitionen

Kleine Selbstständige haben die Möglichkeit, Geld für geplante Investitionen steuermindernd „anzusparen". Die Regeln hierzu wurden im Jahr 2007 ein wenig verschlechtert, das Prinzip ist jedoch geblieben:
Wer in der Zukunft eine größere Anschaffung plant – einen Dienstwagen z. B. oder ein digitales Kamerasystem – kann dafür vorab einen Teil der Investitionssumme steuermindernd zurücklegen. Diesen „Investitionsabzugsbetrag" (früher: „Ansparrücklage") kann er im Jahr der Rücklagenbildung als Betriebsausgabe verbuchen (selbst wenn das zu einem Verlust führt!); im Jahr der Anschaffung muss er sie dann als Betriebseinnahme versteuern.

Natürlich braucht er dieses Geld nicht wirklich zurückzulegen. Der Investitionsabzugsbetrag ist einfach eine erlaubte Umbuchung, mit deren Hilfe man Einnahmen um ein paar Jahre verschieben kann, bevor sie versteuert werden müssen. Wer jetzt schon sicher weiß, dass es mit seiner Geschäftsentwicklung in den nächsten Jahren bergab gehen wird, kann Einnahmen so auf schlechtere Jahre verschieben, in denen sie dann gegebenenfalls einem geringeren Steuersatz unterliegen. (Bei steigendem Gewinn *erhöht* dieses Verfahren dagegen in der Regel die Gesamt-Steuerlast.)

Aber Vorsicht, wer die „geplante" Anschaffung gar nicht wirklich vorhat: Wer Geld als Investitionsabzugsbetrag zurücklegt, später aber doch nichts davon kauft, kriegt die Steuerersparnis für das Jahr der Rücklage nachträglich wieder abgezogen und muss den entsprechenden Betrag – mit Zinsen – nachzahlen. Aber selbst das kann sich manchmal rechnen.

Und da die Ansparabschreibung förmlich zum Tricksen einlädt, sei auch folgender Fall erwähnt: Da hatte ein Steuerpflichtiger versucht, seine Steuerbelastung für die letzten Jahre rückwirkend zu optimieren, indem er in eine alte Steuererklärung noch eine Ansparrücklage nachtragen lassen wollte. Da er diesen Versuch aber zu einem Zeitpunkt unternahm, als diese Rücklage schon wieder hätte aufgelöst sein müssen (und er hatte keine entsprechende Anschaffung gemacht), spielte der Bundesfinanzhof nicht mehr mit. Seither verlangt er: Ansparrücklagen müssen halbwegs **„zeitnah"** gebildet werden.

Detailinformationen zu diesem Thema finden sich in der
Online-Ausgabe des Ratgebers an dieser Stelle in den Kapiteln
- Ansparabschreibung – die alten Regeln (bis 2006)
- Investitionsabzugsbetrag – die neuen Regeln (ab 2007)

Einkommensteuer

Die Einkommensteuer ist eine *persönliche* Steuer. Steuerschuldner ist der Selbstständige selbst, nicht „seine Firma" und auch nicht seine GbR, falls er eine solche zusammen mit anderen gebildet hat. Sein Gewinn aus der selbstständigen Tätigkeit ist *automatisch* steuerpflichtiges Einkommen – auch ohne dass er ihn „entnommen" oder sonst wie in seine persönliche Sphäre transferiert hat: Das Finanzamt unterscheidet nicht zwischen Privat- und Geschäftskonto.

Einkommensteuer muss aber nicht nur für Einkünfte aus selbstständiger Arbeit gezahlt werden, sondern für alle denkbaren Einkunftsarten, z. B. auch aus nichtselbstständiger Arbeit, aus Vermietungen, aus Kapitalvermögen und ähnlichem.

Für die Einkommensteuererklärung werden die Einkünfte für jede Einkunftsart einzeln festgestellt und zum **Gesamtbetrag der Einkünfte** addiert. Wer bei einer Einkunftsart Verluste gemacht hat, kann sie gegen positive Einkünfte aus anderen Quellen aufrechnen (siehe Seite 140).

Das **zu versteuernde Einkommen** ergibt sich, indem vom Gesamtbetrag der Einkünfte entsprechend den Eintragungen im Formular „Einkommensteuererklärung" die Sonderausgaben, die außergewöhnlichen Belastungen und eventuelle Freibeträge abgezogen werden. Von diesem zu versteuernden Einkommen sind vom Jahre 2010 an 8004 € im Jahr steuerfrei. Was darüber hinausgeht, muss versteuert werden.

Die **Einkommensteuererklärung** ist *unaufgefordert* jeweils bis zum 31. Mai (bei Einschaltung eines Steuerberaters bis zum 31. Dezember) für das Vorjahr abzugeben; Fristverlängerungen können formlos beim Finanzamt beantragt werden. Die Steuererklärung besteht mindestens aus drei Teilen:
- der Gewinnermittlung (auf dem Formular „Einnahmenüberschussrechnung"),
- dem Formular „Anlage S" (für Einkünfte aus selbstständiger/freiberuflicher Tätigkeit) und/oder „Anlage G" (für Einkünfte aus gewerblicher Tätigkeit) zur Einkommensteuererklärung und
- dem Formular „Einkommensteuererklärung".

Inzwischen kann man in allen Bundesländern die **Einkommensteuererklärung via Internet** abgeben. Details stehen in einem gesonderten Kapitel.

Ansonsten gibt's die papiernen Steuerformulare im Finanzamt oder zum Download bei der Bundesfinanzverwaltung ⓘ.
Mit dem **Einkommensteuerbescheid** setzt das Finanzamt die Steuerschuld für das betreffende Jahr und damit in der Regel eine Nachzahlung bzw. Erstattung fest. Liegt die Jahressteuerschuld über 400 €, so werden im nächsten Jahr **vierteljährliche Einkommensteuervorauszahlungen** fällig. Beträge und Termine dafür stehen ebenfalls im Steuerbescheid und können ebenso wie dieser über einen Einspruch verändert werden.

> Detailinformationen zu diesem Thema finden sich in der Online-Ausgabe des Ratgebers an dieser Stelle im Kapitel
> ■ Wer muss eine Einkommensteuererklärung abgeben?

Die verschiedenen Einkunftsarten

Das Steuerrecht kennt sieben Arten von Einkünften, nämlich Einkünfte
- aus **Land- und Forstwirtschaft,**
- aus **Gewerbebetrieb,**
- aus **selbstständiger Arbeit** (hier gemeint: freiberuflicher),
- aus **nichtselbstständiger Arbeit** (als Arbeitnehmer),
- aus **Kapitalvermögen,**
- aus **Vermietung und Verpachtung,**
- **sonstige Einkünfte** (z. B. Renten, Spekulationsgewinne).

Dabei verstehen die Finanzämter unter „Einkünften" immer das, was von den jeweiligen Einnahmen nach Abzug der erforderlichen Ausgaben übrig bleibt. Bei selbstständiger Arbeit ist das der Gewinn – also Umsatz abzüglich Betriebsausgaben; bei nichtselbstständiger Arbeit alle Lohn-, Gehalts- und Sonderzahlungen abzüglich Werbungskosten. Das Ergebnis dieser Berechnungen wird für jede Einnahmeart in eine eigene Anlage zur Einkommensteuererklärung eingetragen.
Auch bestimmte **steuerfreie Einnahmen** müssen in der Einkommensteuererklärung angegeben werden: Arbeitslosengeld (I), Krankengeld, Mutterschaftsgeld oder andere Zahlungen aus Sozialkassen sind zwar steuerfrei, unterliegen aber dem Progressionsvorbehalt – was im Endeffekt zu einer zumindest geringfügig höheren Steuer führt.

> Detailinformationen zu diesem Thema finden sich in der
> Online-Ausgabe des Ratgebers an dieser Stelle in den Kapiteln
> - Einkünfte aus selbstständiger oder gewerblicher Arbeit
> - Einkünfte aus nichtselbstständiger Arbeit
> - Einkünfte aus selbstständiger *und* nichtselbstständiger Arbeit
> - Steuerfreie Einnahmen und Progressionsvorbehalt

Negative Einkünfte?

Besonders in den ersten Berufsjahren kann es Selbstständigen, die hohe Investitionen tätigen müssen, durchaus passieren, dass sich am Jahresende für die Steuer ein „negativer Gewinn", also ein Verlust, ergibt. Das ist normal und von den Finanzämtern nicht zu beanstanden.

Bei wem die Einkünfte aus selbstständiger Arbeit nicht die einzigen Einkünfte in der Einkommensteuererklärung sind, der kann solche Verluste aber mit anderen Einkünften verrechnen, d. h. sie steuermindernd abziehen

- von anderen **eigenen Einkünften** (z. B. Mieteinnahmen, Festgeldzinsen, einem Angestelltengehalt oder Ähnlichem),
- von den **Einkünften der anderen Ehehälfte** (bei Zusammenveranlagung) oder, wenn danach immer noch ein Verlust bleibt,
- von den **Einkünften des Vorjahres** („Verlustrücktrag") oder **des nächsten Jahres** („Verlustvortrag").

Das funktioniert allerdings nicht unbegrenzt lange: Wenn das Finanzamt nach mehreren Jahren immer noch keine „Einkünfteerzielungsabsicht" erkennt, kann es die Tätigkeit zur Liebhaberei erklären – und vorbei ist es mit der Anerkennung der Verluste.

> Detailinformationen zu diesem Thema finden sich in der
> Online-Ausgabe des Ratgebers an dieser Stelle im Kapitel
> - Verlustrücktrag und Verlustvortrag

Sonderausgaben, Freibeträge und andere Ermäßigungen

Die Einkünfte bzw. Verluste aus allen Einnahmearten zusammengerechnet ergeben den **Gesamtbetrag der Einkünfte.** Davon werden zur Ermittlung des

zu versteuernden Einkommens noch abgezogen:
- **Sonderausgaben** 🗗 – das sind insbesondere Vorsorgeleistungen wie Sozialversicherungsbeiträge und Spenden,
- **Steuerermäßigungen** 🗗 – für haushaltsnahe Dienstleistungen, die Beschäftigung von Handwerkern im Privathaushalt, Spenden an politische Parteien sowie für eventuell gezahlte Gewerbesteuer,
- **außergewöhnlichen Belastungen** 🗗 – insbesondere Krankheitskosten, aber auch Scheidungskosten und Schulgeld für behinderte Kinder,
- der **Kinderfreibetrag** von 4.368 €, der **Erziehungsfreibetrag** von 2.640 € pro Kind, sofern das bei höheren Einkommen günstiger ist als das Kindergeld,
- sowie eventuelle weitere abzugsfähige **Kinderbetreuungskosten**.

Detailinformationen zu diesem Thema finden sich in der
Online-Ausgabe des Ratgebers an dieser Stelle in den Kapiteln
- Sonderausgaben
- Steuerermäßigungen
- Außergewöhnliche Belastungen

Wie viel Einkommensteuer muss ich zahlen?

Die Einkommensteuer lässt sich leider nicht überschläglich berechnen – zu viele Faktoren spielen da eine Rolle. Für Selbstständige, die keine der zahlreichen Sonderregeln in Anspruch nehmen, berechnet sich die Steuerschuld so:
- Der ermittelte Gewinn (Seite 126) und die anderen Einkünfte (eventuell auch die des Ehepartners) werden zum **Gesamtbetrag der Einkünfte** addiert.
- Davon werden abgezogen
  - ein eventueller Verlustrück- oder -vortrag 🗗,
  - die Sonderausgaben 🗗,
  - die außergewöhnlichen Belastungen 🗗,
  - eventuell abzugsfähige Kinderbetreuungskosten.

Aus dem so ermittelten **Einkommen** ergibt sich nach Abzug der
- Kinder- und kinderbezogenen Freibeträge (falls deren Ansatz günstiger ist als das Kindergeld)

das **zu versteuernde Einkommen**, aus dem man mit den Steuerformeln des § 32a EStG 🗗 die **tarifliche Einkommensteuer** ausrechnen kann. Dabei bleiben vom Jahr 2010 an 8.004 € pro Jahr auf jeden Fall steuerfrei; was darüber hinausgeht, muss mit Prozentsätzen versteuert werden, die bei 14 % anfangen und mit der Einkommenshöhe steigen. Diese beiden Schritte kann man sich auch online berechnen lassen mit dem Steuerrechner des Finanzministeriums ⓘ.

Falls nötig, muss man jetzt noch
- den Progressionsvorbehalt ⌕ einrechnen,
- die Steuer für außerordentliche Einkünfte ⌕ korrigieren,
- Steuerermäßigungen ⌕ abziehen,
- als Riester-Renten-Bezieherin die Zulage abziehen, falls der Sonderausgabenabzug günstiger war, und
- das bereits erhaltene Kindergeld hinzurechnen, falls vorn die Kinderfreibeträge angesetzt wurden.

Dann endlich weiß man, wie viel man wirklich zu zahlen hat. Aber warum wartet ihr nicht einfach, bis der Steuerbescheid kommt? Wer es vorher *ganz* genau wissen will, bekommt einen rundum perfekten Steuerrechner auf www.nettoeinkommen.de ⓘ (Testversion kostenlos, bei Gefallen 24 €).

Deutsche Einkommensteuer für Ausländer

Alle in den letzten Kapiteln genannten Regeln gelten auch für Ausländerinnen, die ihren „gewöhnlichen Aufenthalt" oder ihren Wohnsitz in Deutschland haben. Sie unterliegen ohne Einschränkung den deutschen Steuergesetzen.

Selbstständige dagegen, die ihren gewöhnlichen Aufenthalt im Ausland haben, also in einem anderen Land steuerpflichtig sind, sind für Einkünfte **in Deutschland nur beschränkt steuerpflichtig.** Und diese beschränkte Steuerpflicht gilt auch nur für Einkünfte aus **Leistungen, die in Deutschland erbracht oder verwertet werden.** Wer also vom Ausland aus Waren nach Deutschland verkauft oder auch Dienstleistungen (z. B. via Internet), hat bezüglich der Einkommensteuer mit dem deutschen Fiskus nichts zu tun. Wer dagegen z. B. als Korrespondent für deutsche Medien seinen Wohnsitz im Ausland nimmt, unterliegt den folgenden Regeln.

Aber auch wer beschränkt steuerpflichtig ist, hat mit dem deutschen Fiskus in der Regel *nicht direkt* zu tun: Die betreffende Steuer wird bei kleinen Selbstständigen als **Abzugsteuer (Quellensteuer)** erhoben, wie man sie von den

Zinsen auf Kapitalanlagen kennt: Der Auftraggeber muss sie vom Honorar einbehalten und an das Finanzamt abführen. Einer solchen Abzugssteuer sind Ausländer unterworfen, die

- „künstlerische, sportliche, artistische, unterhaltende und ähnliche Darbietungen" in Deutschland erbringen, also z.B. hierzulande mit ihrer Musik-, Theater- oder Varietétruppe auf Tournee gehen,
- solche Darbietungen im Inland **verwerten,**
- **Nutzungsrechte nach dem Urheberrecht** oder andere Lizenzen, etwa für Patente oder Know-how, an deutsche Unternehmen vergeben, also z.B. Zeitungsartikel, Literaturübersetzungen oder Musik zur Veröffentlichung an Unternehmen in Deutschland verkaufen; außerdem wer
- **Zinsen und andere Kapitelerträge** aus Geldanlagen in Deutschland oder
- **Aufsichtsratsvergütungen** bezieht.

Wie hoch diese Abzugssteuer ist, wie sie berechnet wird und wann eine Befreiung bzw. Erstattung möglich ist, wird in den Kapiteln „Abzugsteuer für Urheberrechtsvergütungen" ⌕ und „Abzugsteuer für künstlerische Auftritte" ⌕ erläutert.

Aber Achtung: Auch wenn dafür in Deutschland schon Steuern abgezogen wurden, bleiben alle diese Einkünfte **trotzdem im Heimatland steuerpflichtig.** Allerdings meist nicht in voller Höhe: In der Regel rechnet das Heimatland die in Deutschland gezahlte Steuer, für die eine Befreiung oder Erstattung nicht möglich war, auf die eigene Steuerforderung an; manchmal verzichtet es auch ganz auf eine nochmalige Besteuerung der betreffenden Einkünfte. Was im konkreten Fall gilt, ist von Land zu Land verschieden und steht im Detail in einem „Doppelbesteuerungsabkommen", wie es die Bundesrepublik mit den meisten Staaten abgeschlossen hat.

In der Regel dürfte es reichen, die Bescheinigung, die der deutsche Auftraggeber (bzw. die Bank) über die einbehaltene Steuer ausstellen muss, mit der Einkommensteuererklärung einzureichen. Wer skeptisch ist, ob das Finanzamt zu Hause die Berechnung korrekt vornimmt, findet das jeweilige **Doppelbesteuerungsabkommen** ⌕ auf der Website des Bundesfinanzministeriums.

Ganz anders funktioniert es bei grenzüberschreitenden Geschäften mit der **Umsatzsteuer.** Hier kann man zur Orientierung von denselben Regeln ausgehen, wie sie für den umgekehrten Fall von Geschäften von Deutschen im Ausland in den Kapiteln „Ausländische Umsätze und deutsche Umsatzsteuer" ⌕ und „Umsatzsteuer auf Rechnungen aus dem Ausland" ⌕ dargestellt werden.

Detailinformationen zu diesem Thema finden sich in der
Online-Ausgabe des Ratgebers an dieser Stelle in den Kapiteln
- Abzugsteuer für Urheberrechtsvergütungen
- Abzugsteuer für künstlerische Auftritte

Gewerbesteuer

Alle **Gewerbebetriebe** in Deutschland – vom Einzelunternehmer bis zur Aktiengesellschaft – sind gewerbesteuerpflichtig. Die **freien Berufe** sind trotz vielfältiger Versuche, das zu ändern, seit dem Jahre 1937 durchgängig von der Gewerbesteuerpflicht ausgenommen. Die Gewerbesteuerpflicht entfällt außerdem für **Arbeitsgemeinschaften** ⌕ in Form einer GbR, die nur zur Durchführung eines *einzigen* Auftrags gebildet wurden. In diesem Fall liegt die Gewerbesteuerpflicht bei den Einzelunternehmern bzw. -unternehmen, die die Arbeitsgemeinschaft bilden.

Besteuert wird im Wesentlichen der **Gewerbeertrag** – die persönlichen Verhältnisse der Inhaber spielen also keine Rolle. Der Gewerbeertrag entspricht etwa dem Betriebsgewinn, wie er mit der Gewinnermittlung nach Einkommensteuergesetz festgestellt wurde, modifiziert durch einige Hinzurechnungen und Kürzungen, die man sich besser vom Steuerberater berechnen lässt.

Für Einzelunternehmer und Personengesellschaften gibt es einen **Freibetrag von 24.500 €**; darüber wird der auf eine durch 100 € teilbare Summe abgerundete Gewerbeertrag mit einem einheitlichen Satz von 3,5 % und dann mit dem von Gemeinde zu Gemeinde unterschiedlichen **Hebesatz** multipliziert. Das ergibt dann die zu zahlende Steuer. Für juristische Personen des öffentlichen Rechts und Vereine des privaten Rechts, die einen wirtschaftlichen Geschäftsbetrieb unterhalten, sowie für einige weitere Unternehmen wie Pensions- und Krankenkassen, Siedlungsunternehmen, Gesamthafenbetriebe und den Medizinischen Dienst der Krankenkassen – soweit sie jeweils von der Körperschaftsteuer befreit sind – gibt es nur einen Freibetrag von 5.000 €; alle anderen Unternehmen zahlen die 3,5 % vom ersten Hunderter an. Da zudem die Einkommensteuer durch die Gewerbesteuer reduziert wird, ergibt sich eine wirklich heftige Belastung für Selbstständige mit geringem Gewinn nur in

Großstädten und Kreisen mit hohen Hebesätzen. Dass sich durch diese Reduzierungen eine „negative Gewerbesteuer" ergibt, wie es noch vor wenigen Jahren möglich war (und von einzelnen Gemeinden gezielt als Instrument der Ansiedlungspolitik eingesetzt wurde), hat man mit der letzten Gewerbesteuerreform ausgeschlossen.

Die **Gewerbesteuererklärung** ist einmal jährlich abzugeben; nach Aufforderung durch das Finanzamt sind Vorauszahlungen zu leisten.

Da aus der Zielgruppe dieses Ratgebers nur recht wenige von dieser Steuer betroffen sind, soll in einem gesonderten Kapitel nur grob die Berechnung der Gewerbesteuer erläutert werden und die Reduzierung der Einkommensteuerschuld, die die Gewerbesteuer mit sich bringt.

> Detailinformationen zu diesem Thema finden sich in der
> Online-Ausgabe des Ratgebers an dieser Stelle im Kapitel
> - Berechnung der Gewerbesteuer

Körperschaftssteuer

Die Körperschaftssteuer ist für juristische Personen das Pendant zur Einkommensteuer. Sie betrifft Selbstständige also nur dann, wenn sie ihrem Geschäft den Status einer haftungsbeschränkten Unternehmergesellschaft, einer GmbH, einer AG oder eines Vereins geben. Alle anderen hier denkbaren Rechtsformen (Einzelunternehmer, GbR, OHG, KG) sind nicht körperschaftssteuerpflichtig.

Da sich GmbHs und AGs ohnehin meist einen eigenen Buchhalter und/oder eine Steuerberaterin leisten werden, werden die Details der Körperschaftssteuer hier nicht erläutert. Der Körperschaftssteuer liegt der nach den ab Seite 126 geschilderten Regeln ermittelte Gewinn zugrunde, der allerdings durch einige Sonderregelungen noch verändert werden kann. Unter anderem kann dieser Gewinn – analog zu den Sonderausgaben im Einkommensteuerrecht – um Spenden gemindert werden. Vom so ermittelten Gewinn der Körperschaft wird die Körperschaftssteuer berechnet. Der Steuertarif wurde ab 2008 von 25 auf einheitlich 15 Prozent gesenkt.

Die Körperschaftssteuererklärung ist einmal jährlich abzugeben; bis dahin sind nach Festsetzung vierteljährliche Vorauszahlungen zu leisten.

Einkommensteuer im Ausland zahlen?

Wenn die erste Überweisung des Honorars vom ausländischen Auftraggeber eingeht, ist der Frust oft groß: Da hat der US-amerikanische Verlag statt der vereinbarten 500 nur 350 Dollar überwiesen. Die restlichen 30 Prozent hat er für die amerikanische Einkommensteuer einbehalten. Darf der das? Bei bestimmten Vergütungen darf er nicht nur, er muss sogar: Fast alle Staaten der Erde behalten sich das Recht vor, Einkommensteuer auch von Ausländern zu erheben, unter anderem wenn diese

- **künstlerische und artistische Auftritte** in ihrem Land absolvieren oder
- **Urheberrechte und Lizenzen** einheimischen Unternehmen zur Verwertung überlassen.

In der Regel beträgt diese Steuer 20 bis 30 Prozent und wird als „Abzugssteuer" erhoben – d. h. der Auftraggeber muss sie vom Honorar einbehalten und an sein heimisches Finanzamt abführen.

Andererseits bestimmen praktisch alle Doppelbesteuerungsabkommen, die die Bundesrepublik mit zahlreichen Staaten abgeschlossen hat, dass der fremde Staat solche Vergütungen entweder gar nicht oder nur bis zu einem bestimmten Höchstsatz von meist 5 bis 15 Prozent versteuern darf. Von diesen sich widersprechenden Bestimmungen, die beide Gesetzeskraft haben, gilt zunächst immer das ausländische Steuergesetz, d. h. der Steuerabzug in voller Höhe. Die günstigere Regelung des Doppelbesteuerungsabkommens kommt erst zum Tragen, wenn man das bei der ausländischen Finanzbehörde beantragt und dazu nachgewiesen hat, dass man in Deutschland wohnt (und Steuern zahlt).

Wie das Verfahren genau funktioniert und in welchen Fällen eine Steuerbefreiung, -reduzierung oder -erstattung möglich ist, wird im Kapitel „Ausländische Steuern und Steuerbefreiung" erläutert.

Unabhängig von einer möglichen Steuerbefreiung sind solche Honorare aus dem Ausland in Deutschland noch einmal steuerpflichtig. Genaueres steht im Kapitel „Ausländische Einkünfte und deutsche Einkommensteuer" .

> Detailinformationen zu diesem Thema finden sich in der Online-Ausgabe des Ratgebers an dieser Stelle im Kapitel
> - Ausländische Steuern und Steuerbefreiung

Umsatzsteuer

Wer selbstständig arbeitet, ist umsatzsteuerpflichtig. In der Regel jedenfalls. Und das ist für die meisten gar kein Nachteil. Im Gegenteil.

Wer sich noch nie mit der Umsatzsteuer auseinandergesetzt hat, sollte zunächst alles vergessen, was er über Steuern weiß. Denn die Umsatzsteuer ist eine Steuer, die Unternehmen kein Geld kostet: Die **Umsatzsteuer erhöht den Gewinn.** In der Regel jedenfalls.

Grundinformationen zur Umsatzsteuer

Das ist ganz einfach erklärt: Unternehmen schlagen die Umsatzsteuer auf all ihre Rechnungen drauf – und müssen diese Beträge dann an das Finanzamt abführen. Aber nicht in voller Höhe: Vorher dürfen sie davon die Umsatzsteuer abziehen, die sie selbst auf ihre Einkäufe *gezahlt* haben. Abgeführt wird also nur die Steuer auf den „Mehrwert", den das Unternehmen geschaffen hat, weshalb diese Art von Umsatzsteuer „Mehrwertsteuer" heißt. (Und damit niemand zu rätseln anfängt: Die Begriffe „Umsatzsteuer" und „Mehrwertsteuer" meinen in der Praxis immer dasselbe.)

Im Grunde ist die Umsatzsteuer für Unternehmen also ein Nullsummenspiel. Wer bilanziert (siehe Seite 75), macht seine Buchhaltung deshalb auch immer nur mit Nettobeträgen; für die Mehrwertsteuer führt er ein extra Konto, das am Jahresende immer mit null abschließt.

(Nebenbei: Bezahlt wird die Mehrwertsteuer faktisch von den Endverbrauchern – und zwar nur von ihnen. Deshalb gibt es ernsthafte Vorschläge, die Unternehmen von dieser ganzen nutzlosen Bürokratie zu entlasten und die Mehrwertsteuer auch nur noch von den Endverbrauchern zu erheben. Am Resultat würde das nichts ändern. Aber dann wäre nicht mehr zu übersehen, was für eine Schönfärberei der Begriff „Umsatzsteuer" ist.)

Das mit dem Nullsummenspiel gilt jedoch nur für Selbstständige, die schon umsatzsteuerpflichtig sind. Sind sie es nicht, so ist die Umsatzsteuer, die sie auf ihre Betriebsausgaben zahlen (und die auf den rätselhaften Namen „Vorsteuer" hört), für sie verloren. Wer dagegen umsatzsteuerpflichtig ist, kann sich diese Vorsteuer sozusagen vom Finanzamt zurückholen: Sie mindert die Steuerschuld und stellt – verglichen mit der Steuerbefreiung – eine zusätzliche *Einnahme* dar.

Mal ein Beispiel

Nicht verstanden? Dann also ein Beispiel. Nehmen wir eine Journalistin, die in ihrem ersten Berufsjahr 15.000 € Umsatz macht und für Telefongebühren, Büromaterial und kleine Anschaffungen Ausgaben von 5.950 € (5.000 € + 19 % MwSt.) hat. Akzeptiert sie die Umsatzsteuerbefreiung für Kleinunternehmerinnen (siehe Seite 153), so sieht ihre Einnahmenüberschussrechnung (Seite 73) so aus:

Betriebseinnahmen	15.000,– €
Betriebsausgaben	5.950,– €
Betriebsgewinn ohne Umsatzsteuerpflicht	**9.050,– €**

Verzichtet sie dagegen auf die Umsatzsteuerbefreiung, so kann sie auf ihre eigenen Rechnungen 7 % Mehrwertsteuer 🔗 aufschlagen. Das sind 1.050 €. Davon kann sie in der Umsatzsteuererklärung die Vorsteuer aus den Betriebsausgaben abziehen, sodass sie an das Finanzamt nur 1.050 – 950 = 100 € abzuführen braucht. Ihre Einnahmenüberschussrechnung sieht in diesem Fall so aus:

Honorar	15.000,– €	
zzgl. 7 % Mehrwertsteuer	1.050,– €	
Betriebseinnahmen		16.050,– €
Ausgaben netto	5.000,– €	
Vorsteuer (aus Ausgaben)	950,– €	
Abgeführte Mehrwertsteuer	100,– €	
Betriebsausgaben gesamt		6.050,– €
Betriebsgewinn mit Umsatzsteuerpflicht		**10.000,– €**

Dank Umsatzsteuerpflicht hat die Kollegin ihren Betriebsgewinn also um 950 € gesteigert. Oder anders gesagt: Sie hat sich die Mehrwertsteuer, die sie für

Telefon, Büromaterial usw. bezahlen musste, komplett vom Finanzamt zurückgeholt.

Der Pferdefuß

Im normalen Leben führt die Umsatzsteuerpflicht also immer zu zusätzlichen Einnahmen, da jedes kommerzielle Unternehmen bereit ist, Selbstständigen die Mehrwertsteuer *zusätzlich* zum Honorar zu bezahlen. Ob ein Zeitungsverlag der Journalistin 15.000 € netto oder den gleichen Betrag zuzüglich Mehrwertsteuer, also 16.050 € brutto bezahlt, macht für ihn überhaupt keinen Unterschied. Denn die 1.050 € Mehrwertsteuer kann er sich komplett vom Finanzamt zurückholen, indem er sie als Vorsteuer von *seiner* Umsatzsteuerschuld abzieht.

Das Problem ist, dass Selbstständige es vor allem im Bereich von Medien, Kunst und Bildung oft nicht mit „normalen" Kunden zu tun haben: Sie verkaufen Bilder an **Privatleute**, schreiben für **kirchliche Medien**, lesen in **öffentlichen Bibliotheken**, spielen in **kommunalen Einrichtungen**, unterrichten an **Volkshochschulen** oder arbeiten für den **öffentlich-rechtlichen Rundfunk**. Das alles sind Kunden, die selbst von der Umsatzsteuerpflicht befreit sind. Für *sie* bedeuten die 1.050 € *Mehr*wertsteuer eine echte Mehrausgabe, da sie gar keine Umsatzsteuer an das Finanzamt abführen, von der sie die 1.050 € als Vorsteuer abziehen könnten.

Die härteste Konsequenz hieraus haben die **öffentlich-rechtlichen Rundfunkanstalten** gezogen. Sie weigern sich mit dem Recht des Stärkeren schlicht, Mehrwertsteuer *zusätzlich* zum Honorar zahlen, und haben inzwischen sogar durchgesetzt, dass diese in den tariflichen Honorarsätzen „gegebenenfalls" bereits enthalten ist.

Faktisch führt das zu einer **Honorarminderung,** denn von den umsatzsteuerpflichtigen Freien will das Finanzamt seinen Mehrwertsteueranteil trotzdem haben. Hat der Sender ihn nicht bezahlt, muss man ihn aus dem erhaltenen Honorar „herausrechnen". Hätte die mehrwertsteuerpflichtige Journalistin ihre 15.000 € Honorar also von einer Rundfunkanstalt erhalten, so würde das Finanzamt sie als 14.018,69 € netto plus 981,31 € MwSt. verbuchen. Davon müsste sie 981,31 − 950 = 31,31 € an das Finanzamt abführen, sodass die obige Rechnung so aussähe:

Betriebseinnahmen netto	14.018,69 €
7 % Mehrwertsteuer	981,31 €
Betriebseinnahmen gesamt (brutto)	15.000,00 €
Ausgaben netto	5.000,00 €
Vorsteuer (aus Ausgaben)	950,00 €
Abgeführte Mehrwertsteuer	31,31 €
Betriebsausgaben gesamt	5.981,31 €
Betriebsgewinn beim Rundfunk	**9.018,69 €**

In diesem Fall würde die Mehrwertsteuerpflicht ihren Betriebsgewinn also *mindern*. Bei der Volkshochschuldozentin, für die die Mehrwertsteuer 19 Prozent beträgt, sänke der Betriebsgewinn sogar auf 7.706,04 €!

Im Ergebnis ähnlich sieht es bei **Kunstsammlern** aus: Wer bereit ist, privat 2.000 € für ein Bild auszugeben, dem ist es wurscht, ob das 2.000 € netto oder 2.000 € inkl. MwSt. sind. Für den Maler aber sind es im einen Fall 2.000 €, im anderen lediglich 1.869,16 € (zzgl. 7 % = 130,84 € MwSt.). Er könnte also, wenn er nicht mehrwertsteuerpflichtig ist, möglicherweise höhere Nettopreise erzielen als seine mehrwertsteuerpflichtige Kollegin. Auch für eine **Gemeindeverwaltung** bedeutet die Mehrwertsteuer auf der Honorarrechnung eines freien Theaters eine echte Zusatzausgabe.

Wann lohnt sich die Mehrwertsteuer?

Im Medien-, Kunst- und Bildungsbetrieb kann die Umsatzsteuerpflicht also Geld bringen oder auch kosten – je nachdem, was für Kunden man hat:
- **Sie bringt Geld** bei Kunden, die die Mehrwertsteuer problemlos zusätzlich zum Honorar bezahlen, weil sie sie selbst als Vorsteuer geltend machen können. Dazu zählen alle normalen Unternehmen wie Buch- und Plattenverlage, Privatsender, Film- und Fernsehproduktionsfirmen, Galerien, kommerzielle Veranstalter, Musikkneipen.
- **Sie kostet Geld** bei Kunden, die feste Honorarsätze haben und sich weigern, die Mehrwertsteuer zusätzlich zu bezahlen. Dazu zählen alle öffentlich-rechtlichen Rundfunkanstalten und einige (nicht alle) kirchliche Einrichtungen.

Umsatzsteuer | 151

- Dazwischen gibt es eine **Grauzone** von privaten Kunden, kommunalen Stellen und kulturellen Einrichtungen, von denen manche zwar von der Umsatzsteuerpflicht befreit, trotzdem aber bereit sind, die Mehrwertsteuer zusätzlich zum vereinbarten Honorar zu zahlen. Zu prüfen ist aber, ob sie nicht ohne Mehrwertsteuer zu einer höheren Honorarvereinbarung bereit wären – etwa weil sie einen festen Etat haben. Da muss man, wenn es regelmäßige Kunden sind, einfach mal fragen.

Ob sich die Mehrwertsteuerpflicht *insgesamt* lohnt, hängt ab vom Anteil der „normalen" Kunden und von der Höhe der Vorsteuer. Je höher beide sind, umso besser rechnet sich die Umsatzsteuerpflicht.

Das Verfahren

Leider können Selbstständige nur in wenigen Fällen selbst entscheiden, ob sie umsatzsteuerpflichtig sein wollen oder nicht. Grundsätzlich sind sie umsatzsteuerpflichtig – eine **Befreiung von der Umsatzsteuerpflicht** ist nur möglich für Kleinunternehmer (siehe Seite 153) und für bestimmte Leistungen in den Bereichen Musik⌕, Theater⌕ und Bildung⌕; außerdem ist die ehrenamtliche Tätigkeit umsatzsteuerfrei. Daneben gibt es noch einige Einnahmen, die nicht unter das deutsche Umsatzsteuergesetz fallen und deshalb **nicht steuerbar** sind (siehe Seite 155).

Wer von der Umsatzsteuerpflicht befreit ist, *darf* keine Mehrwertsteuer erheben – das Wort darf auf seinen Rechnungen also gar nicht auftauchen. Er braucht natürlich auch keine Umsatzsteuererklärung zu machen.

Wer **umsatzsteuerpflichtig** ist, muss auf jeder Rechnung (siehe Seite 61) den Mehrwertsteuersatz, der für die jeweilige Leistung vorgeschrieben ist, und (mit Ausnahme von Kleinbetragsrechnungen⌕) auch den Mehrwertsteuerbetrag verzeichnen. Wer ohne Rechnung an Privatkunden verkauft, z. B. Kunstwerke, Software oder den gebrauchten Dienstwagen, muss aus dem Kaufpreis die Mehrwertsteuer „herausrechnen". Die Formel dazu lautet:

„Endpreis geteilt durch 1,19 bzw. 1,07 ergibt den Nettopreis. Dieser zuzüglich 19 bzw. 7 % ergibt wieder den Endpreis."

Alle Mehrwertsteuereinnahmen und -ausgaben (Vorsteuer) werden einmal im Jahr in der **Umsatzsteuererklärung** (siehe Seite 160) zusammengefasst –

die Differenz wird an das Finanzamt überwiesen. Wer neu anfängt, muss eine solche Abrechnung bis zum Ende des zweiten Jahres monatlich, danach in der Regel vierteljährlich machen. Das nennt sich Umsatzsteuervoranmeldung und ist so eine Art vorläufige Umsatzsteuererklärung (siehe Seite 160).

Für eine Reihe von Selbstständigen in Handwerk und Einzelhandel sowie in publizistischen und künstlerischen Berufen gibt es dazu ein vereinfachtes Verfahren: die **Berechnung der Vorsteuer nach Durchschnittssätzen** (siehe Seite 165), die oft auch noch spürbare finanzielle Vorteile bringt.

Umsatzsteuerfreiheit

In der Regel haben Selbstständige in Deutschland gar keine Wahl: Sie sind umsatzsteuerpflichtig. In einigen wenigen Ausnahmefällen ist es ihnen allerdings erlaubt, Rechnungen ohne Umsatzsteuer auszustellen. Für allein arbeitende Selbstständige ist das zunächst im Wesentlichen:

- die **Kleinunternehmer-Regelung** (Seite 153): Von Kleinunternehmerinnen, deren Umsatz im vorangegangenen Jahr höchstens 17.500 € betrug, wird die Umsatzsteuer „nicht erhoben". Diese Befreiung gilt *automatisch* und umfasst *sämtliche Umsätze,* die der betreffende Selbstständige macht. Passt ihm das nicht, so kann er jederzeit auf diese Befreiung verzichten.
- Wer darüber liegt, kann trotzdem für bestimmte Leistungen von der Umsatzsteuerpflicht befreit sein bzw. sich befreien lassen.
  – *Automatisch* befreit sind im Bereich dieses Ratgebers zum Beispiel die Umsätze von **Bausparkassen- und Versicherungsvertretern,** Heilbehandlungen auch durch **Heilpraktikerinnen, Physiotherapeuten** und **Hebammen** sowie die **ehrenamtliche Tätigkeit**⌕, z. B. als Ratsfrau, in der Pflege oder für eine Gewerkschaft.
  – Von der Umsatzsteuerpflicht befreit werden *können* der **prüfungs- und berufsvorbereitende Unterricht**⌕, **Konzerte**⌕ und **Theateraufführungen**⌕. Diese Befreiungen müssen jedoch eigens *beantragt* werden und gelten dann immer nur für die konkret benannten Umsätze.
- Daneben gibt es noch Einnahmen, die vom deutschen Umsatzsteuergesetz nicht erfasst werden, da die entsprechenden Leistungen außerhalb seines Geltungsbereichs erbracht werden oder weil der Zahlung keine entsprechende Leistung gegenübersteht. Solche Umsätze – vor allem Leistun-

Umsatzsteuer | 153

gen an ausländische Unternehmen – sind **nicht steuerbar** (siehe Seite 155) und fallen damit aus den gesamten im Folgenden dargestellten Regeln heraus.

Wer von der Umsatzsteuer befreit ist oder nicht steuerbare Umsätze ausführt, *darf* auf seinen **Rechnungen** keine Umsatzsteuer ausweisen (siehe Seite 158) – auch wenn es immer wieder Kunden gibt, die das verlangen. Er muss im Gegenteil auf der Rechnung ⌧ den Grund für die Umsatzsteuerfreiheit angeben. In der Regel darf er für Ausgaben im steuerbefreiten Bereich auch **keine Vorsteuer abziehen** (siehe Seite 157).

Keine Besteuerung für Kleinunternehmer

Nach § 19 Abs. 1 UStG ⌧ wird die Umsatzsteuer nicht erhoben von Kleinunternehmern ⌧, deren Umsatz

- im letzten Jahr nicht höher als 17.500 € war und im laufenden Jahr 50.000 € voraussichtlich nicht überschreiten wird bzw.
- im Gründungsjahr voraussichtlich 17.500 € nicht überschreiten wird.

In der strengen Juristenlogik ist dies etwas anderes als eine „Steuer*befreiung*" – da das aber in der Praxis keinen Unterschied macht, soll die Kleinunternehmer-Regelung hier im Folgenden dennoch als solche bezeichnet werden. Wer diese Befreiung in Anspruch nehmen will, braucht gar nichts zu tun: Sie gilt automatisch. Wer sie *nicht* will, weil er damit Geld verlieren würde (siehe Seite 148), kann nach § 19 Abs. 2 **auf die Umsatzsteuerbefreiung verzichten.** Dazu genügt beim ersten Kontakt mit dem Finanzamt ein Kreuzchen auf dem Fragebogen zur steuerlichen Erfassung ⌧; wer es sich erst später überlegt, kann dem Finanzamt eine formlose Mitteilung schicken (*„Ich verzichte hiermit auf die Umsatzsteuerbefreiung für Kleinunternehmer"*), die dann jedoch fünf Jahre lang bindend ist. Aber bis dahin seid ihr sowieso längst aus der Kleinunternehmerzone raus.

Möglich ist ein **Wechsel der Besteuerung immer nur zum Jahreswechsel:** Wer die 17.500-€-Grenze überschreitet, wird erst mit dem Beginn des folgenden Jahres steuerpflichtig. Wer danach wieder unter 17.500 € bleibt, ist vom nächsten 1.1. an wieder befreit (es sei denn, er hat im Verlauf der letzten fünf

Jahre seinen Verzicht auf die Befreiung erklärt). Und Obacht: Diese Grenzen muss man selber beobachten. Vom Finanzamt bekommt man keinen Hinweis, ab wann man steuerpflichtig wird!

Ein **Verzicht auf die Steuerbefreiung** ist ebenfalls nur zum Jahreswechsel möglich – aber **auch rückwirkend:** Wer erst beim Lesen dieses Textes merkt, dass er in den letzten Jahren mit Umsatzsteuerpflicht besser gefahren wäre, kann den Verzicht immer noch für alle Steuerjahre erklären, für die noch kein Steuerbescheid vorliegt *und* unanfechtbar geworden ist: Normale Kunden zahlen die Mehrwertsteuer für vergangene Jahre in der Regel problemlos nach, wenn man sie darum bittet: Diese Zahlung kostet sie keinen Cent, da sie sie ja wieder als Vorsteuer abziehen können.

Die Steuerbefreiung – und auch der Verzicht – gilt **immer für die Person der Unternehmerin,** also für *alle* Geschäfte, die sie macht. Ein Aufsplitten ihrer Erwerbstätigkeit in einen umsatzsteuerpflichtigen und einen umsatzsteuerfreien Teil ist nach dieser Regel also nicht erlaubt – auch wenn sie zwei verschiedene Gewerbe anmeldet. Dennoch kann von den Vorteilen der Kleinunternehmer-Regelung in bestimmten Berufen auch profitieren, wer mit seinem Gesamtumsatz über der Grenze von 17.500 € liegt – genau steht das in einem gesonderten Kapitel .

Detailinformationen zu diesem Thema finden sich in der
Online-Ausgabe des Ratgebers an dieser Stelle im Kapitel
- Umsatzsteuerbefreit mit mehr als 17.500 € Umsatz – das geht auch!

Umsatzsteuerbefreiungen

Das Umsatzsteuergesetz zählt in seinem § 4 insgesamt 28 Bereiche auf, deren Lieferungen und Leistungen von der Umsatzsteuer befreit sind. Befreit sind z. B. die Seeschifffahrt und die Luftfahrt, alle möglichen Finanzdienstleistungen und der Grundstückshandel, Rennwetten und Lotterien, Versicherungsleistungen einschließlich der gesetzlichen Sozialversicherung, Krankenhäuser, Alten- und Pflegeheime sowie weitere Leistungen der allgemeinen Wohlfahrtspflege, die Leistungen von Ärztinnen, Zahnärzten, Heilpraktikern, Physiotherapeutinnen, Hebammen, Tierärzten und ähnlichen Berufen – und nicht zu vergessen *„die Abgabe von Speisen und Getränken zum Verzehr an Ort und Stelle im Verkehr*

Umsatzsteuer | 155

mit Wasserfahrzeugen für die Seeschifffahrt zwischen einem inländischen und ausländischen Seehafen und zwischen zwei ausländischen Seehäfen". Diese zweifellos „systemrelevante" Bestimmung steht in § 4 Nr. 6e UStG.

Für den Bereich dieses Ratgebers interessanter sind vor allem die
- *generelle* Steuerfreiheit für
  - die Umsätze von **Bausparkassen- und Versicherungsvertretern** sowie **Versicherungsmaklern,**
  - **Heilbehandlungen** durch **Ärzte, Zahnärzte, Heilpraktikerinnen, Physiotherapeuten, Hebammen** und ähnliche Berufe,
  - die **ehrenamtliche Tätigkeit,** z. B. in der Pflege, in einem Parlament oder in einer Gewerkschaft.

  In all diesen Fällen sind die entsprechenden Einnahmen *automatisch* von der Umsatzsteuer befreit.
- *einzelfall-abhängige* Steuerbefreiung für
  - freiberufliche Lehrkräfte, die **berufs- und prüfungsvorbereitenden Unterricht erteilen,**
  - Theater, Tänzerinnen und sonstige **darstellende Künstler,**
  - **Musikgruppen und -solisten** sowie
  - **Jazzclubs.**

Da die Steuerbefreiung in all diesen Fällen von weiteren Bedingungen abhängt, deren Vorliegen von einer Behörde bescheinigt werden muss, werden diese Bedingungen in gesonderten Kapiteln detailliert dargestellt.

> Detailinformationen zu diesem Thema finden sich in der
> Online-Ausgabe des Ratgebers an dieser Stelle in den Kapiteln
> - Umsatzsteuerbefreiung für Lehrkräfte
> - Umsatzsteuerbefreiung in der darstellenden Kunst
> - Umsatzsteuerbefreiung für Musikgruppen und -solisten
> - Umsatzsteuerbefreiung für Jazzclubs usw.
> - Umsatzsteuerfreiheit bei ehrenamtlicher Tätigkeit

Nicht steuerbare Umsätze

Umsatzsteuer wird fällig auf alle Entgelte für Lieferungen und „sonstige Leistungen", die in Deutschland ausgeführt werden. Aus dieser Formulierung

ergeben sich zwei Möglichkeiten betrieblicher Einnahmen, auf die keine deutsche Umsatzsteuer fällig wird, nämlich
- Zahlungen für **Lieferungen ins Ausland** sowie für **sonstige Leistungen, die im Ausland** erbracht werden. Die Definition des „Ortes der sonstigen Leistungen" ist dabei eine sehr verzwickte Angelegenheit; sie wird in einem gesonderten Kapitel🗎 erläutert;
- Zahlungen, hinter denen keine Lieferung oder sonstige Leistung steht. Wo **kein Leistungsaustausch** vorliegt, kann also auch keine Umsatzsteuer erhoben werden. Das ist zum Beispiel der Fall bei
  - „echten Zuschüssen", etwa den meisten **Agrarsubventionen, Kunstfördermitteln** und **Ausbildungsstipendien**, soweit sie nicht an eine bestimmte Gegenleistung gebunden sind,
  - Zuschüssen zur freiwilligen Krankenversicherung unständig beschäftigter Mitarbeiter, die z.B. ein öffentlich-rechtlicher Rundfunksender *aufgrund gesetzlicher Verpflichtung* zahlt (die **Zuschüsse zur privaten Altersvorsorge**, die er auf Grundlage des Tarifvertrages zahlt, unterliegen dagegen der Umsatzsteuer),
  - **Schadenersatzleistungen**, z.B. für die unerlaubte Nutzung geschützter Werke🗎 oder für Unfallschäden am Dienstwagen,
  - **Preisen in Existenzgründerwettbewerben** (hier liegt nach einer Verfügung der Oberfinanzdirektion Münster kein Leistungsaustausch vor) sowie den meisten **Kulturpreisen**, für die keine Wettbewerbsbeiträge eigens angefertigt wurden.

Preisgelder bei **Sportveranstaltungen** und Preise in **Architektenwettbewerben** werden dagegen für eine Wettbewerbsleistung vergeben, die eigens für diesen Preis erbracht wurde. Hier liegt also ein Leistungsaustausch vor: umsatzsteuerpflichtig!

Da in beiden Fällen die Voraussetzungen für eine Anwendung des Umsatzsteuergesetzes nicht erfüllt sind, spricht man hier nicht von „steuerfreien", sondern von „nicht steuerbaren Umsätzen". Sie unterliegen, entsprechend den Kriterien im Kapitel „Betriebseinnahmen", jedoch gegebenenfalls der Einkommensteuer.

Umsatzsteuer | 157

Keine Umsatzsteuer auf ausländische Umsätze

Wer Vergütungen von ausländischen Kunden bezieht, braucht dafür in der Regel keine Umsatzsteuer zu verlangen. Für Selbstständigen im Bereich von Medien, Kunst, Bildung und IT gilt das jedenfalls dann, wenn sie
- im Ausland **Vorträge** halten, **Gastspielauftritte** haben oder **Seminare** durchführen,
- ausländischen Kunden **Nutzungsrechte** z. B. an Romanen, Übersetzungen, Bildern oder Computerprogrammen einräumen,
- andere Dienstleistungen für **ausländische** *Unternehmen* erbringen oder
- Waren oder **Originale der bildenden Kunst** ins Ausland verkaufen.

Da es aber auch von diesen Regeln etliche Ausnahmen gibt (z. B. wenn der Käufer eine Privatperson im EU-Ausland ist), sollte, wer solche Geschäfte macht, unbedingt die ausführliche Darstellung in den Kapiteln „Ausländische Umsätze und deutsche Umsatzsteuer" lesen. Da der maßgebliche § 3a des Umsatzsteuergesetzes zum 1.1.2010 geändert wurde, ist dort neben der aktuellen Rechtslage🗗 auch noch die Rechtslage dargestellt, wie sie zuletzt für das Steuerjahr 2009🗗 galt.

> Detailinformationen zu diesem Thema finden sich in der
> Online-Ausgabe des Ratgebers an dieser Stelle in den Kapiteln
> ■ Ausländische Umsätze und deutsche Umsatzsteuer (bis 2009)
> ■ Ausländische Umsätze und deutsche Umsatzsteuer (ab 2010)

Darf ich für umsatzsteuerfreie Umsätze Vorsteuer abziehen?

Dass Kleinunternehmer, die von der Umsatzsteuer befreit sind, generell keine Vorsteuer abziehen dürfen, versteht sich von selbst: Wovon sollten sie sie auch abziehen? Aber wie sieht es aus, wenn jemand sowohl steuerpflichtige als auch steuerfreie oder nicht steuerbare Umsätze macht?

Ob er aus den Ausgaben, die er für diese Umsätze gemacht hat, Vorsteuer abziehen darf, hängt von der Art der Steuerbefreiung ab:
- Wer Umsätze macht, die nach den Regeln für **Unterricht**🗗, **Musik**🗗, **Theater**🗗 oder **Ehrenamt**🗗 umsatzsteuerfrei sind, darf die Mehrwertsteuer aus den dazugehörigen Ausgaben *nicht* als Vorsteuer abziehen.

- Wer dagegen steuerfreie oder nicht steuerbare **Umsätze mit ausländischen Kunden**🅿 macht (um genau zu sein: *„die steuerpflichtig wären, wenn sie im Inland ausgeführt worden wären"*), darf die Mehrwertsteuer aus den dazugehörigen Ausgaben als Vorsteuer abziehen.

Hat zum Beispiel eine Schriftstellerin folgende Umsätze gemacht:
- 20.000 € von ihrem deutschen Verlag für den letzten Roman,
- 6.000 € von einem französischen Verlag für eine Übersetzung,
- 3.000 € für Vorlesungen an einer deutschen Hochschule,
- 1.000 € Verdienstausfall für ehrenamtliche Tätigkeit im VS, dem Schriftstellerverband in der Gewerkschaft ver.di,

so darf sie aus ihren Fahrtkosten nach Frankreich Vorsteuer abziehen, nicht aber aus den Fahrtkosten zur Hochschule und zu den VS-Sitzungen.

Berechnet die Kollegin ihre Vorsteuer nach Durchschnittssätzen (siehe Seite 165), so darf sie der Vorsteuerpauschale *alle* Umsätze zugrunde legen – mit Ausnahme
- der nicht steuerbaren Umsätze mit ausländischen Kunden🅿 und
- der steuerbefreiten Honorare aus Lehrtätigkeit🅿.

In diesem Fall würde sich die Vorsteuer also von einem Umsatz von 21.000 € (deutscher Verlag plus Verdienstausfall) berechnen. Das wären 2,6 % von 21.000 € = 546 €.

(Dieses Chaos kennt wahrscheinlich keiner von denen, die diese wunderbaren Gesetze gemacht haben. Aber so steht es tatsächlich drin – wenn man auch erst lange und an vielen Stellen suchen muss.)

Und wenn der Kunde auf einer Rechnung mit Umsatzsteuer besteht?

Wer als Kleinunternehmer (siehe Seite 153) von der Umsatzsteuerpflicht befreit ist, *darf* auf seinen Rechnungen keine Vorsteuer ausweisen. Trotzdem kommt es immer wieder vor, dass Auftraggeber gerade von solchen Selbstständigen eine Rechnung „mit Mehrwertsteuer" verlangen. Übliche Begründung: Die Buchhaltung könne das sonst nicht verbuchen.

Ein solches Ansinnen ist kompletter Blödsinn und zeigt nur, dass dieser Kunde weder von Steuergesetzen noch von Buchhaltung etwas versteht. Seine Briefmarken kann er ja schließlich auch verbuchen – und da ist auch keine Mehrwertsteuer drin.

Also sollte man solchen Kunden in aller Ruhe erläutern, dass dies nach § 19 UStG ⓘ ein ganz normales Vorgehen ist. Dass man die Umsatzsteuer im Zweifelsfall ja auf den Rechnungsbetrag *aufschlagen* müsste – sodass es für ihn auch nicht billiger würde. Und wenn ihm das noch nicht reicht, ergänzt man die Rechnung um den Satz: „Umsatzsteuerfrei nach § 19 UStG". Seit 2004 ist eine solche Begründung für die Umsatzsteuerfreiheit auf einer Rechnung ohne Umsatzsteuer sogar *Pflicht* 🗎.

Auf keinen Fall darf man in so einem Fall „ausnahmsweise" Mehrwertsteuer auf die Rechnung schreiben. Solche unberechtigt erhobene Umsatzsteuer muss nämlich an das Finanzamt abgeführt werden, ohne dass man davon Vorsteuer abziehen darf. Und wenn das Finanzamt das erst mal gemerkt hat, darf auch der Kunde diesen Betrag nicht als Vorsteuer abziehen. D. h. für ihn wird es nur teurer, wenn er auf diesem Unsinn besteht. Wenigstens das sollte er doch verstehen.

Das Umsatzsteuerverfahren

Wer nach dem bisher Gesagten zu dem Schluss kommt, dass er mit einer Befreiung von der Umsatzsteuerpflicht besser fährt, und die Bedingung für eine solche Befreiung erfüllt, braucht dieses Kapitel nicht mehr weiterzulesen. Für alle, die Umsatzsteuer erheben wollen oder müssen, ist das Verfahren aber recht schnell erklärt:

Wer umsatzsteuerpflichtig ist, schlägt auf alle seine Umsätze den entsprechenden Mehrwertsteuersatz auf. Von der Summe dieser Einnahmen (siehe Seite 162) zieht er alle Mehrwertsteuerbeträge ab, die in seinen Betriebsausgaben enthalten sind („Vorsteuer", siehe Seite 164). Die Differenz überweist er in regelmäßigen Abständen an das Finanzamt.

Das ist eigentlich schon alles: Für einige Handwerks-, Handels-, publizistischen und künstlerischen Berufe gibt es ein weiter vereinfachtes Verfahren – den pauschalen Vorsteuerabzug (Seite 165). Und wer Geschäfte mit dem Ausland macht, dürfte wegen der Umsatzsteuer graue Haare bekommen (siehe Seite 157): Die Regeln erinnern an die schlimmsten Bedienungsanleitungen für fernöstliche Hightech-Produkte.

Umsatzsteuererklärung

Wer umsatzsteuerpflichtig ist, muss jeweils bis zum 31. Mai seine Umsatzsteuererklärung für das Vorjahr abgeben und die darin selbst errechnete Steuerschuld im Gegensatz zur Einkommensteuer *ohne Aufforderung durch das Finanzamt* bezahlen – und zwar spätestens einen Monat nach Abgabe der Steuererklärung. Einen Steuerbescheid dafür gibt es hier nur, wenn das Finanzamt mit der Berechnung nicht einverstanden ist.

Die Umsatzsteuererklärung besteht in der Regel nur aus wenigen Zeilen:
- dem Umsatz (netto), gegebenenfalls aufgegliedert nach verschiedenen Steuersätzen (0/7/19 Prozent),
- den sich daraus errechnenden Mehrwertsteuereinnahmen,
- der abziehbaren Vorsteuer,
- dem an das Finanzamt zu entrichtenden Betrag (Mehrwertsteuereinnahmen minus Vorsteuer).

Wer Geschäfte mit dem Ausland gemacht hat, muss dafür gegebenenfalls noch weitere Eintragungen 🗎 machen.

Umsatzsteuervoranmeldung

Damit der Fiskus nicht so lange auf sein Geld warten muss, verlangt er von den meisten Selbstständigen regelmäßige Umsatzsteuervoranmeldungen, die so eine Art vorläufige Umsatzsteuererklärung sind. Solche Voranmeldungen werden verlangt
- vierteljährlich von allen, die im Vorjahr eine **Umsatzsteuerschuld über 1.000 €** hatten,
- monatlich von allen, die im Vorjahr eine **Umsatzsteuerschuld über 7.500 €** hatten.

Dieser Pflicht braucht man jedoch erst nachzukommen, wenn das Finanzamt einen dazu schriftlich aufgefordert hat.

Umsatzsteuer | 161

Ohne Aufforderung durch das Finanzamt und *unabhängig vom Umsatz* müssen alle, die sich
- neu selbstständig gemacht oder ein neues Unternehmen gegründet haben, vom Gründungsmonat an bis zum Ende des folgenden Kalenderjahres monatliche Voranmeldungen abgeben – vorausgesetzt natürlich, sie nehmen nicht die Umsatzsteuerbefreiung für Kleinunternehmer in Anspruch. (Und weil manche Finanzämter da trotzdem eine „Null-Steuererklärung" verlangen: Dass so ein Quatsch nicht nötig ist, steht im Rundschreiben des Bundesfinanzministeriums IV D 1 – S 7346 – 2/03 vom 24.1.2003.)

Diese monatliche Voranmeldung hat durchaus Vorteile: Wer am Anfang viel investiert und noch nicht viel verdient, dem passiert es häufiger, dass die Vorsteuer höher ist als die eingenommene Umsatzsteuer. Eine **„negative Steuerschuld"**, wie sie sich daraus ergibt, ist überhaupt kein Problem: Den Minusbetrag zahlt das Finanzamt in voller Höhe zurück. Wenn man die Voranmeldung monatlich macht, dann eben schon im nächsten Monat.

Termine und Formulare

Die Voranmeldung besteht im Prinzip aus denselben wenigen Zahlen wie die Umsatzsteuererklärung. Sie ist jeweils zehn Tage nach Ende des betreffenden Zeitraums abzugeben – für das 4. Quartal 2010 also bis zum 10. Januar 2011 – und zum gleichen Termin *zu bezahlen*. Auf Antrag verlängert das Finanzamt die Anmeldungs- und Zahlungsfrist bis auf Widerruf um jeweils einen Monat, im obigen Fall also bis zum 10. Februar 2010. Dieser **Antrag auf Dauerfristverlängerung** muss vom Jahre 2011 an online über das Elster-Portal gestellt werden.

Auch die **Umsatzsteuervoranmeldung** muss bereits seit 2005 **online** via Internet abgegeben werden.

Detailinformationen zu diesem Thema finden sich in der
Online-Ausgabe des Ratgebers an dieser Stelle im Kapitel
■ Umsatzsteuervoranmeldung online – Pflicht für alle

Umsatzsteuereinnahmen

Wer umsatzsteuerpflichtig ist, schlägt den jeweiligen Mehrwertsteuersatz bei *jeder* Rechnung auf das vereinbarte Nettohonorar auf. Umsatzsteuerpflichtig sind
- alle Einnahmen für Waren und Leistungen, die in Deutschland verkauft oder erbracht werden, mit Ausnahme der ausdrücklich steuerbefreiten Umsätze (siehe Seite 152); auch Zuschüsse zur Altersversorgung, wie sie von den öffentlich-rechtlichen Rundfunkanstalten ⌕ und dem Autorenversorgungswerk der VG Wort ⌕ bezahlt werden, sind umsatzsteuerpflichtig;
- weitere Einnahmen wie Spesenerstattungen, sofern sie nicht als durchlaufende Posten (siehe Seite 136) verbucht werden.

Im normalen Geschäftsverkehr verstehen sich alle Preisangaben, die gegenüber **Unternehmen** in Katalogen oder auf Angeboten gemacht werden, als Nettopreise – sofern nicht ausdrücklich „inkl. MwSt." vermerkt ist. Auch die Honorare, die in den verschiedenen Honorarempfehlungen und Tarifverträgen auf der mediafon-Website genannt sind, verstehen sich immer netto. Damit hier keine Missverständnisse entstehen, sollte man dennoch auf jedem Angebot und in jedem Vertrag alle Preisangaben mit dem Zusatz „zzgl. ... % MwSt." versehen.

Gegenüber **Privatkunden** schreibt dagegen die Preisangabenverordnung vor, dass immer der Endpreis *inklusive* Mehrwertsteuer genannt werden muss. Wer Software via Internet verkauft oder seine Bilder in der Galerie mit Preisschildchen versieht, muss dort also *immer* den Bruttopreis angeben – und später die Mehrwertsteuer „herausrechnen". Wer z. B. seinen alten Bürocomputer via eBay „für 100 Euro" verkauft, muss diese Einnahme als 84,03 € zzgl. 19 % MwSt. verbuchen.

Eine Ausnahme von diesen üblichen Geschäftsgepflogenheiten macht lediglich der **öffentlich-rechtliche Rundfunk,** in dessen Honorarrahmen und Tarifverträgen immer *End*honorare genannt werden. Aus ihnen muss, wer umsatzsteuerpflichtig ist, die Mehrwertsteuer „herausrechnen". Die hauptberufliche Journalistin bekommt dort also geringere Nettohonorare als der nebenberufliche Gelegenheitsautor, der von der Umsatzsteuerpflicht befreit ist.

Buchungsdatum der Mehrwertsteuereinnahmen ist für alle Freiberufler und für alle Gewerbetreibenden unter 125.000 € Umsatz der Tag, an dem sie

Umsatzsteuer | 163

dem Konto gutgeschrieben werden. Es sei denn, man hat die „Besteuerung nach vereinbarten Entgelten" gewählt.

> Detailinformationen zu diesem Thema finden sich in der Online-Ausgabe des Ratgebers an dieser Stelle im Kapitel
> - Umsatzsteuer nach vereinnahmten oder vereinbarten Entgelten?

Mehrwertsteuersätze

Die Mehrwertsteuer beträgt in Deutschland grundsätzlich 19 Prozent. Auf **7 Prozent reduziert** ist sie für fast alle Leistungen im Bereich Medien und Kunst. Allerdings gilt der ermäßigte Steuersatz nicht für künstlerische Leistungen an sich, sondern nur für

- die **Einräumung und Übertragung von Nutzungsrechten** (z. B. auch an Computerprogrammen!),
- Eintrittskarten zu **Theatern, Konzerten und Museen**,
- die **Honorare der ausübenden Künstlerinnen** bei Theatervorführungen, Konzerten und vergleichbaren Darbietungen,
- den **Verleih** und die **Vorführung von Filmen**,
- den Verkauf von **Originalen der bildenden Kunst** sowie
- den Verkauf von **Büchern, Zeitungen** und **Zeitschriften**.

Der ermäßigte Steuersatz gilt jeweils für die genannte Leistung bzw. das genannte Objekt. Dass ein und dieselbe Person Leistungen zu 7 und 19 % und sogar umsatzsteuerbefreite Leistungen erbringt, ist also durchaus normal. Nur in einem Fall ist der Umsatzsteuersatz für eine *Berufsgruppe* festgelegt: Freie **Journalisten** dürfen für alle ihre *journalistischen* Leistungen 7 % berechnen – auch wenn darunter welche sind, die nicht unter die oben genannten Kriterien fallen.

Da es hierbei jede Menge Grenz- und Zweifelsfälle gibt, sind die genauen Regeln noch einmal ausführlich in einem gesonderten Kapitel ausgebreitet.

> Detailinformationen zu diesem Thema finden sich in der Online-Ausgabe des Ratgebers an dieser Stelle im Kapitel
> - 7 oder 19 % Mehrwertsteuer?

Umsatzsteuerausgaben („Vorsteuer")

Von der vereinnahmten Mehrwertsteuer darf man die gesamte Mehrwertsteuer abziehen, die in den Betriebsausgaben enthalten ist und die auf den etwas irreführenden Namen „Vorsteuer" hört. Nur den Rest muss man an das Finanzamt abführen – die Vorsteuer stellt also in vollem Umfang eine zusätzliche Einnahme dar.

Für normale Unternehmen ist die Berechnung der Vorsteuer recht mühsam: Sie müssen am Jahresende die verausgabte Mehrwertsteuer aus all ihren Ausgabenbelegen einzeln herausrechnen. Damit das nicht allzu aufwendig wird, sollte man – sofern kein pauschaler Abzug in Frage kommt (siehe Seite 165) – auch in der einfachsten Buchhaltung alle Ausgaben von Anfang an in zwei Spalten nach „Nettobetrag" und „Mehrwertsteuer" trennen, am besten gleich noch getrennt nach den verschiedenen Mehrwertsteuersätzen (Seite 163).

Dabei gilt im Prinzip: **„Nur wo Mehrwertsteuer draufsteht, ist auch Mehrwertsteuer drin."** Aus Quittungen, auf denen weder ein Mehrwertsteuersatz noch der Mehrwertsteuerbetrag verzeichnet ist, kann man auch keine Vorsteuer abziehen (einzige Ausnahme von diesem Prinzip sind Fahrkarten⏚). Seit 2004 ist der Vorsteuerabzug sogar nur noch aus Rechnungen erlaubt, die den Anforderungen des Umsatzsteuergesetzes⏚ entsprechen. Auch aus **Notbelegen (Eigenbelegen)**⏚ darf in der Regel keine Vorsteuer abgezogen werden. Und natürlich berechtigen Quittungen, auf denen **ausländische Mehrwertsteuer**⏚ steht, nicht zum Vorsteuerabzug in Deutschland.

Bei größeren Anschaffungen, die über mehrere Jahre abgeschrieben werden, wird die Mehrwertsteuer im Kaufjahr voll als Vorsteuer abgezogen; für die **Abschreibung (AfA)** wird dann jeweils nur der Nettopreis angesetzt.

Wer auch **steuerfreie Umsätze** gemacht hat, darf aus den dazugehörigen Ausgaben eventuell keine Vorsteuer abziehen. Aber die Regeln dazu enthalten wieder so viele Wenn und Aber, dass sie eines gesonderten Kapitels⏚ bedürfen.

Detailinformationen zu diesem Thema finden sich in der
Online-Ausgabe des Ratgebers an dieser Stelle in den Kapiteln
- Wie viel Vorsteuer kann man aus welchen Belegen abziehen?
- Umsatzsteuer auf Rechnungen aus dem Ausland

Umsatzsteuer | 165

Pauschale Berechnung der Vorsteuer

Freien Künstlerinnen und Autoren sowie den meisten Handwerkern und Einzelhändlerinnen traut der Gesetzgeber offenbar keine besonders großen Rechenkünste zu. Er erlaubt ihnen nämlich, statt ihre Vorsteuer mühsam aus Bergen von Belegen herauszurechnen, sie einfach pauschal nach einem bestimmten Prozentsatz vom Umsatz zu berechnen.

Diese „Berechnung nach Durchschnittssätzen" hat zwei große Vorteile: Zum einen besteht die ganze Umsatzsteuererklärung dann nur noch aus drei Rechenschritten. Eine (Kunst-)Malerin etwa darf ihre Vorsteuer mit 5,2 % ansetzen. Bei 50.000 Euro Umsatz rechnet sie dann nur noch:

- Eingenommene Umsatzsteuer 7 % von 50.000   = 3.500 €
- Vorsteuer pauschal 5,2 % von 50.000   = 2.600 €
- An das Finanzamt abzuführen 3.500 – 2.600   =   900 €

Fertig ist die Umsatzsteuererklärung! Der zweite Vorteil ist, dass die pauschal berechnete Vorsteuer zumindest im Kunst- und Medienbereich oft höher ist als die einzeln ermittelte.

Erlaubt ist diese Methode laut Anlage zur Umsatzsteuerdurchführungs-Verordnung ▸ in zahlreichen **Handwerks- und Handelsberufen** sowie für

- **Bildhauer: 7,0 %**,
- **Kunstmalerinnen** und **Grafiker**
  (künstlerische – keine Grafik*designer*): 5,2 %,
- **Journalistinnen** (Wort und Bild): 4,8 %,
- Selbstständige Mitarbeiter bei **Bühne, Film, Funk, Fernsehen** und **Schallplattenproduzenten: 3,6 %**,
- Hochschullehrer (für nebenberufliche Tätigkeit neben dem wissenschaftlichen Hauptberuf): 2,9 %,
- **Schriftstellerinnen** und **Komponisten: 2,6 %**.

Einzige Bedingung: Der Umsatz darf im vorangegangenen Jahr nicht mehr als 61.356 € betragen haben. Details dazu, wie man dieses Prinzip am schlauesten anwendet, stehen in einem gesonderten Kapitel ▸.

Detailinformationen zu diesem Thema finden sich in der
Online-Ausgabe des Ratgebers an dieser Stelle im Kapitel
■ Wie funktioniert der pauschale Vorsteuerabzug?

Negative Umsatzsteuer?

Besonders bei Berufsanfängern und bei hohen Investitionen kann sich am Ende des Voranmeldungszeitraums (oder des Steuerjahres) schon mal eine „negative Steuerschuld" ergeben, selbst wenn sie Gewinn gemacht haben – sprich: Die Vorsteuer ist höher als die eingenommene Mehrwertsteuer.

Das ist überhaupt kein Problem: Den Minusbetrag zahlt das Finanzamt automatisch zurück. (Funktionieren kann das allerdings nur, wenn man die Vorsteuer per Einzelnachweis und *nicht nach Durchschnittssätzen* (Seite 165) berechnet!)

Und noch ein Hinweis zur Sicherheit, weil da oft Missverständnisse herrschen: Diese Erstattung ist unabhängig davon, ob man selbst 7 oder 19 % Mehrwertsteuer berechnet. Von den eigenen Mehrwertsteuereinnahmen – egal zu welchem Prozentsatz – kann man grundsätzlich immer die *gesamte* Vorsteuer abziehen, die man ausgegeben bzw. pauschal ermittelt hat. Wer nur 7 % zu erheben braucht, darf deswegen also nicht etwa weniger Vorsteuer abziehen.

Sozialversicherung

Sozialversicherung – darunter versteht man fünf verschiedene Versicherungen für alle möglichen Lebensrisiken:
- Für Krankenbehandlung, Kuren, Medikamente, Zahnersatz, Mutterschaftsgeld und Krankengeld ist die **Krankenversicherung** (Seite 178) zuständig. Die gibt es gesetzlich als Pflichtversicherung für Arbeitnehmer sowie für freie Publizisten und Künstlerinnen; andere Selbstständige können zwischen einer freiwilligen Versicherung in der gesetzlichen und der privaten Krankenversicherung wählen. Irgendeine Krankenversicherung aber müssen sie haben.
- Die **Pflegeversicherung** (Seite 186) sichert das Risiko der Pflegebedürftigkeit vor allem im Alter ab. Sie ist Pflicht für alle. Ohne sie kriegt man keine Krankenversicherung, weder eine gesetzliche noch eine private.
- Die **Rentenversicherung** (Seite 187) zahlt nicht nur Alters-, Witwen- und Waisenrenten, sondern auch Rehabilitationsmaßnahmen und Renten wegen Erwerbsunfähigkeit. Deshalb ist sie auch teurer als private Lebens- oder Rentenversicherungen – und Pflicht für viele elbstständige.
- Die **Arbeitslosenversicherung** (Seite 194) zahlt bei Arbeitslosigkeit befristet einen Teil des Verdienstausfalls. Sie ist auch für Selbstständige zugänglich, die zuvor als Arbeitnehmer pflichtversichert waren.
- Die **Berufsunfallversicherung** (Berufsgenossenschaft – Seite 198) zahlt medizinische Behandlung, Verletztengeld und Renten nach Berufsunfällen und wegen Berufskrankheiten. Sie nimmt Selbstständige als freiwillige Mitglieder auf, Fotografen, Grafik-Designerinnen und einige Gesundheits- und Pflegeberufe sind dort sogar Pflichtmitglied.

Grundinformationen zur Sozialversicherung für Selbstständige

Eine Krankenversicherung ist das Wichtigste. Eine Krankenversicherung muss jeder haben, der in Deutschland lebt. Wer kein nennenswertes eigenes Einkommen hat, kann via **Familienversicherung kostenlos** über die gesetzliche Krankenversicherung der Eltern oder der anderen Ehehälfte mit versichert werden. Wer diese Möglichkeit nicht hat, muss sich selbst versichern.

Für Selbstständige ist eine Krankenversicherung nicht eben billig zu haben. Fast 300 Euro im Monat zahlt als Minimum, wer als hauptberuflich Selbstständiger **freiwillig in eine gesetzliche Krankenkasse**🗎 geht. Wer das tun will, muss sich beeilen: Freiwillig versichern kann man sich nur im Anschluss an eine Pflichtversicherung. Aber die Eile kann sich lohnen, denn eine **private Krankenversicherung** (Seite 184) ist auch für junge Leute nicht viel billiger zu haben – und hat zudem den Nachteil, dass ihre Beiträge explodieren, wenn nicht mehr nur ein Single, sondern eine ganze Familie versichert werden soll.

Günstiger geht es nur für selbstständige Künstler oder Publizistinnen wie Schriftsteller, Journalistinnen, bildende Künstler, Schauspieler, Musikerinnen, Grafik-Designer und ähnliche Berufe. Sie werden über die **Künstlersozialversicherung** (Seite 170) in einer Krankenkasse ihrer Wahl versichert, was vor allem zwei Vorteile hat: Der Mindestbeitrag liegt drastisch tiefer, und die Künstlersozialkasse (KSK) zahlt die Hälfte des Beitrags dazu. Für kaum mehr als 70 Euro Mindestbeitrag kriegt man hier schon eine komplette Kranken-, Pflege- und Rentenversicherung. Familienversicherung eingeschlossen.

Die KSK nimmt auch freie Lehrkräfte auf, sofern sie künstlerische oder publizistische Fächer unterrichten. Wer dagegen Mathe-Nachhilfe gibt oder PC-Programme schreibt, braucht es gar nicht erst zu versuchen: Die KSK nimmt ihn nicht. Das ist besonders ärgerlich in der gesetzlichen Rentenversicherung (Seite 189). Denn wer wie alle Publizisten und Künstlerinnen über die KSK rentenversichert ist, bekommt auch hier die Hälfte des Beitrags dazu. Lehrkräfte dagegen sowie Selbstständige, die nur einen Auftraggeber haben, sind auch pflichtversichert in der gesetzlichen Rentenversicherung – müssen aber den kompletten Beitrag alleine zahlen. Ein Vorteil immerhin: Wer gesetzlich rentenversichert ist, hat Anspruch auf staatliche Zuschüsse zur **Riester-Rente**🗎.

Zwei Systeme der Sozialversicherung

Das System der Sozialversicherung war in Deutschland ursprünglich sehr klar gegliedert: Arbeitnehmer sind pflichtversichert – bekommen dafür aber den halben Beitrag vom Arbeitgeber; Selbstständige können frei wählen, ob, wie und wo sie sich versichern – müssen die Beiträge dafür aber alleine bezahlen.

Dieses System ist inzwischen durch viele Sonderregelungen durchbrochen worden, die nur zum Teil mehr Gerechtigkeit hergestellt haben wie die

Künstlersozialversicherung. Für viele Selbstständigen ist die gesetzlich vorgeschriebene Sozialversicherung mittlerweile schlicht unerschwinglich geworden – zum Beispiel für Lehrkräfte, die von ihren mageren Honoraren den vollen Beitrag zur gesetzlichen Rentenversicherung bezahlen *müssen* und dazu noch den unrealistisch hoch angesetzten Mindestbeitrag zur freiwilligen Krankenversicherung. Bei monatlichen Einkünften von 1.000 € werden für beides zusammen mehr als 500 € fällig – also die Hälfte des (Brutto-)Einkommens!

Diese Vorschriften sind schlicht ein Skandal. Denn unter den Selbstständigen sind die schlecht verdienenden damit die einzigen, die über Renten-Pflichtbeiträge die Überalterung der Gesellschaft mitfinanzieren müssen. Wer dagegen gut verdient, ist aus dieser gesellschaftlichen Pflicht entlassen und kann „günstig", weil rein renditeorientiert, fürs Alter vorsorgen.

ver.di hat es sich für seine Selbstständigenarbeit zu einer zentralen Aufgabe gemacht, dieses Unrecht zu beenden und neue Wege zu suchen – etwa indem für alle „kleinen" Selbstständigen eine Versicherung etabliert wird, zu der auch die Auftraggeber einen Beitrag leisten. Allein: Die Bereitschaft in Berlin, sich solche Vorschläge auch nur anzuhören, ist gleich null. Dort geht man immer noch von der FDP-Fiktion aus, dass Selbstständige per Definition im Geld schwimmen. Obwohl die Politik zugleich alles tut, die Zahl der „armen Selbstständigen" immer weiter zu erhöhen.

Bis sich hier etwas tut, muss man in der Sozialversicherung drei Kategorien unterscheiden:
- die freien Publizisten und Künstlerinnen,
- alle anderen Selbstständigen und
- die Arbeitnehmer.

Sozialversicherung für „normale" Selbstständige

Der Normalfall für Selbstständige ist:
- Sie schließen eine **private Altersvorsorge** (Seite 192) ab – können aber auch der gesetzlichen Rentenversicherung beitreten.
- Sie schließen eine **private Krankenversicherung** ab – können sich unter bestimmten Bedingungen aber auch freiwillig in einer gesetzlichen Krankenkasse versichern. Dass sie überhaupt eine Krankenversicherung haben, ist seit dem 1.1.2009 auch für Selbstständige *Pflicht*.

- Sie *müssen* eine **Pflegeversicherung** (Seite 186) dort abschließen, wo sie auch krankenversichert sind.
- Sie sind **keine** Pflichtmitglieder in der gesetzlichen **Arbeitslosenversicherung** (Seite 194) – können sich dort aber unter bestimmten Bedingungen nach der Existenzgründung freiwillig *weiter*versichern.
- Sie können freiwillig der gesetzlichen **Berufsunfallversicherung** (Berufsgenossenschaft – Seite 198) beitreten – in einzelnen Berufen sind sie sogar Pflichtmitglied.

Abweichend davon gibt es eine Versicherungspflicht in der gesetzlichen Rentenversicherung für
- selbstständige Lehrer und Erzieherinnen, Pflegekräfte, Physiotherapeutinnen, Tagesmütter ⌧ sowie einige weitere Berufsgruppen ⌧,
- so genannte „arbeitnehmerähnlich Selbstständige", die *„auf Dauer und im Wesentlichen"* nur für einen einzigen Auftraggeber tätig ⌧ sind und keine eigenen Arbeitnehmer beschäftigen.

Bestimmte „verkammerte" Berufe sind außerdem in berufsständischen Versorgungseinrichtungen ⌧ pflichtversichert.

Ganz anders geht es bei freien Publizisten und Künstlerinnen (Seite 29): Sie sind über die Künstlersozialkasse pflichtversichert (siehe unten).

Detailliertere Angaben stehen in den Kapiteln zu den einzelnen Versicherungsarten.

Sozialversicherung für freie Künstler und Publizistinnen: die Künstlersozialkasse

Für „selbstständige Künstler und Publizisten" ist mit dem Künstlersozialversicherungsgesetz (KSVG) ein ähnliches Verfahren eingeführt worden wie für Arbeitnehmer. Auch sie erhalten einen 50-prozentigen „Arbeitgeberanteil" zu den Grundbeiträgen zur gesetzlichen Sozialversicherung. Gezahlt wird er über die Künstlersozialkasse (KSK).

Die Künstlersozialversicherung funktioniert im Prinzip so: Die Versicherten entrichten wie Arbeitnehmer 50 Prozent des Grundbeitrages zur gesetzlichen

Sozialversicherung | 171

- Krankenversicherung,
- Pflegeversicherung und
- Rentenversicherung

an die KSK. Den entsprechenden „Arbeitgeberanteil" erhält die KSK zum Teil von den „Vermarktern", die nach dem KSVG einen bestimmten Prozentsatz auf die von ihnen gezahlten Honorare als Künstlersozialabgabe abführen müssen (siehe Seite 176); 20 Prozent kommen als Zuschuss vom Bund.

Zusätzlich günstig wird die KSK dadurch, dass die Beiträge immer prozentual vom Einkommen berechnet werden – unrealistisch hohe Mindestbeiträge wie in der freiwilligen Krankenversicherung gibt es hier nicht. Dadurch bekommen Wenigverdiener über die KSK im Jahr 2011 schon für 71,41 € eine komplette Kranken-, Pflege- und Rentenversicherung, während andere Selbstständige in diesem Jahr als freiwillige Mitglieder allein in der gesetzlichen Krankenversicherung mindestens 276,58 € pro Monat zahlen.

Um ein häufiges Missverständnis gleich auszuräumen: Die KSK ist selbst **keine Versicherung.** Sie zieht lediglich die Beiträge von Versicherten und Vermarktern ein und leitet sie an die Versicherungsträger weiter, nämlich
- für die Rentenversicherung an die Deutsche Rentenversicherung Bund (früher BfA) und
- für die Kranken- und Pflegeversicherung an eine Kranken- und Pflegekasse, die man sich selbst aussuchen kann.

Im Krankheitsfall hat man also nicht mit der KSK, sondern nur mit der eigenen Krankenkasse zu tun. Wer sich in der KSK für eine gesetzliche Krankenkasse entscheidet (siehe Seite 182), hat Anspruch auf alle Leistungen der gesetzlichen Krankenversicherung.

Die über die KSK gezahlten Beiträge zur gesetzlichen Rentenversicherung kommen in denselben Topf wie die Beiträge, die man eventuell früher in einem Arbeitsverhältnis gezahlt hat. Hier entsteht also kein neues Rentenkonto.

Wer kann, wer muss in die KSK?

Nach dem KSVG werden in der KSK alle Freien versichert, die
- eine **künstlerische oder publizistische** (Seite 29) Tätigkeit
- **selbstständig** (Seite 23) und

- **erwerbsmäßig** ausüben und aus ihr Einkünfte von
- über 3.900 € im Jahr erzielen.

Wer **Berufsanfängerin** ist, wird in den ersten drei Jahren ihrer selbstständigen Tätigkeit auch schon bei geringerem Einkommen über die KSK versichert. Und auch wer schon länger versichert ist, darf innerhalb von sechs Jahren zweimal das **Mindesteinkommen von 3.901 € unterschreiten,** ohne gleich aus der KSK zu fliegen. (Genaueres dazu steht in einem gesonderten Kapitel.)

Wer allein von einer solchen Tätigkeit lebt, wird in der Regel kaum Schwierigkeiten bei der Aufnahme in die KSK haben. Er hat übrigens auch gar keine Wahl: Die Künstlersozialversicherung ist eine *Pflicht*versicherung für alle selbstständigen Künstler und Publizistinnen.

Im Umkehrschluss ergibt sich aus diesen Bestimmungen, dass über die KSK *nicht* versichert wird, wer
- überwiegend **nicht selbstständig** tätig ist,
- überwiegend **gewerblich,** also nicht künstlerisch bzw. publizistisch tätig ist,
- diese Tätigkeit bloß **vorübergehend** ausübt,
- **mehr als einen Arbeitnehmer beschäftigt** (Auszubildende und geringfügig Beschäftigte zählen dabei nicht mit),
- die künstlerische oder publizistische Tätigkeit als **Hobby,** also nicht erwerbsmäßig ausübt oder
- überwiegend **im Ausland** tätig ist.

Aber auch wer die oben genannten Kriterien erfüllt, kann aus der KSK ausgeschlossen bleiben, wenn er neben dem Einkommen aus freier künstlerischer oder publizistischer Tätigkeit noch ein anderes – nicht geringfügiges – Arbeitseinkommen hat. Dafür gelten etwas komplizierte Sonderregeln, die in einem gesonderten Kapitel ausgebreitet werden.

Detailinformationen zu diesem Thema finden sich in der
Online-Ausgabe des Ratgebers an dieser Stelle in den Kapiteln
- Was sagt die KSK bei nicht nur publizistischer/ künstlerischer Tätigkeit?
- Wozu die KSK-Berufsanfängerregel (nicht) gut ist

KSK-Aufnahmeverfahren und Versicherungsbeginn

Zunächst: Die Aufnahme in die KSK ist keineswegs so schwierig, wie Freie es sich untereinander gern erzählen. Die meisten Geschichten von gescheiterten Aufnahmeanträgen stammen von Leuten, die versucht haben, sich in die KSK hineinzumogeln, obwohl sie die gesetzlichen Voraussetzungen nicht erfüllen. Aber das spricht ja eher gegen diese Leute als gegen die KSK.

Wer die gesetzlichen Voraussetzungen erfüllt, *muss* aufgenommen werden – da hat die KSK gar keinen Ermessensspielraum: Die Künstlersozialversicherung ist eine *Pflicht*versicherung für alle, die hauptberuflich künstlerisch oder publizistisch tätig sind. Deshalb ist es auch absolut unnötig, sich den Aufnahmeantrag gegen Bezahlung von einem Steuerberater oder Versicherungsmakler ausfüllen zu lassen.

Zur Anmeldung genügt zunächst die Kontaktaufnahme mit der KSK. Die kann telefonisch, per Post, E-Mail ❯ oder über das Bestellformular ❯ der KSK erfolgen. Ein formloses Schreiben „Ich bin freie ... und möchte gern über die Künstlersozialkasse versichert werden" genügt zunächst. Die KSK schickt der Bewerberin dann einen sechsseitigen Fragebogen samt Informationsschriften zu. Dieser Fragebogen war früher ein bürokratisches Monstrum und kann inzwischen durchaus als Beispiel für gut verständliche und nutzerfreundliche Fragebögen gelten, zumal alle eventuell vorhandenen „Fußangeln" in den dazu gehörigen Ausfüllhinweisen erläutert werden. Natürlich kann man sich den Fragebogen ❯ auch gleich aus dem Internet herunterladen und ihn ausgefüllt losschicken. Da man meist jedoch nicht auf der Stelle alle beizulegenden Unterlagen parat hat und es doch meist schnell gehen soll, ist es in der Regel besser, sich erst einmal formlos bei der KSK zu melden, da das Datum der ersten Kontaktaufnahme der frühestmögliche Versicherungsbeginn ist.

Wer seinen Antrag vollständig eingereicht hat, kann mit einem Bescheid der KSK binnen ein bis zwei Monaten rechnen. Da die Anträge aber selten vollständig sind und häufig Rückfragen der KSK erforderlich machen, ergibt sich laut KSK eine *durchschnittliche* Bearbeitungsdauer von drei Monaten. – Wer Probleme mit dem **Fragebogen** hat, kann sich vor Ort an seine Krankenkasse oder den Fachbereich Medien der ver.di wenden. Mit etwas Glück kennt sich dort jemand aus und kann beim Ausfüllen helfen. Einzelfragen beantwortet natürlich auch **mediafon** ❯.

Den **Versicherungsbeginn** können die Versicherten selbst aussuchen. Mit dem Fragebogen erhalten sie von der KSK – mit Eingangsstempel versehen – eine formlose Bestätigung der Anmeldung und haben dann drei Möglichkeiten:
- Wenn sie der KSK diese Eingangsbestätigung mit dem Fragebogen wieder zurückschicken, so gelten Versicherungsschutz und Beitragspflicht vom Datum des Eingangsstempels an.
- Schicken sie die Eingangsbestätigung nicht zurück, so gilt der Eingang des Fragebogens bei der KSK als Versicherungsbeginn.
- Alternativ können sie der KSK auch mitteilen: *„Ich werde am Soundsovielten die freie künstlerische Tätigkeit aufnehmen"* – dann gilt die Versicherung von diesem Tag an.

Einen Versicherungsbeginn vor dem Tag der formlosen Anmeldung darf die KSK nicht feststellen. Darum sollte jeder, der von dieser Möglichkeit hört und die Bedingungen erfüllt, sich *schnellstmöglich* bei der KSK melden: **Versicherungspflichtig** ist er neuerdings nämlich ohnehin, zumindest in der Krankenversicherung. Vom Tag der Meldung an aber wird das deutlich billiger, weil dann nicht mehr die hohen Mindestbeiträge für Selbstständige gelten und die KSK die Hälfte des Beitrages zuschießt.

Wer, um keine Versicherungslücke entstehen zu lassen, den Tag der formlosen Anmeldung als Versicherungsbeginn wählt, muss allerdings nach einem positiven Bescheid der KSK die Beiträge für die Zwischenzeit nachbezahlen. Wem das Schwierigkeiten macht, der kann mit der KSK eine zinslose Stundung und/oder Ratenzahlung vereinbaren.

Wer die Aufnahme in die KSK beantragt, sollte das gleichzeitig seiner Krankenkasse mitteilen. Die sagt ihm dann, wie der Versicherungsschutz bis zur Entscheidung über den KSK-Antrag gewährleistet wird. Eventuell doppelt gezahlte Beiträge gibt es nach Aufnahme in die KSK auf jeden Fall zurück.

Detailinformationen zu diesem Thema finden sich in der
Online-Ausgabe des Ratgebers an dieser Stelle in den Kapiteln
- Der Aufnahmeantrag: Was will die KSK wissen?
- Was tun, wenn der Aufnahmeantrag abgelehnt wird?

Sozialversicherung | 175

KSK-Beiträge, Beitragsverfahren und Kontrollen

Im Unterschied zu Arbeitnehmern, deren Beiträge zur Sozialversicherung sich allein aus dem *tatsächlich erzielten* Bruttoentgelt berechnen, richten sich die Beiträge von Freien bei der KSK nach dem *vorab geschätzten* Einkommen.

Dazu müssen die Versicherten der KSK bis zum 1.12. jedes Jahres ihr **voraussichtliches Arbeitseinkommen** für das folgende Jahr melden. Aus dieser Schätzung berechnet die KSK dann den für das ganze nächste Jahr gültigen Monatsbeitrag. Im Jahr 2011 beträgt der durchschnittliche

- **Mindestbeitrag bundeseinheitlich 71,41 €,**
- **Höchstbeitrag 897,15 € in den alten, 827,50 € in den neuen Ländern.**

(Hinzu kommen gegebenenfalls noch 1,06 bis 9,28 € Kinderlosenzuschlag in der Pflegeversicherung.) Den Mindestbeitrag müssen auch **Berufsanfänger** (siehe Seite 172) zahlen, selbst wenn sie ein Einkommen unter dem Mindesteinkommen von 3.901 € im Jahr angeben.

Beitragssätze, Grenzen sowie Mindest- und Höchstbeiträge in den einzelnen Versicherungsarten sind den entsprechenden Kapiteln zu entnehmen.

Welche Beiträge sie nach der Einkommensschätzung konkret zu zahlen haben, teilt die KSK den Versicherten Anfang des Jahres mit. Es empfiehlt sich, der KSK dafür eine Einzugsermächtigung zu geben oder zumindest einen Dauerauftrag einzurichten. Denn wer mit seinen Beiträgen in Rückstand gerät und trotz Mahnung der KSK nicht zahlt, verliert jeden Leistungsanspruch, bis die Rückstände vollständig bezahlt sind!

Wer einmal aufgenommen ist, bleibt über die KSK so lange versichert, wie die Versicherungsvoraussetzungen (Seite 171) erfüllt sind. Sind sie das nicht mehr, sind die Versicherten *verpflichtet,* das der KSK mitzuteilen. Da das erfahrungsgemäß aber viele unterlassen, ist die KSK durch eine „Beitragsüberwachungsverordnung" zu **Kontrollen bei Versicherten**⌕ verpflichtet worden. Geprüft wird dabei, ob die Versicherungsvoraussetzungen noch erfüllt sind und ob das gemeldete (geschätzte) Einkommen halbwegs mit dem tatsächlichen übereinstimmt.

Und wer zwischendurch eine **befristete Festanstellung** angeboten bekommt, teilt das der KSK einfach mit. Dann endet die Versicherung über die KSK für diese Zeit – und beginnt nach Ende des festen Jobs von Neuem. Dass manche Leute in so einem Fall der KSK von ihrem Glück nichts mitteilen, weil sie Angst haben, sonst „aus der KSK rauszufliegen", ist ein teurer Unsinn.

Denn dann zahlen sie während dieser Zeit – völlig unnötig – doppelte Krankenversicherungsbeiträge. Und wenn die Festanstellung zu Ende ist, *muss* die KSK sie ja wieder versichern – ist schließlich eine *Pflichtversicherung!*

Detailinformationen zu diesem Thema finden sich in der
Online-Ausgabe des Ratgebers an dieser Stelle in den Kapiteln
- Wie schätze ich mein Einkommen für die KSK am besten?
- Wie „gefährlich" sind die Kontrollen der KSK?

Die Künstlersozialabgabe

Die Beiträge, die die KSK an die verschiedenen Sozialversicherungsträger überweist, setzen sich im Grundbeitrag zusammen aus
- dem Beitrag der Versicherten (50 Prozent),
- einem Bundeszuschuss (20 Prozent) und
- der Künstlersozialabgabe der Verwerter (30 Prozent).

Mit der Künstlersozialabgabe werden alle **Verwerter** künstlerischer und publizistischer Werke und Leistungen ähnlich wie Arbeitgeber zur Beteiligung an der gesetzlichen Sozialversicherung herangezogen: Galerien und Verlage, Musik- und Theaterveranstalter, Rundfunkanstalten und Filmproduzenten, Plattenfirmen und Live-Musikkneipen müssen der KSK die Honorare melden, die sie an Freie gezahlt haben, und davon einen gewissen Prozentsatz als Künstlersozialabgabe abführen. Aus ihr erhalten die über die KSK versicherten Freien ihren „Arbeitgeberanteil" zur Sozialversicherung.

Diese Abgabe müssen die **Verwerter** auf alle Honorare an Freie zahlen – egal ob der konkrete Empfänger über die KSK versichert ist oder nicht. Eine Benachteiligung der KSK-Versicherten bei der Auftragsvergabe ist damit ausgeschlossen; die KSK-Abgabe darf auch nicht vom Honorar abgezogen werden. Kurz: Ob ich in der KSK bin, geht meine Kunden überhaupt nichts an. Einzige Ausnahme: Der sogenannte „Übungsleiterfreibetrag" von 2.100 €, den z. B. nebenberufliche Lehrkräfte an Volkshochschulen steuerfrei bekommen, ist auch von der Künstlersozialabgabe befreit. Schlaue **Volkshochschulen** fragen deshalb ihre Dozenten, die künstlerische oder publizistische Fächer unterrichten, ob sie in der KSK sind und den Freibetrag in Anspruch nehmen können – dann können sie sich die Abgabe für diese Honorare sparen.

Freie können auch selbst KSK-abgabepflichtig werden, wenn sie Aufträge an andere Freie vergeben. Wo eine Filmemacherin einen fremden Drehbuchautor beauftragt, die Theatergruppe einen Regisseur engagiert oder der Jazzer einer Begleitmusikerin Honorar zahlt, will die KSK ihren Anteil haben – sofern das „nicht nur gelegentlich" geschieht. Ohne KSK-Abgabe erlaubt ist z. B. die Zahlung von Honoraren für bis zu drei Veranstaltungen im Jahr. Auch **Selbstvermarkter** sind von der Abgabepflicht ausgenommen – die Malerin braucht auf ihre Einnahmen aus Privatverkäufen also ebenso wenig Künstlersozialabgabe zu zahlen wie das Freie Theater auf seine Gewinnausschüttungen an die Gruppenmitglieder. Voraussetzung ist hier allerdings, dass die Gruppe wirklich aus Mitgliedern besteht, die künstlerisch und ökonomisch *gleichberechtigt* (und nicht einem Theaterchef untergeordnet) sind.

Wer glaubt, nach diesen Bestimmungen abgabepflichtig zu sein, sollte sich lieber gleich bei der KSK melden. Denn irgendwann merkt die es doch, und dann verlangt sie die Abgabe für bis zu fünf Jahre rückwirkend! Wer sich freiwillig meldet, kann leichter eine vernünftige Regelung finden.

Den **Künstlersozialabgabesatz** legt das Bundesarbeitsministerium jedes Jahr neu fest. Für 2011 beträgt die Abgabe 3,9 %. Berechnet wird sie jeweils vom Gesamtentgelt, das der Verwerter für freie künstlerische und publizistische Tätigkeiten gezahlt hat – einschließlich Auslagen und Nebenkosten, aber ohne Mehrwertsteuer und Reisekosten.

Sozialversicherung für Arbeitnehmer

Eine Reihe von Leuten, die sich als Selbstständige verstehen, werden im Sozialversicherungsrecht dennoch als Arbeitnehmer behandelt, weshalb hier auch kurz auf deren Sozialversicherungsregeln eingegangen werden soll. Grundsätzlich wird die gesamte Sozialversicherung von Arbeitnehmern durch den Arbeitgeber erledigt: Er berechnet die Beiträge zur Renten-, Kranken-, Arbeitslosen- und Pflegeversicherung jeden Monat nach vorgegebenen Sätzen aus dem Bruttogehalt, zieht die Hälfte davon als Arbeitnehmeranteil vom Gehalt ab und führt diesen zusammen mit seinem Arbeitgeberanteil an die Krankenkasse des Versicherten ab, die wiederum die entsprechenden Anteile an die zuständige Gliederung der Deutschen Rentenversicherung (früher BfA/LVA) und an die Bundesagentur für Arbeit (Arbeitslosenversicherung) weiterleitet.

Zu beeinflussen sind die Beiträge seit Einführung des Gesundheitsfonds nur noch, indem man in eine Krankenkasse wechselt, die keine Zusatzbeiträge erhebt oder sogar Beiträge erstattet. Der Wechsel in eine private Krankenkasse ist erst bei einem überdurchschnittlich hohen Einkommen⌕ möglich; eine Befreiung von der Rentenversicherungspflicht ist generell ausgeschlossen.

Bei **Arbeitslosigkeit** zahlt das Arbeitsamt die Beiträge weiter. Das gilt auch für nichtselbstständige Schauspielerinnen und Musiker in den Pausen zwischen zwei Engagements – sofern ein Anspruch auf Arbeitslosengeld I besteht.

Sonderregeln sind zu beachten für
- **geringfügig Beschäftigte**⌕ und **Beschäftigte in der Gleitzone**⌕,
- unständig **Beschäftigte bei Rundfunk und Fernsehen**⌕ sowie
- **Scheinselbstständige**⌕.

Detailinformationen zu diesem Thema finden sich in der
Online-Ausgabe des Ratgebers an dieser Stelle in den Kapiteln
- Sozialversicherung für geringfügig Beschäftigte
- Sozialversicherung in der Gleitzone zwischen 400 und 800 Euro
- Sozialversicherung für kurzfristig (vorübergehend) Beschäftigte
- Sozialversicherung für unständig Beschäftigte
- Sozialversicherung für Scheinselbstständige

Krankenversicherung

Spätestens seit dem 1.1.2009 besteht eine **allgemeine Krankenversicherungspflicht** für alle Menschen, die in Deutschland wohnen. Dieser Pflicht sollte sich niemand entziehen und auch nicht versuchen, das Problem auszusitzen. Denn wer ohne Krankenversicherung krank wird, hat zwar Anspruch auf eine Notversorgung, wird damit aber zugleich zwangsweise Mitglied einer Krankenkasse. Und die darf dann (wie auch im Fall eines „freiwilligen" späteren Beitritts) alle **Beiträge rückwirkend** verlangen, die seit dem gesetzlichen Pflichttermin (1.4.2007 für die gesetzlichen bzw. 1.1.2009 für die privaten Kassen) fällig gewesen wären! Die privaten Kassen verlangen sogar zusätzlich einen **Strafzuschlag** von jeweils einem sechstel Monatsbeitrag.

Für die Krankenversicherung gibt es in Deutschland zwei grundlegend verschiedene Systeme: die gesetzlichen Krankenkassen und die privaten Versicherungen. In welchem der beiden Systeme man sich versichern kann bzw. muss, hängt unter anderem vom beruflichen Status ab.

Die **gesetzlichen Kassen** (Seite 182) arbeiten nach dem Solidarprinzip. Sie nehmen jeden auf, der die gesetzlichen Voraussetzungen erfüllt; irgendwelche Risiko- oder Alterszuschläge gibt es nicht. Der Leistungsrahmen ist weitgehend gesetzlich festgelegt; die Beiträge sind nach Einkommen gestaffelt; Familienmitglieder ohne eigenes Einkommen sind kostenfrei mitversichert. Trotz unterschiedlicher Beiträge haben alle Mitglieder Anspruch auf die gleichen Leistungen; lediglich das Krankengeld hängt in seiner Höhe vom Beitrag ab.

Wer also viel verdient, zahlt in der Gesetzlichen für die gleichen Leistungen mehr und finanziert so die Leistungen für schlechter Verdienende und große Familien mit. Das ist kein Systemfehler, sondern Absicht, durchgesetzt von der Arbeiterbewegung zu Anfang des letzten Jahrhunderts.

Die **privaten Krankenversicherungen** (Seite 184) richten ihre Beiträge dagegen allein nach dem individuellen Risiko – und nach den versicherten Leistungen, die weitgehend individuell gewählt werden können. Ältere und weibliche Mitglieder zahlen mehr, weil sie häufiger krank bzw. schwanger werden, und eine kostenfreie Familienversicherung gibt es nicht: Für jedes Familienmitglied muss ein eigener Beitrag bezahlt werden. Zudem dürfen private Versicherungen bei bestimmten Leiden oder Vorerkrankungen Risikozuschläge verlangen oder die Aufnahme ganz verweigern.

Wer also jung, alleinstehend, männlich und gesund ist, zahlt in der Privaten relativ geringe Beiträge. Wer Kinder kriegt, älter wird, häufiger krank ist und vielleicht sogar weniger verdient, für den können die Beiträge unerträglich hoch werden. Dem soll der **Basistarif** ⌕ vorbeugen, den alle privaten Versicherungen ohne Gesundheitsprüfung und Risikozuschläge anbieten müssen: Er hat einen Leistungsumfang, der dem der gesetzlichen Kassen vergleichbar ist, und darf nicht teurer sein als der *Höchst*beitrag zur gesetzlichen Krankenversicherung. Aber das ist mit 575,44 € pro Monat im Jahr 2011 auch nicht gerade wenig.

Wer darf, wer muss sich wie versichern?

Angesichts dieser Unterschiede zwischen gesetzlicher und privater Krankenversicherung wäre es eigentlich am billigsten, man würde sich in jungen

Jahren privat versichern und später, wenn man eine Familie gründet, zu einer gesetzlichen Kasse wechseln. Da solche Rosinenpickerei aber das Solidarsystem der gesetzlichen Krankenversicherung ad absurdum führen würde, hat der Gesetzgeber genaue Regeln eingeführt, wer sich in welchem System versichern kann oder muss und wer wann wechseln darf.

Für Selbstständige sind im Wesentlichen drei Fälle zu unterscheiden:
- Der **Regelfall für Selbstständige ist eine private Krankenversicherung**; eine freiwillige Versicherung in der Gesetzlichen ist unter bestimmten Voraussetzungen 🗎 möglich.
- Die einzige Ausnahme hiervon sind **selbstständige Künstler und Publizistinnen**: Sie sind über die Künstlersozialkasse pflichtversichert. Der Normalfall ist hier eine gesetzliche Krankenkasse; unter bestimmten Voraussetzungen 🗎 können sie über die KSK aber auch eine private Krankenversicherung wählen.
- Scheinselbstständige und andere Freie, die als **„beschäftigt" im Sinne der Sozialversicherung** 🗎 gelten, sind wie Arbeitnehmer pflichtversichert in der Gesetzlichen; unter bestimmten Voraussetzungen 🗎 werden sie jedoch automatisch von dieser Pflicht befreit.

Bei **Mischformen der Beschäftigung** 🗎 gelten meist die Regeln, die für den hauptberuflichen Teil der Tätigkeit maßgeblich sind. Allerdings gibt es eine ganze Reihe von Ausnahmen 🗎.

Wer nach diesen Regeln von der Versicherungspflicht in der gesetzlichen Krankenversicherung befreit ist, kann sich entweder privat oder freiwillig in einer gesetzlichen Krankenkasse versichern. Wer sich in dieser Situation für eine private Versicherung entscheidet, bindet sich damit für sein ganzes Leben: Eine **Rückkehr in eine gesetzliche Kasse** ist von da an nur möglich, wenn er – und zwar bevor er 55 Jahre alt ist! – wieder *als Arbeitnehmer* tätig wird und als solcher ein Gehalt unter der Versicherungspflichtgrenze bezieht, die im Jahr 2011 bei 49.500 € liegt. Oder wenn er Arbeitslosengeld bekommt. Und zwar das „normale" Arbeitslosengeld I: Wer Alg II bezieht, hat kein Rückkehrrecht in die gesetzliche Krankenversicherung. Ebenso wenig gibt ihm die Gründung einer Familie oder die Geburt von Kindern ein Rückkehrrecht – obwohl beides in der Regel die Beiträge zur privaten Versicherung explodieren lässt, während sie in der gesetzlichen Versicherung unverändert bleiben würden.

Sozialversicherung | 181

In was für einer Kasse sich Leute versichern müssen, die **zurzeit gar nicht krankenversichert** sind, entscheidet sich nach ihrer Vorgeschichte: Wer zuletzt (und sei es vor vielen Jahren als Studentin während des Studiums) in einer gesetzlichen Kasse war, muss von einer solchen wieder aufgenommen werden. Wer dagegen irgendwann in seinem Leben schon einmal privat (und seither gar nicht mehr) versichert war, hat dort Anspruch auf erneute Aufnahme – im Basistarif sogar dann, wenn dieselbe Kassen eine Aufnahme wegen einer schweren Erkrankung bisher abgelehnt hat. Und wer noch nie krankenversichert war, für den entscheidet sich nach den oben genannten Regeln, welches System für ihn zuständig ist. Wer hiernach in eine gesetzliche Kasse gehört, für den begann die Versicherungspflicht bereits am 1. April 2007.

Detailinformationen zu diesem Thema finden sich in der
Online-Ausgabe des Ratgebers an dieser Stelle in den Kapiteln
- Krankenversicherung für Selbstständige (ohne KSK)
- Krankenversicherung über die Künstlersozialkasse
- Krankenversicherung für Arbeitnehmer (unständig Beschäftige)
- Krankenversicherung bei Mischformen

Wer die Wahl hat:
gesetzliche oder private Krankenversicherung?

Wer die Wahl zwischen gesetzlicher und privater Krankenversicherung hat, sollte sich nicht von einer momentanen Beitragsersparnis blenden lassen, wie sie für junge Leute mit hohem Einkommen bei privaten Versicherungen durchaus in vierstelliger Höhe im Jahr möglich ist: Die Entscheidung für die private Krankenversicherung ist in der Regel eine Entscheidung fürs Leben (siehe Seite 179) – und schon das erste Kind schmeißt die ganzen schönen Beispielrechnungen aus den Werbebroschüren der privaten Versicherer um.

Als grobe Orientierungswerte lassen sich folgende Feststellungen treffen:
- Wer jung ist, gut verdient und sicher ist, dass sie nie (aber wirklich nie!) Kinder und/oder einen Partner ohne eigenes Einkommen haben wird, kommt mit einer privaten Versicherungen zunächst billiger weg.
- Für eine Familie mit nur einer Verdienerin und einem oder mehreren Kindern ist die gesetzliche Krankenversicherung immer günstiger – unabhängig vom Lebensalter und der Höhe des Einkommens.

- Dazwischen gibt es eine „Gleitzone": Je höher das Eintrittsalter, je geringer das Einkommen und je größer die Familie, umso günstiger wird die gesetzliche Versicherung.
- Unabhängig davon bieten die Privaten die Möglichkeit, den Beitrag durch Verzicht auf bestimmte Leistungen wie Kuren oder ambulante Behandlung sowie durch Selbstbeteiligung niedrig zu halten. Das kann, wenn man Pech hat, freilich auch verdammt teuer werden.
- Diese Nachteile der privaten Krankenversicherung scheint der Basistarif ⊠ aufzuheben, den alle privaten Versicherungen seit 2009 anbieten müssen. Bisher liegen damit aber noch nicht viele Erfahrungen vor – ob sich die in ihn gesetzten Hoffnungen erfüllen, muss der Basistarif erst noch beweisen.

Das Dumme ist, dass man diese Entscheidung in jungen Jahren für das ganze Leben treffen muss. *Die* richtige Entscheidung gibt es da nicht: Das Leben ist ein Risiko. Zumal niemand weiß, welche Systemänderungen für die Krankenversicherung in den nächsten Jahren noch beschlossen werden.

Sich für das solidarische System zu entscheiden, ist da meines Erachtens nie falsch. Wem das nicht reicht, der sollte sich für seinen ökonomischen Vergleich das Kapitel „Die Unterschiede im Detail" ⊠ ansehen.

Detailinformationen zu diesem Thema finden sich in der Online-Ausgabe des Ratgebers an dieser Stelle im Kapitel
■ Privat oder gesetzlich: die Unterschiede im Detail

Die gesetzliche Krankenversicherung: Leistungen und Beiträge

Zur gesetzlichen Krankenversicherung gehören die
- regionalen **Allgemeinen Ortskrankenkassen** (AOK),
- **Ersatzkassen** (z. B. Barmer, DAK, Techniker),
- **Betriebskrankenkassen** (BKK) und **Innungskrankenkassen** (IKK).

Die Wahl zwischen diesen Kassen ist grundsätzlich frei; die Kassen (soweit sie „geöffnet" sind) sind verpflichtet, jeden aufzunehmen, der die gesetzlichen Bedingungen erfüllt – ohne Gesundheitsprüfung und ohne Risikozuschläge.

Sozialversicherung | 183

Leistungen der gesetzlichen Krankenkassen

Alle gesetzlichen Krankenkassen gewähren ihren Mitgliedern im Prinzip dieselben Leistungen, und zwar – mit Ausnahme des Kranken- und Mutterschaftsgeldes – unabhängig von der Höhe des Beitrages und unabhängig davon, ob sie als Arbeitnehmerinnen, über die KSK oder als Selbstständige freiwillig versichert sind. In all diesen Fällen

- sind **Kinder und Ehepartner/innen kostenlos mitversichert** ⌕, soweit sie nicht selbst versicherungspflichtig sind;
- besteht Anspruch auf **Vorsorgeuntersuchungen** und **Kuren**,
- gelten die üblichen Regelungen für **Zuzahlungen** und **Zuschuss zum Zahnersatz**,
- gibt es einen in der Regel kostendeckenden **doppelten Zuschuss** zum Zahnersatz, wenn das Einkommen 40 Prozent der Bezugsgröße, also 12.264 € (10.752 € in den neuen Ländern) im Jahr 2011 nicht übersteigt. Für den ersten Angehörigen im selben Haushalt steigt das Grenzeinkommen um 15, für jeden weiteren um 10 Prozent. Eine Befreiung von allen Zuzahlungen gibt es nicht mehr.

Außerdem können Selbstständige einen Anspruch auf **Krankengeld** ⌕ mitversichern. In diesem Fall besteht dann auch Anspruch auf Krankengeld zur Pflege kranker Kinder ⌕ bis zu 12 Jahren sowie auf **Mutterschaftsgeld** ⌕.

Beiträge der gesetzlichen Krankenkassen

Seit der Gesundheitsreform der Großen Koaliton, deren letzte Änderungen zum 1.1.2009 in Kraft traten, müssen alle gesetzlichen Krankenkassen einheitliche Beiträge erheben. Dabei gibt es den **allgemeinen Beitragssatz** ohne Krankengeldanspruch, z.B. für Angestellte und KSK-Versicherte, der zum 1.1.2011 auf 14,9 % angehoben wurde, und den **ermäßigten Beitragssatz** ohne Krankengeldanspruch, wie ihn z.B. freiwillig versicherte Selbstständige vereinbaren können. Er liegt derzeit bei 15,5 %. Beide Werte beinhalten bereits den Beitragszuschlag von 0,9 %, der von den Versicherten allein zu tragen ist – der Rest wird von den Versicherten und dem Arbeitgeber bzw. der Künstlersozialkasse jeweils zur Hälfte bezahlt und zunächst über die Krankenkassen, später dann vom Gesundheitsfonds direkt eingezogen.

Zu diesen für alle gesetzlichen Kassen einheitlichen Beitragssätzen dürfen Kassen, die mit den Zuweisungen aus dem Gesundheitsfonds nicht auskommen, einen **Zusatzbeitrag** erheben. Dieser Zuschlag muss von den Versicherten allein gezahlt werden; er ist ab 2011 in der Höhe nicht mehr begrenzt. Ist er allerdings höher als zwei Prozent des versicherungspflichtigen Einkommens, soll es einen Sozialausgleich geben – zu dem bei Drucklegung dieses Ratgebers freilich noch keine Einzelheiten bekannt waren. Bezieher von Arbeitslosengeld II brauchen diesen Zusatzbeitrag nicht zu bezahlen. Kassen, die Überschüsse erwirtschaften, dürfen ihren Mitgliedern Beiträge zurückerstatten.

Darüber hinaus dürfen die einzelnen Kassen neuerdings **Wahltarife** mit abweichenden Beitragssätzen anbieten, die z. B. eine Selbstbeteiligung oder Beitragsrückerstattung für Leute, die ein Jahr lang nicht zum Arzt gehen, beinhalten, die Krankengeld für Selbstständige bieten oder für die Beteiligung an einem Hausarztmodell finanzielle Vergünstigungen gewähren.

„Normale" Selbstständige zahlen den gesamten Beitrag allein; Arbeitnehmer und KSK-Versicherte zahlen von ihrem Beitrag den Beitragszuschlag von 0,9 % allein; vom Rest übernehmen der Arbeitgeber bzw. die Künstlersozialkasse die Hälfte, sodass sich für die Versicherten im Jahr 2011 eine effektive Zahlung von 8,2 % des beitragspflichtigen Einkommens ergibt.

> Detailinformationen zu diesem Thema finden sich in der
> Online-Ausgabe des Ratgebers an dieser Stelle im Kapitel
> ■ Wahl der gesetzlichen Krankenkasse

Private Krankenversicherung: Leistungen und Beiträge

Die privaten Krankenversicherungen bieten eine schier unüberschaubare Vielfalt von Tarifen an – mit Selbstbeteiligung oder Beitragsrückerstattung, mit Chefarztbehandlung und Einzelzimmer im Krankenhaus, mit Vollkostenerstattung bei Zahnersatz und Brillen, mit Kuren und Krankentagegeld. Versichern kann man dort praktisch alles. Ob man die daraus resultierenden Prämien dann auch noch bezahlen kann, ist eine andere Frage. Wer sich da ein individuelles Paket zusammenstellt, sollte berücksichtigen, dass die **Selbstbeteiligung** keine virtuelle Zahl ist, sondern häufig ganz real fällig wird und dann zu den Prämien addiert werden muss. Und sollte diejenigen Leistungen, die richtig ins Geld gehen können, wie Zahnersatz und Krankenhaus, auf keinen Fall unversichert lassen.

Die Beiträge sind in komplizierten Tabellen gestaffelt nach Geschlecht und Eintrittsalter und können sich bei bestimmten Vorerkrankungen gegebenenfalls noch durch **Risikozuschläge** erhöhen. Sie gelten jeweils nur für die versicherte Person; für Familienmitglieder muss jeweils ein eigener Beitrag gezahlt werden. Problematisch ist hier vor allem, dass die **Beitragsentwicklung kaum vorhersagbar** ist. Und die Schutzmechanismen gegen zu hohe Beitragssteigerungen versagten in der Vergangenheit häufig, weil die Versicherungen unrentabel gewordene Tarife einfach „schlossen" und den betroffenen Versicherten einen anderen, in der Regel drastisch teureren Tarif anboten.

Einen Ausweg aus dieser Problematik soll nun der **Basitarif** bieten, den alle privaten Versicherungen seit dem 1.1.2009 anbieten müssen und dessen Beiträge auf den Höchstsatz in der gesetzlichen Krankenversicherung beschränkt sind – bei vergleichbarem Leistungsumfang. Vierstellige Monatsbeiträge im Rentenalter sind da leider keine Seltenheit.

> Detailinformationen zu diesem Thema finden sich in der
> Online-Ausgabe des Ratgebers an dieser Stelle in den Kapiteln
> ■ Basistarif der privaten Kassen
> ■ Wahl der privaten Krankenkasse

Auslands- und Zusatzkrankenversicherungen

Private Krankenversicherungen bieten diverse Zusatzversicherungen von der Krankenhaus-Vollkostenversicherung über die Krankenhaus-Tagegeld- und Zahnersatz-Zusatzversicherung bis zur Krankentagegeldversicherung an. All diese Versicherungen können dort natürlich auch Mitglieder einer gesetzlichen Krankenkasse abschließen.

Wer geschäftlich oder privat ins Ausland reist, muss wissen, dass die gesetzliche Krankenversicherung nur in der EU und einigen Nachbarländern (Schweiz, Türkei, Tunesien) zahlt, nicht aber z.B. in den USA, in Kanada, Australien oder den ostasiatischen „Tiger-Staaten". Private Krankenversicherungen gelten dort zwar auch, aber nur für jeweils einen Monat, und schließen genauso wie die gesetzlichen Versicherungen keinen Rücktransport in die Heimat ein.

Diese Lücke lässt sich in aller Regel spottbillig mit einer privaten **Auslandsreise-Krankenversicherung** schließen, die bei allen privaten Krankenversicherungen für etwas mehr oder etwas weniger als 10 € im Jahr zu haben ist.

Aber aufgepasst: Diese Policen gelten zwar ein Jahr lang, pro Reise in der Regel aber nur sechs Wochen oder 42 Tage – bei manchen Versicherungen sogar überhaupt nicht, wenn eine Reise auch nur für mehr als sechs Wochen *geplant* ist. Wer längere Reisen unternimmt, muss einen Einzelvertrag mit deutlich höheren Prämien abschließen. Auch Ältere müssen oft mehr zahlen. Und: Manche Versicherer schließen Geschäftsreisen von diesen Auslandsreise-Krankenversicherungen ausdrücklich aus.

Wo man solche Versicherungen mit günstigen Angeboten findet, steht in einem gesonderten Kapitel🗗.

Detailinformationen zu diesem Thema finden sich in der
Online-Ausgabe des Ratgebers an dieser Stelle im Kapitel
■ Auslandsreise-Krankenversicherung – welche ist günstig?

Pflegeversicherung

Die Pflegeversicherung ist eine Pflichtversicherung für alle Bürgerinnen und Bürger der Bundesrepublik, egal ob sie Hausfrauen, Künstler oder Unternehmerinnen, ob sie gesetzlich, privat oder über andere Systeme krankenversichert sind. Nur wer überhaupt keinen Krankenversicherungsschutz hat (was es ja nach der Gesundheitsreform ab 2009 nicht mehr geben sollte), wird auch nicht in die Pflegeversicherung aufgenommen.

Eine Pflegeversicherung bieten alle gesetzlichen und privaten Krankenversicherer an; abgeschlossen wird sie im Regelfall dort, wo man auch krankenversichert ist.

Dabei entspricht der gesetzlichen Krankenversicherung die „soziale Pflegeversicherung", wie alle gesetzlichen Krankenkassen sie anbieten. Hier gelten dieselben Bestimmungen und Bemessungsgrenzen wie für die gesetzliche Krankenversicherung. Der Grundbeitrag beträgt 1,95 % vom maßgeblichen Einkommen, was im Jahr 2011 einem **Mindestbeitrag** von 8,30 € (über die KSK) und einem **Höchstbeitrag** von 72,39 € im Monat entspricht. Arbeitnehmerinnen und KSK-Versicherte zahlen davon nur die Hälfte. Versicherte, die keine Kinder haben, müssen zusätzlich 0,25 % vom maßgeblichen Einkommen zahlen, also 1,06 bis 9,28 €, zu denen es keinen Arbeitgeber- oder KSK-Zuschuss gibt. Der Beitrag schließt ohne Zuzahlung die Versicherung aller Familienmitglieder ohne eigenes Einkommen ein.

Wer privat krankenversichert ist, muss eine **private Pflegeversicherung** abschließen. Deren Mindestleistungen sind gesetzlich vorgeschrieben; die Beiträge sind einkommensunabhängig und steigen mit dem Eintrittsalter; im Unterschied zur privaten Krankenversicherung sind Kinder (nicht aber Ehepartner) ohne eigenes Einkommen hier kostenfrei mitversichert. Nach den ersten fünf Versicherungsjahren, in denen auch Risikozuschläge erhoben werden dürfen, darf der Beitrag den Höchstbeitrag in der gesetzlichen Pflegeversicherung nicht übersteigen.

Wer über die KSK versichert ist, erhält auch zur privaten Pflegeversicherung den halben Grundbeitrag als KSK-Zuschuss – höchstens jedoch die Hälfte des Beitrages, der in der sozialen Pflegeversicherung fällig wäre. Bei Arbeitnehmerinnen, unständig Beschäftigten und Scheinselbstständigen trägt der Arbeitgeber den halben Grundbeitrag.

Rentenversicherung und private Altersvorsorge

Das Prinzip hieß ursprünglich auch hier: Selbstständige sorgen privat für das Alter vor; abhängig Beschäftigte sind in der gesetzlichen Rentenversicherung pflichtversichert. Inzwischen ist dieses Prinzip aber durch eine Unzahl von Sonderregelungen durchlöchert worden, sodass heute für alle Selbstständigen nahezu beliebige Kombinationen von

- **gesetzlicher Rentenversicherung** (Seite 189),
- **staatlich geförderter Zusatzvorsorge** (Riester- oder Rürup-Rente – Seite 190) und
- **privater Altersvorsorge** (Seite 192) in allen denkbaren Formen, zu denen auch die
- **berufsständischen Versorgungseinrichtungen** (Seite 193) gehören,

möglich sind. Eine gesetzliche Rentenversicherung als Sockel ist allerdings für eine zunehmende Zahl von Selbstständigen Pflicht geworden.

Altersvorsorge: gesetzlich oder privat?

Auch unter Selbstständigen begegnet man immer wieder Schlaubergern, die perfekt erklären können, wie „unrentabel" die gesetzliche Rentenversicherung ist und um wie viel besser sie zum Beispiel mit ihren Aktienfonds fahren. Und dass das System der gesetzlichen Rentenversicherung sowieso so kaputt ist, dass man am Ende – oder schon in ein paar Jahren – „nichts mehr herausbekommen" wird.

Sicher: Die Beiträge zur gesetzlichen Rentenversicherung sind hoch, und die am Ende gezahlten Renten sind es nicht gerade. Dennoch stecken hinter dieser Argumentation gleich mehrere Denkfehler:

- Zum Ersten ist die gesetzliche Rentenversicherung gar *keine Geldanlage, sondern eine Versicherung.* Das ist ein wichtiger Unterschied: Ich selbst habe nach diversen schweren Erkrankungen in den letzten Jahren mehrere Reha-Aufenthalte hinter mir – z. B. vier Wochen Sylt im Einzelzimmer mit Vollpension, Sportangeboten und ärztlicher sowie physiotherapeutischer Betreuung. Und für den Verdienstausfall während dieser Zeit gab es auch noch Ersatz. Bezahlt hat das alles die „Deutsche Rentenversicherung Bund". Einen Aktienfonds, der solche Zahlungen im Angebot hat, habe ich bisher noch nicht entdeckt.
- Auch die Möglichkeit, eine **Erwerbsunfähigkeitsrente** – also Zahlungen schon vor dem „Fälligkeitstermin" – zu bekommen, gibt es nur bei der Rentenversicherung, nicht bei Geldanlagen. Zwar kann (und sollte!) man für eine Berufsunfähigkeitsrente eine gesonderte private Versicherung abschließen. Aber wenn man die mit einrechnet – ob dann die Gesamt-„Rendite" noch stimmt?
- Zudem bleiben alle Geldanlagen der wirtschaftlichen Entwicklung und damit sämtlichen **Finanzkrisen** unterworfen. In diesem Land leben immer noch Menschen, die in ihrem Leben schon zweimal eine fast vollständige Geldentwertung miterlebt haben. Nach der Weltwirtschaftskrise in den zwanziger Jahren und nach der Währungsreform 1948 waren Geldanlagen, Sparvermögen und Bargeld auf einen Schlag so gut wie wertlos. Wer darauf als Altersvorsorge gesetzt hatte, stand plötzlich ohne alles da. Die Rentenversicherung aber zahlte weiter.
- Und wenn man schon „Renditen" vergleicht, sollte man das ehrlich tun. Wer die Chance hat, vom Arbeitgeber oder von der Künstlersozialkasse die Hälfte seiner Rentenversicherungsbeiträge als Zuschuss zu bekommen, erzielt mit seinen eigenen Beiträgen auch heute noch eine deutlich höhere **Verzinsung,** als sie zum Beispiel private Lebensversicherungen im Durchschnitt garantieren. Wer nicht in die Künstlersozialkasse will, weil man dann

auch in die Rentenversicherung „muss", der verschenkt auf jeden Fall Geld.

Aber vor allem ist das eine Grundsatzfrage. Denn wer bei der Rentenversicherung nur auf die „Rendite" schaut, übersieht, dass er mit seinen Beiträgen gar nicht die eigene Rente finanziert, sondern die seiner Eltern und Großeltern. So funktioniert unser „Generationenvertrag" nun mal. Wer sich heute mit irgendwelchen Tricks der Rentenversicherungs*pflicht* entzieht, lehnt ja in Wirklichkeit die Mitverantwortung für den Lebensabend der *heutigen* Alten ab. Und das ist zweifellos ein Konstruktionsfehler der heutigen Rentenversicherungspflicht: dass die, die genug Geld haben, sich dieser gemeinsamen Verantwortung für die heutigen Alten entziehen und die Finanzierung von deren Renten denen überlassen können, die selbst nicht gerade im Überfluss leben. Für einen Umbau der Rentenversicherung auf ein wirkliches Solidarsystem gibt es fundierte Modelle.

Und schließlich kann man über all das sicher lange und heftig diskutieren. Nur geht es für den Einzelnen hier nicht um ein theoretisches Problem, sondern um die praktische Frage: Was gibt es heute Besseres als die gesetzliche Rentenversicherung, wie sie nun mal ist? Bei genauem Hinsehen: nichts.

Gesetzliche Rentenversicherung

Pflichtversichert in der gesetzlichen Rentenversicherung sind unter anderen (vollständige Aufzählung im Kapitel „Rentenversicherungspflichtige Selbstständige" ⌕)
- eine Reihe von Berufen wie **selbstständige Lehrkräfte, Trainerinnen, Dozenten, Erzieherinnen und Pflegekräfte**⌕, sofern sie keine eigenen Arbeitnehmer beschäftigen,
- **„arbeitnehmerähnliche Selbstständige"**⌕, die überwiegend nur für einen Auftraggeber tätig sind und keine eigenen Angestellten haben, und
- **freie Künstlerinnen und Publizisten**⌕ über die Künstlersozialkasse – auch jene, die den Gründungszuschuss bekommen.

Und außerdem sind natürlich alle „freien Mitarbeiter" ⌕, „unständig Beschäftigten" ⌕ und Scheinselbstständigen (Seite 19), die die Sozialversicherung als

Arbeitnehmer einstuft, über den Arbeitgeber pflichtversichert – manche sogar noch zusätzlich in einer Versorgungsanstalt.

Alle anderen Selbstständigen können
- jederzeit **freiwillig** 🔎 der gesetzlichen Rentenversicherung beitreten oder
- in den ersten fünf Jahren ihrer selbstständigen Tätigkeit eine „**Pflichtversicherung auf Antrag**" 🔎 eingehen, die in einigen Punkten günstigere Bedingungen bietet als die freiwillige Versicherung.

Für freie Künstler und Publizistinnen trägt die Künstlersozialkasse die Hälfte der Beiträge. Alle anderen Selbstständigen müssen ihre Beiträge zur gesetzlichen Rentenversicherung vollständig selbst bezahlen – egal ob sie freiwillig, auf Antrag oder pflichtversichert sind.

> Detailinformationen zu diesem Thema finden sich in der
> Online-Ausgabe des Ratgebers an dieser Stelle in den Kapiteln
> - Rentenversicherungspflichtige Selbstständige
> - Rentenversicherung für selbstständige Lehrkräfte, Erzieher und Pflegepersonen
> - Rentenversicherungspflicht für arbeitnehmerähnliche Selbstständige
> - Rentenversicherungspflicht auf Antrag
> - Was kostet die Pflichtversicherung für Selbstständige?
> - Rentenversicherungspflicht über die Künstlersozialkasse
> - Freiwillige Rentenversicherung für Selbstständige
> - Rentenversicherungspflicht für Arbeitnehmer
> - Kann man deutsche Renten ins Ausland mitnehmen?

Staatlich geförderte Altersvorsorge: Riester- und Rürup-Rente

Seit einigen Jahren gibt es zwei Möglichkeiten, private Vorsorge neben der gesetzlichen Rentenversicherung mit staatlicher Förderung zu betreiben: die nach ihren jeweiligen Erfindern benannte „Riester-Rente" und „Rürup-Rente".
- Wer in der gesetzlichen Rentenversicherung pflichtversichert ist – egal ob als Arbeitnehmerin, als Künstler, als freiberufliche Dozentin, als Tagesmutter oder „auf Antrag" – und zusätzlich eine private Altersvorsorge abschließt, hat Anspruch auf staatliche Hilfen, die als **Riester-Rente** bekannt geworden ist. Außerdem hat Anspruch auf diese Zulagen, wer mit einer „riester-

Sozialversicherung | 191

berechtigten" Person verheiratet ist, oder wer ein Kind in den ersten drei Lebensjahren erzieht.
Wer sowieso eine private Altersvorsorge abschließen wollte, sollte sich vom zeitweiligen Geschrei im politischen Raum nicht kirre machen lassen, dass die Riester-Rente eine Pleite sei: Hier gibt es Geld vom Staat für ganz normale Vorsorgeverträge – warum sollte man das ausschlagen? Dass man mit den geförderten Verträgen keine besonders großen Sprünge machen kann, ist eine ganz andere Frage. Aber deshalb die staatlichen Zuschüsse verfallen lassen??
Gefördert werden nur Anlagen, die in einem speziellen Verfahren als „riesterfähig" zertifiziert wurden. Eine Übersicht über die verschiedenen Anlageformen mit Entscheidungshilfen, welche Form für wen am besten ist, sowie ausführliche Tests und Bewertungen der zahllosen Angebote zur Riester-Rente findet man bei der Stiftung Warentest⊡, regelmäßig auch in einem immer wieder aktualisierten Heft „Finanztest Spezial Altersvorsorge". Einige der Renten, die bei diesen Tests gut abgeschnitten haben, können ver.di-Mitglieder unter der Bezeichnung **„Das RentenPlus"** zu nochmals verbesserten Konditionen und günstigeren Kosten als beim Standardprodukt abschließen. Weitere Einzelheiten zu diesen Angeboten finden sich auf www.das-rentenplus.de ⊡. Auch die weiter hinten beschriebenen Angebote der Pensionskasse ⊡, der VddB ⊡, der VddKO ⊡ und des VBLU ⊡ sind „riesterfähig"; die Details zur Konstruktion der Riester-Rente stehen in einem gesonderten Kapitel ⊡.

- Wer keinen Zugang zur Riester-Rente hat, weil er nicht in der gesetzlichen Rentenversicherung pflichtversichert ist, kann mit der **Rürup-Rente** immerhin noch steuerliche Vorteile erzielen. Da es hier um ein reines Steuersparmodell geht, empfiehlt sie sich vor allem für Selbstständige, die ein hohes Einkommen (also einen hohen Steuersatz) haben und hohe Beiträge für ihre Altersvorsorge aufbringen. Auch hierzu stehen zahlreiche Einzelheiten und Tests im oben genannten Finanztest-Spezial; die genaue Funktionsweise wird ebenfalls in einem gesonderten Kapitel ⊡ beschrieben.

Detailinformationen zu diesem Thema finden sich in der
Online-Ausgabe des Ratgebers an dieser Stelle in den Kapiteln

- Wie funktioniert die Riester-Rente?
- Wie funktioniert die Rürup-Rente?

Private Altersvorsorge

Dieser Ratgeber kann und soll keine Finanzberatung ersetzen. Wer sich Gedanken über eine private Altersvorsorge macht – sei es als Grundsicherung, sei es als Ergänzung zur gesetzlichen Rentenversicherung und Riester-Rente –, kommt an einem Beratungsgespräch nicht vorbei. Umhören sollte man sich dazu auf jeden Fall auch bei den einschlägigen Berufsverbänden. Die können nicht selten Spezialversicherungen empfehlen, die durch den Verzicht auf einen Außendienst besonders günstig sind. Außerdem bietet die Stiftung Warentest🗎 einschlägige Informationsschriften und Vergleichstest an.

Wer zudem die Möglichkeit hat, vom Auftraggeber – wie etwa den öffentlich-rechtlichen Rundfunkanstalten – oder einer anderen Einrichtung – wie etwa dem Autorenversorgungswerk der VG Wort🗎 – einen Zuschuss zu den Versicherungsbeiträgen zu bekommen, für den sind die berechtigten Vorbehalte gegen Kapitallebensversicherungen zwar immer noch nicht ausgeräumt, aber im konkreten Fall doch möglicherweise nicht zutreffend.

Fünf dieser berufsspezifischen Einrichtungen, die „ohne Gewinnstreben nur zum Nutzen der Versicherten" arbeiten und deren Leistungen speziell auf die Erfordernisse der entsprechenden Berufe zugeschnitten sind, sollen hier etwas ausführlicher vorgestellt werden:
- das **Versorgungswerk der Presse,**
- die **Pensionskasse für freie Mitarbeiter der deutschen Rundfunkanstalten,**
- die **Versorgungsanstalt der deutschen Bühnen,**
- die **Versorgungsanstalt der deutschen Kulturorchester,**
- der **Versorgungsverband bundes- und landesgeförderter Unternehmen.**

All diese Einrichtungen haben in Testvergleichen immer gut abgeschnitten – was aber nicht heißt, dass sie unbedingt die allerbilligsten sind. Wer das ganz genau wissen will, muss sich von einem Versicherungsmakler einen individuellen Vergleich machen lassen. Aber Vorsicht: Vergleichen lässt sich immer nur, was die Versicherungen *in der Vergangenheit* ausgeschüttet haben. Wie gut sie ihr Geld *in der Zukunft* anlegen, d. h. wie hoch die Auszahlung am Ende wirklich ist, weiß niemand im Voraus!

Wer bei solchen Recherchen Vergleichszahlen braucht, kann sich an den Standardpreisen orientieren, die der Gesamtverband der Deutschen Versicherungswirtschaft zuletzt im Jahr 2008 für solche Versicherungen nannte. Danach erhält, wer vom 36. Lebensjahr an monatlich 100 € in eine Versicherung einzahlt, mit dem 65. Geburtstag im Durchschnitt
- in einer **Kapitallebensversicherung** eine Einmalzahlung von 38.500 € (Mann) bzw. 40.650 € (Frau);
- in einer **privaten Rentenversicherung** eine Monatsrente von 169 € (Mann) bzw. 156 € (Frau), lebenslang und auch im Todesfall für mindestens zehn Jahre.

Besonders günstige Konditionen erhalten **ver.di-Mitglieder** in solchen Versicherungen aufgrund von Gruppenverträgen, die ver.di mit einzelnen Versicherungsunternehmen abgeschlossen hat. Details sind beim ver.di-Mitgliederservice ⓘ zu erfragen.

Detailinformationen zu diesem Thema finden sich in der
Online-Ausgabe des Ratgebers an dieser Stelle in den Kapiteln
- Versorgungswerk der Presse
- Pensionskasse für freie Mitarbeiter der deutschen Rundfunkanstalten
- Versorgungsanstalt der deutschen Bühnen
- Versorgungsanstalt der deutschen Kulturorchester
- Versorgungsverband bundes- und landesgeförderter Unternehmen

Berufsständische Versorgungseinrichtungen

Für bestimmte „verkammerte" Berufe ist eine Altersvorsorge in einer berufsständischen Versorgungseinrichtung vorgeschrieben. Eine solche Pflichtversicherung gibt es – teilweise jedoch nur in einzelnen Bundesländern – für selbstständige
- Ärzte, Psychologische Psychotherapeuten, Tier- und Zahnärzte,
- Apotheker,
- Architekten und Ingenieure,
- Landtagsabgeordnete,
- Rechtsanwälte und Notare,
- Steuerberater und Wirtschaftsprüfer.

Die Einzelheiten sind – durchaus unterschiedlich – in Landesgesetzen geregelt. Ob der eigene Beruf im eigenen Bundesland dazugehört, erfährt man bei der zuständigen Kammer. Eine Liste aller berufsständischen Versorgungseinrichtungen findet man zum Download beim Bundesfinanzministerium i).

Wer auf diese Weise pflichtversichert ist, wird zugleich von einer eventuellen Versicherungspflicht in der gesetzlichen Rentenversicherung befreit.

Arbeitslosenversicherung

Bis zum Jahr 2005 war die gesetzliche Arbeitslosenversicherung für Selbstständige in Deutschland kein Thema. Die Forderung von ver.di und ihren Vorgängergewerkschaften nach einer „Auftragslosigkeitsversicherung", wie sie in einigen skandinavischen Ländern schon lange selbstverständlich ist, war jahrzehntelang als absolut unrealistisch abgebügelt worden.

Ausgerechnet mit den Hartz-Reformen und ohne öffentliche Diskussionen wurde zum 1.2.2006 die Möglichkeit eingeführt, dass Leute, die zuvor schon arbeitslosenversichert waren, sich als Selbstständige in der gesetzlichen Arbeitslosenversicherung freiwillig weiterversichern können. Dabei erstaunte nicht nur die Möglichkeit an sich, sondern auch, dass das Verhältnis von Arbeitslosengeld zum Beitrag hier zunächst deutlich besser war als bei Arbeitnehmern. Dieser Vorteil wurde allerdings mit einer drastischen Beitragserhöhung ab 2011 wieder aufgehoben. Eine Übergangsregelung für „altgediente" Selbstständige wurde bereits zum 1.6.2006 wieder gekippt.

Damit gibt es zwei Wege zur Arbeitslosenversicherung:
- die **freiwillige Weiterversicherung für Selbstständige** (Seite 195) und
- die **Pflichtversicherung für Arbeitnehmer** (Seite 196), die auch für viele gilt, die sich als Selbstständige verstehen, sozialrechtlich aber Arbeitnehmer sind, da sie „auf Lohnsteuerkarte" arbeiten: die unständig Beschäftigten i) beim Rundfunk, die auf Produktionsdauer Beschäftigten i) und Scheinselbstständige (Seite 19).

Wer bereits arbeitslos ist und **nebenher arbeiten** oder sich von der Arbeitsagentur einen **Start in die Selbstständigkeit** fördern lassen möchte, findet die dazu nötigen Angaben in den Kapiteln „Selbstständig und Arbeitslosengeld I" (Seite 41) und „Starthilfen der Arbeitsagentur" (Seite 36).

Freiwillige Arbeitslosenversicherung für Selbstständige

Seit Februar 2006 hat, wer sich selbstständig macht, unter bestimmten Bedingungen die Möglichkeit, sich freiwillig in der gesetzlichen Arbeitslosenversicherung weiterzuversichern. Die Regelung galt zunächst nur bis Ende 2010; die im Sommer 2010 beschlossene Verlängerung war leider mit erheblichen Verschlechterungen verbunden.

Seither ist das ursprünglich konkurrenzlos günstige „Preis-Leistungs-Verhältnis" dieser Versicherungsmöglichkeit nur noch für überdurchschnittlich qualifizierte Selbstständige besser als für Arbeitnehmer gleicher Qualifikation; wer seine selbstständige Tätigkeit ohne jede Qualifikation ausüben kann, zahlt für das gleiche Arbeitslosengeld jetzt mehr als eine Arbeitnehmerin:

Für einen (einkommens- und qualifikationsunabhängigen) Festbeitrag, der im Jahr 2010 noch unter 20 € lag, im Jahr 2011 bei rund 40 und ab 2012 bei rund 80 € im Monat liegt, bekommen sie im Fall des Falles ein monatliches Arbeitslosengeld zwischen **knapp 600 €** (keine Qualifikation, ledig, kein Kind, Ost) und **gut 1.400 €** (Hochschulabschluss, Ehepartner ohne eigenes Einkommen, Kind, West). Details zur Berechnung stehen im Kapitel **„Das Arbeitslosengeld"** ⌕.

Die Bezeichnung „freiwillige *Weiter*versicherung" macht schon deutlich: Sie ist nur für Leute gedacht, die schon vorher, z. B. als Arbeitnehmer, Ersatzdienstleistende, Auszubildende, unständig ⌕ oder auf Produktionsdauer Beschäftigte ⌕ pflichtversichert waren.

Zugang zur freiwilligen Arbeitslosenversicherung hat, wer sich aus einer arbeitslosenversicherungspflichtigen Beschäftigung oder aus dem Arbeitslosengeldbezug heraus selbstständig macht. Auch hierzu stehen die präzisen Bedingungen in einem gesonderten Kapitel ⌕.

Detailinformationen zu diesem Thema finden sich in der
Online-Ausgabe des Ratgebers an dieser Stelle in den Kapiteln
- Arbeitslosenversicherung für Selbstständige – lohnt sich das?
- Details zur Arbeitslosenversicherung für Selbstständige
- Das Arbeitslosengeld – wie viel, wie lange und was noch?

Arbeitslosen-Pflichtversicherung für Arbeitnehmer

Versicherungspflichtig in der Arbeitslosenversicherung sind neben allen „normalen" Arbeitnehmerinnen auch
- **unständig Beschäftigte beim Rundfunk**🗗, sofern es sich dabei um ein Dauerbeschäftigungsverhältnis handelt,
- **auf Produktionsdauer Beschäftigte**🗗, deren Job mindestens eine Arbeitswoche dauert,
- **Scheinselbstständige**🗗, die über den Auftraggeber sozialversichert sind.

Problematisch war diese Regelung lange Zeit zum Beispiel für **Kameraleute** beim Film, **Schauspielerinnen** mit vielen kurzen Engagements und **unständig** oder **auf Produktionsdauer Beschäftigte**, die beim öffentlich-rechtlichen Rundfunk Beschäftigungsgrenzen unterworfen sind und deshalb zusätzlich Aufträge als Selbstständige annehmen: Sie mussten zwar Beiträge zahlen, bekamen aber fast nie Arbeitslosengeld, da kaum jemand von ihnen die 360 *Beschäftigungs*tage innerhalb von zwei Jahren zusammenbekam, die man grundsätzlich braucht, um Anspruch auf Arbeitslosengeld zu haben. Seit Mitte 2009 gilt für diese Gruppe eine **verkürzte Anwartschaftszeit von 180 Tagen**. Das heißt, wer innerhalb von zwei Jahren 180 Tage versicherungspflichtig beschäftigt war (und einige weitere Voraussetzungen 🗗 erfüllt), hat bereits Anspruch auf Arbeitslosengeld. Trotzdem verbleibende Lücken lassen sich eventuell mit der **freiwilligen Weiterversicherung für Selbstständige** schließen (siehe Seite 195). Voraussetzung ist freilich, dass man die 360/180-Tage-Hürde wenigstens *einmal* mit Arbeitnehmerbeiträgen überwunden hat.

Dabei sind eine Pflichtversicherung als Arbeitnehmer und eine freiwillige Weiterversicherung als Selbstständiger durchaus nebeneinander – bzw. alternierend – möglich. Wer **mal auf Lohnsteuerkarte, mal als Selbstständiger** arbeitet, bekommt die Beiträge aus den Arbeitnehmerjobs automatisch abgezogen – und sollte sich für die zwischenzeitlichen selbstständigen Tätigkeiten freiwillig weiterversichern. Nach den Angaben der Arbeitsagentur sollte das ziemlich unbürokratisch gehen: Während des Arbeitnehmerjobs besteht die freiwillige Weiterversicherung weiter, jedoch ohne Beitragspflicht. Ist der Arbeitnehmerjob vorbei, lebt die freiwillige Weiterversicherung wieder auf. Und damit auch die Beitragspflicht.

Die normalen Beiträge für Arbeitnehmer werden automatisch bei der Entgeltabrechnung einbehalten und an die Bundesagentur für Arbeit abgeführt.

Sozialversicherung | 197

Der Beitrag beträgt im Jahr 2011 3,0 % vom Bruttoentgelt, wovon der Arbeitgeber die Hälfte trägt. Das Mindestentgelt beträgt 400 €, die Beitragsbemessungsgrenze für das Jahr 2011 5.500 € (4.800 € in den neuen Ländern), woraus sich für Arbeitnehmer ein **Monatsbeitrag** von mindestens 2,96 € (Gleitzone) und höchstens 82,50 € (72,00 € in den neuen Ländern) ergibt.

Welche Regeln für die Berechnung der **Höhe des Arbeitslosengeldes** und die **Anspruchsdauer** gelten und was beim Arbeitslosengeld sonst noch zu beachten ist, steht im Kapitel „Das Arbeitslosengeld".

> Detailinformationen zu diesem Thema finden sich in der
> Online-Ausgabe des Ratgebers an dieser Stelle im Kapitel
> ■ Das Arbeitslosengeld

Unfallversicherungen

Zwar tritt nach Unfällen auch die Krankenkasse für die Kosten einer Heilbehandlung ein und die Rentenversicherung für eine eventuelle Rehabilitation; es gibt eine gesetzliche Erwerbsunfähigkeitsrente und bei einem langen Krankenhausaufenthalt irgendwann auch Krankengeld. Aber diese Leistungen lassen sowohl in ihrer Höhe als auch, was Heilbehandlung und Rehabilitation angeht, oft in ihrer Qualität zu wünschen übrig. Bessere Leistungen bietet in aller Regel die Berufsunfallversicherung, die der Gesetzgeber zum fünften Zweig der gesetzlichen Sozialversicherung gemacht hat: Alle **Arbeitnehmer** sind hier pflichtversichert – die Beiträge muss in voller Höhe der Arbeitgeber zahlen. Aber auch **Selbstständige** können sich dort freiwillig versichern; in manchen **Berufsgenossenschaften** sind sie sogar pflichtversichert.

Natürlich kann man diese Risiken auch privat versichern – in einem Fall sind die privaten Angebote sogar konkurrenzlos: Einige Berufsgruppen wie Musiker, für die schon der Verlust des kleinen Fingers oder eine bleibende Mundverletzung das Ende der Berufstätigkeit bedeuten kann, können dieses Risiko vernünftig nur mit einer **Spezial-Unfallversicherung** absichern. Hierbei erhalten ver.di-Mitglieder besonders günstige Konditionen; eine **Leistung bei Freizeitunfällen** ist im ver.di-Mitgliedsbeitrag sogar schon enthalten.

Gesetzliche Unfallversicherung: die Berufsgenossenschaften

Die Versicherungen, die in Deutschland für die Berufsunfallversicherung zuständig sind, hören auf den für manche rätselhaften Namen „Berufsgenossenschaften" (BG). Sie versichern ihre Mitglieder gegen die Folgen von Berufs- und Wegeunfällen sowie von Berufskrankheiten.

Zwar springt in solchen Fällen bei Leuten, die keine Unfallversicherung haben, auch die Krankenkasse ein. Bei Rehabilitationsleistungen nach schweren Unfällen sind die Leistungen der Berufsgenossenschaften erfahrungsgemäß jedoch spürbar besser als die der Krankenkassen; zudem zahlen sie bei Erwerbsunfähigkeit eine Verletztenrente in Höhe von 2/3 des versicherten Jahresarbeitsverdienstes – unabhängig von den bereits geleisteten Einzahlungen – sowie im Todesfall eine Witwen- und Waisenrente.

- **Arbeitnehmer** – also auch unständig Beschäftigte⬚, auf Produktionsdauer Beschäftigte⬚ und Scheinselbstständige (Seite 19) – sind pflichtversichert in der zuständigen Berufsgenossenschaft; die Beiträge muss der Arbeitgeber alleine bezahlen; er muss auch die Anmeldung vornehmen.
- **Selbstständige** können sich in den meisten Berufsgenossenschaften freiwillig versichern – einige, etwa **freie Fotografinnen und Grafikdesigner** sowie einige Gesundheits- und Pflegeberufe wie **Ergo- und Physiotherapeutinnen**, Logopädinnen, Krankengymnasten, Masseure, Tagesmütter, selbstständige Alten- und Krankenpfleger, aber auch **selbstständige Friseurinnen** sind dort sogar *Pflicht*mitglied. Aber auch ohne Pflicht ist das durchaus vernünftig: Die Berufsgenossenschaften halten fast jeden Vergleich mit privaten Unfallversicherungen aus. Sie sind der einzige Zweig der gesetzlichen Sozialversicherung, dessen Beiträge in den letzten Jahren nahezu kontinuierlich gesunken sind, und in der Regel eine vernünftige und bezahlbare Alternative zu privaten Angeboten.
- Wer als Selbstständiger Arbeitnehmer beschäftigt, muss diese natürlich auch in der zuständigen BG versichern. Das gilt auch für **geringfügig Beschäftigte**⬚ und **Praktikanten**⬚, wobei Letztere, sofern sie ohne Entgelt beschäftigt sind, dort kostenlos versichert werden.

Im Bereich dieses Ratgebers kommen vor allem drei Berufsgenossenschaften infrage:

- die **Verwaltungs-Berufsgenossenschaft**⬚ (VBG) für die meisten freien, darunter alle kreativen, beratenden und Lehrberufe,

Sozialversicherung | 199

- die **Berufsgenossenschaft Energie Textil Elektro Medienerzeugnisse** 🗗 (BG ETEM), unter anderem für Fotografen, Grafikdesignerinnen und Mitwirkende an Filmproduktionen,
- die **Berufsgenossenschaft Gesundheitsdienst und Wohlfahrtspflege** 🗗 (BGW), unter anderem für Heil- und Pflegeberufe.

> Detailinformationen zu diesem Thema finden sich in der Online-Ausgabe des Ratgebers an dieser Stelle im Kapitel
> ■ Welche Berufsgenossenschaft ist für mich zuständig?

Leistungen und Beiträge der Berufsgenossenschaften

Die Berufsgenossenschaften sind zuständig für die Unfallverhütung in den Betrieben; sie finanzieren die medizinische Behandlung und Rehabilitation nach Berufsunfällen und bezahlen darüber hinaus

- bei **Arbeitsunfähigkeit ein Verletztengeld** von täglich 1/450 der Versicherungssumme (bei der Verwaltungs-BG erhalten freiwillig Versicherte das Verletztengeld jedoch nur bei Krankenhausaufenthalten vom ersten Tag an; ansonsten wird es von dem Tag an bezahlt, von dem an Anspruch auf Krankengeld bestünde – spätestens aber ab der vierten Woche der Arbeitsunfähigkeit. Die anderen hier infrage kommenden Berufsgenossenschaften zahlen generell vom ersten Tag an),
- bei **Verlust der Erwerbsfähigkeit eine Verletztenrente** von jährlich 2/3 der Versicherungssumme, bei Teilerwerbsunfähigkeit eine entsprechende Teilrente,
- im **Todesfall eine Witwenrente** von jährlich 3/10 und eine **Halbwaisenrente** von jährlich 2/10 der Versicherungssumme.

Wie berechnen sich die Beiträge?

Ihre Leistungen finanzieren die BG ohne Gewinnstreben im „Umlageverfahren", d.h. sie legen den jährlichen Beitragsschlüssel erst nachträglich entsprechend dem tatsächlichen Schadensverlauf fest. Für die Beiträge können deshalb nur Erfahrungswerte genannt werden. Sie errechnen sich aus dem jährlich neu festzulegenden Beitragsschlüssel, der Gefahrenklasse und der Versicherungssumme.

Nach der **Versicherungssumme**, die bei Arbeitnehmern dem Jahresarbeitsverdienst entspricht, richten sich sowohl die Beiträge als auch die Leistungen der Berufsgenossenschaften. Doppelte Versicherungssumme bedeutet also doppelter Beitrag und doppelte Leistungen. Freiwillige Mitglieder können die Versicherungssumme innerhalb jährlich neu festgelegter Mindest- und Höchstwerte unabhängig vom tatsächlichen Einkommen frei bestimmen.

Die **Gefahrenklasse** steht in der Beitragsformel für das Unfallrisiko im jeweiligen Beruf und wirkt sich ebenfalls proportional auf den Beitrag aus: In der Gefahrenklasse 0,52 ist der Beitrag – bei gleicher Leistung – doppelt so hoch wie in der Gefahrenklasse 0,26. Die Gefahrenklassen der einzelnen BGen sind jedoch nicht miteinander vergleichbar!

Im Bereich dieses Ratgebers bewegen sich die **Mindestbeiträge für Selbstständige** zwischen 74,95 € (BG ETEM für Trickfilm und Datenverarbeitungsanlagen) und 554,44 € (BGW für Tierarztpraxen) im Jahr.

Im Unterschied zu den vier übrigen Zweigen der gesetzlichen Sozialversicherung gehen die Beiträge zu einer Berufsgenossenschaft als **Betriebsausgaben** (Seite 128) in die Gewinnermittlung ein. **Beitragsbeispiele** sind den weiterführenden Links zu entnehmen.

> Detailinformationen zu diesem Thema finden sich in der
> Online-Ausgabe des Ratgebers an dieser Stelle in den Kapiteln
> - Verwaltungs-Berufsgenossenschaft
> - Berufsgenossenschaft Druck und Papierverarbeitung
> - Berufsgenossenschaft Elektro Textil Feinmechanik

Private Unfallversicherungen

Die Berufsgenossenschaften kommen lediglich für die Folgen von Berufsunfällen auf. Dazu zählen alle Unfälle und Krankheiten, die in einem ursächlichen Zusammenhang zur versicherten Tätigkeit stehen – bis hin zum Beinbruch beim Abheben des Honorars vom Bankkonto. Wer eine Absicherung für Unfälle in der Freizeit haben möchte oder nicht in einer Berufsgenossenschaft versichert ist, kann verschiedenartige private Unfallversicherungen abschließen. Rat dazu bekommt man bei den Verbraucherzentralen.

Zwei Versicherungen, die besondere Bedingungen für ver.di-Mitglieder bieten, werden in gesonderten Kapiteln erläutert:
- **Spezial-Unfallversicherungen** 🖉 mit besonderen „Gliedertaxen", z. B. für Berufsmusikerinnen, sowie
- eine im Beitrag enthaltene **Leistung bei Freizeitunfällen** 🖉, die ver.di allen Mitgliedern gewährt.

Detailinformationen zu diesem Thema finden sich in der Online-Ausgabe des Ratgebers an dieser Stelle in den Kapiteln
- Spezial-Unfallversicherungen (z. B. Berufsmusiker)
- ver.di-Leistung bei Freizeitunfällen

Persönliche Ausfallversicherungen

Während Arbeitnehmerinnen über den Arbeitgeber und die gesetzliche Sozialversicherung einen recht weitgehenden Schutz gegen Verdienstausfall durch Krankheit, Berufs- bzw. Erwerbsunfähigkeit sowie Schwangerschaft und Kindererziehung haben, müssen Selbstständige sich einen vergleichbaren Schutz teuer erkaufen. Teilweise können sie dazu aber ganz gut die gesetzlichen Sozialversicherungssysteme in Anspruch nehmen:
- Eine **Entgeltfortzahlung bei Krankheit** 🖉 gibt es für Selbstständige nur theoretisch, wenn sie mit einem Dienstvertrag 🖉 arbeiten (es sei denn, sie ist vertraglich vereinbart). Einzige Ausnahme: Bei den öffentlich-rechtlichen Rundfunkanstalten haben *arbeitnehmerähnliche* Freie 🖉 ein tarifvertragliches Recht auf einen Zuschuss zum Krankengeld.
- Den **Verdienstausfall bei langen Krankheiten** sichert für die meisten Pflichtmitglieder der gesetzlichen Krankenversicherung das gesetzliche Krankengeld ab (siehe Seite 202) – für KSK-Mitglieder allerdings erst ab dem 43. Krankheitstag; auch „normale" Selbstständige und unständig Beschäftigte können diesen Anspruch erwerben, wenn sie statt des ermäßigten den 0,6 Prozentpunkte höheren Normalbeitrag zur Krankenversicherung zahlen oder – für ein Krankengeld zu einem früheren Termin – einen Wahltarif abschließen.
- Der **Verdienstausfall an den ersten Krankheitstagen** lässt sich für Selbstständige theoretisch zwar auch über eine private Krankentagegeldver-

sicherung absichern – die Prämien für eine solche Versicherung vom ersten Krankheitstag an aber sind kaum bezahlbar.
- Für **Verdienstausfall und Erwerbsunfähigkeit nach Berufsunfällen oder bei Berufskrankheiten** kommt die Berufsgenossenschaft (Seite 198) auf.
- Gegen anders verursachte Erwerbsunfähigkeit bietet die gesetzliche Rentenversicherung nur einen geringen Schutz; eine belastbare Absicherung bietet nur eine private **Berufsunfähigkeitsversicherung** (Seite 204).
- Für den **Verdienstausfall bei Schwangerschaft, Geburt und Kindererziehung** gibt es verschiedene Absicherungen:
  – Den **Verdienstausfall bei Schwangerschaft** sichert nur die gesetzliche Krankenversicherung mit dem **Mutterschaftsgeld**🗎 vernünftig ab. Das wird auch an Selbstständige gezahlt, sofern sie *mit Anspruch auf Krankengeld* versichert sind.
  – Für die Erziehung von Kindern haben auch Selbstständige Anspruch auf **Elterngeld**🗎.
  – Wer kranke Kinder pflegen muss, kann dafür – wenn er oder sie in der gesetzlichen Krankenversicherung mit Anspruch auf Krankengeld versichert ist – **Kinderkrankengeld**🗎 bekommen. Allerdings erst ab der siebten Krankheitswoche *des Kindes* und zeitlich begrenzt.

Wer zahlt meine Miete, wenn ich krank werde?

Der selbstständige Unternehmer, wie er als neoliberale Idealvorstellung durch die Gesetzentwürfe schwirrt, braucht keine Absicherung für den Krankheitsfall: Er hat genug Angestellte und Aktien, die sein Einkommen auch dann weiter fließen lassen, wenn er mal krank werden sollte.

Die Freelancerin, für die dieser Ratgeber geschrieben ist, hat beides meist nicht: Sie lebt von ihrer *eigenen* Arbeit. Und wenn die ausfällt, fällt in aller Regel auch das Einkommen aus. Als gesetzlich Versicherte hat sie allerdings die Möglichkeit, einen Anspruch auf Krankengeld zu erwerben. Ob sie es bekommt, und wenn ja, ob vom ersten, vom 15. oder vom 43. Krankheitstag an, hängt von ihrem Status und ihrem Versicherungsvertrag ab. Nur: Je früher und je mehr sie haben will, umso mehr muss sie zahlen.

Arbeitnehmer und Arbeitnehmerinnen sind da besser dran: Sie bekommen in der Regel vom ersten Krankheitstag an Geld. Normalerweise ist das die

Sozialversicherung | 203

Entgeltfortzahlung⌕ durch den Arbeitgeber. Und wenn die ausfällt, springt die Krankenkasse mit dem Krankengeld⌕ ein. Das gilt neuerdings leider nicht mehr für die merkwürdigen Arbeitsverhältnisse, von denen es insbesondere im Medienbereich so viele gibt: Für

- **unständig**⌕,
- auf **Produktionsdauer**⌕ und
- **befristet Beschäftigte**⌕ mit einer Vertragsdauer von jeweils bis zu vier Wochen

wurde Ende 2008 der bis dahin bestehende Anspruch auf Krankengeld vom ersten Tag an gestrichen – und mit der späteren Gesetzeskorrektur auch nicht wieder eingeführt. Sie können jetzt nur noch einen Krankengeldanspruch vom 43. Tag an erwerben, indem sie eine Wahlerklärung⌕ abgeben und den Normalbeitrag bezahlen, der im Jahr 2011 bei 15,5 % liegt.

Selbstständige hatten diesen Luxus einer Entgeltfortzahlung noch nie. Aber auch ihr Anspruch auf Krankengeld, den sie zuvor zumindest erwerben konnten, wurde zum 1.1.2009 gestrichen – und zum 1.8.2009 wieder eingeführt, allerdings mit etwas merkwürdigen Verrenkungen:

Sofern sie freiwillig in einer gesetzlichen Krankenkasse versichert sind, können sie sich nun

- mit einer **„Wahlerklärung"**⌕ für einen **um 0,6 Prozentpunkte höheren Beitrag** entscheiden und damit Anspruch auf das gesetzliche Krankengeld vom 43. Krankheitstag an erwerben. Für eine frühere Zahlung, meist vom 15. oder 22. Krankheitstag an, *müssen* die Krankenkassen ihnen Wahltarife anbieten.
- Einige Kassen bieten auch schon für die Grundversorgung (vom 43. Krankheitstag an) einen **Wahltarif**⌕ an, der im Regelfall jedoch deutlich teurer ist als die Wahlerklärung.
- Ansonsten bleibt nur eine **private Krankentagegeldversicherung**⌕. Und die kostet ...

Selbstständige Künstler und Publizistinnen, die über die KSK versichert sind, haben hier einen Sonderstatus: Sie müssen ohnehin den höheren Normalbeitrag zahlen und haben damit automatisch Anspruch auf Krankengeld vom 43. Krankheitstag an. Auch für sie müssen die Kassen zusätzlich **Wahltarife für eine frühere Krankengeldzahlung**⌕ – und zwar spätestens vom 15. Krankheitstag an – anbieten.

Das Krankengeld⌕ beträgt in all diesen Fällen 70 Prozent des versicherten (Brutto-)Einkommens und wird wegen ein und derselben Krankheit bis zu 78 Wochen lang gezahlt.

Detailinformationen zu diesem Thema finden sich in der
Online-Ausgabe des Ratgebers an dieser Stelle in den Kapiteln
- Entgeltfortzahlung für Arbeitnehmer
- Entgeltfortzahlung für Selbstständige?
- Krankengeld für freiwillig versicherte Selbstständige (ohne KSK)
- Krankengeld für freie Künstlerinnen und Publizisten
- Krankengeld für unständig und befristet Beschäftigte
- Die „Wahlerklärung" zum Krankengeld
- Das gesetzliche Krankengeld – wie hoch, wie lange, wie viel?
- Die „Wahltarife Krankengeld" der gesetzlichen Kassen
- Private Krankentagegeldversicherung

Berufsunfähigkeitsversicherung

Für die Verbraucherzentralen ist dies die wichtigste Versicherung für Selbstständige: Während ein vorübergehender Verdienstausfall bei Krankheit meist irgendwie zu überbrücken ist, kann Berufsunfähigkeit durch Krankheit oder durch einen Unfall ein ganzes Leben (und eine Familie) ruinieren.

Wer glaubt, hier schon gut abgesichert zu sein, sollte Folgendes bedenken:
- Die **Berufsgenossenschaft** (Seite 198) zahlt ihre Invalidenrente nur nach *beruflichen* Unfällen und bei *Berufs*krankheiten;
- die **private Unfallversicherung** (Seite 200) zahlt nur nach *Unfällen,* nicht aber bei Krankheiten;
- die **Krankenkassen** (Seite 178) und **Krankentagegeldversicherungen**⌕ stellen ihre Zahlungen ein, sobald feststeht, dass es sich nicht um eine *vorübergehende* Krankheit, sondern um eine *dauerhafte* Berufsunfähigkeit handelt.
- Und wer in der **gesetzlichen Rentenversicherung** (Seite 189) ist: Die zahlt zwar, aber meist deutlich weniger als die normale Altersrente. Zudem gibt es für alle, die nach 1960 geboren oder erst nach 2000 in die Rentenversicherung eingetreten sind, dort gar keine *Berufs*unfähigkeitsrente mehr, sondern nur noch eine *Erwerbs*unfähigkeitsrente. Und die bekommt zum

Beispiel die Schauspielerin nicht, die zwar nicht mehr auf der Bühne stehen, wohl aber noch Karten abreißen kann.

Eine gesonderte Absicherung erscheint da vernünftig. Nur einzelne Berufe brauchen sich darum nicht zu kümmern, da sie einen solchen Schutz automatisch bekommen:

- Für ältere Freie, die Mitglied der **Pensionskasse**🔗 sind, haben die **öffentlich-rechtlichen Rundfunkanstalten** „Richtlinien für die Gewährung von Invaliditätshilfe an freie Mitarbeiter der Rundfunkanstalten bei Berufsunfähigkeit" erlassen, die eine jährliche Unterstützung von bis zu 14.400 (Alleinstehende) bzw. 16.350 € pro Jahr in Aussicht stellen. Freie brauchen für diese Absicherung gar nichts zu tun; die Kosten tragen die Anstalten allein. Allerdings:

    Diese Unterstützung gibt es nur für Freie, die
    – **vor dem 2.1.1961 geboren** sind,
    – **mindestens fünf Jahre der Pensionskasse** angehören und
    – **mindestens zehn Jahre überwiegend für Mitglieder der Pensionskasse tätig** waren.

    Andere Einkünfte wie Renten, Zinsen, Dividenden oder Mieteinkünfte werden auf diese Zahlungen angerechnet.

- Im Beitrag enthalten ist eine Zusatzrente bei Berufsunfähigkeit für Versicherte der **Versorgungsanstalt der deutschen Bühnen**🔗 und der **Versorgungsanstalt der deutschen Kulturorchester**🔗.

Für alle anderen erscheint eine **private Berufsunfähigkeitsversicherung** sinnvoll. Am günstigsten ist das in der Regel, wenn man sie mit einer privaten Renten- oder Lebensversicherung koppelt – aber nur, wenn man Letztere ohnehin abschließen will. Vom Abschluss einer Lebensversicherung, *nur* weil man mit ihr auch eine Berufsunfähigkeitsversicherung bekommt, raten die Verbraucherzentralen grundsätzlich ab. Beim Versorgungswerk der Presse🔗 zum Beispiel bekommt man eine Berufsunfähigkeitsversicherung gegen eine recht günstige Zusatzprämie.

Grundsätzlich ist beim Abschluss privater Berufsunfähigkeitsversicherungen jedoch **Vorsicht angebracht:** Normal ist, dass sie erst dann zu zahlen brauchen, wenn die Versicherte auch keinen anderen Beruf mehr ausüben *kann,* der nach Einkommen und sozialer Stellung vergleichbar ist. Ist im Vertrag aber eine

„abstrakte Verweisung" vereinbart, so brauchen sie auch dann nicht zu zahlen, wenn die Versicherte den anderen Beruf nur theoretisch ausüben könnte – selbst wenn sie praktisch gar keinen Arbeitsplatz findet. Zumindest ab einem gewissen Alter sollte die „abstrakte Verweisung" daher ausgeschlossen sein.

Aber auch wo die abstrakte Verweisung ausgeschlossen ist, brauchen die Versicherungen nicht in jedem Fall von Berufsunfähigkeit zu zahlen. Sie können zum Beispiel verlangen, dass Selbstständige mit einem größeren Betrieb ihren Laden so umorganisieren, dass die Tätigkeiten, die sie nicht mehr ausüben können, von Angestellten erledigt werden, und für den gehandicapten Inhaber eine Tätigkeit bleibt, die er noch ausüben kann. Eine solche **Umorganisation**, so hat das Oberlandesgericht Koblenz am 27.3.2009 (Aktenzeichen 10 U 1367/07) i rechtskräftig entschieden, kann jedoch nur verlangt werden, wenn sie nicht mit „unwirtschaftlichen Ausgaben" verbunden ist und wenn dem Inhaber „noch ein ihn ausfüllender Tätigkeitsbereich" verbleibt (und nicht nur untergeordnete Tätigkeiten). Diese Voraussetzungen aber, so das OLG, *„sind in den Fällen von allein, d. h. ohne Angestellte und Mitarbeiter, Arbeitenden nicht zu erfüllen"*. Aus diesem Grund sprach es einem Programmierer von Anwendungssoftware, der sich wegen einer Depression, einem chronischen Schmerzsyndrom und psychovegetativen Störungen nicht mehr auf das Programmieren konzentrieren konnte, die Berufsunfähigkeitsrente zu. Einige Jahre vorher dagegen hatte dasselbe Gericht einem Metzger, der von einem Bandscheibenvorfall in der (körperlichen) Arbeit behindert wurde, auf eine mögliche Umorganisation verwiesen: Er bekam keine Rente.

Aktuelle Beratung zu den sich häufig ändernden Angeboten bieten die Verbraucherzentralen; bei der Stiftung Warentest i findet man regelmäßig aktuelle Vergleiche. Tarifrechner, mit dem man ein bisschen an seinen Versorgungslücken herumspielen kann, findet man auf den Websites vieler Versicherungen.

Zahlungen bei Schwangerschaft und Kindererziehung

Für mögliche Verdienstausfälle während einer Schwangerschaft oder bei der Erziehung von Kindern gibt es mittlerweile mehrere Ausgleichsmöglichkeiten:
- In den Wochen vor und nach der Entbindung haben auch Selbstständige, sofern sie mit *Anspruch auf Krankengeld* gesetzlich krankenversichert sind,

Sozialversicherung | 207

insgesamt 14 Wochen lang Anspruch auf **Mutterschaftsgeld** 🖉 in Höhe des Krankengeldes (also 70 % des versicherten Brutto-Einkommens).

- Wer seine Arbeit zeitweilig aufgibt oder einschränkt, um sich um das Kind zu kümmern, hat Anspruch auf **Elterngeld** 🖉. Das sind 65 % des vorherigen Nettoeinkommens (bei Nettoeinkommen unter 1.000 € etwas mehr), jedoch mindestens 300 und höchstens 1.755 € im Monat.

- Für „Beschäftigte" – also nicht für Selbstständige – gibt es die Möglichkeit, während der **Elternzeit** zu Hause zu bleiben und von einem besonderen Kündigungsschutz zu profitieren.

- Wer kranke Kinder pflegen muss, bekommt dafür – obwohl gesetzliche Krankenkassen grundsätzlich **Kinderkrankengeld** 🖉 zahlen – faktisch keinen Ausgleich.

- Und darüber hinaus gibt es natürlich nach den üblichen Konditionen **Kindergeld**, gegebenenfalls **Kinderzuschlag** und die **üblichen Freibeträge** (Seite 140) bei der Einkommensteuer.

Die wichtigsten Details hierzu werden in gesonderten Kapiteln erläutert. Wer es genau wissen will, sollte sich den ausführlichen Ratgeber „Wenn Selbstständige Kinder kriegen" 🔗 von mediafon-Berater Rüdiger Lühr herunterladen.

Detailinformationen zu diesem Thema finden sich in der
Online-Ausgabe des Ratgebers an dieser Stelle in den Kapiteln
- Mutterschaftsgeld
- Elterngeld und Elternzeit
- Kindergeld, Kinderzuschlag und Steuerfreibeträge
- Kinderkrankengeld

Geschäftsversicherungen

Berufsanfängerinnen und Berufsanfänger neigen erfahrungsgemäß dazu, einen noch vorhandenen Mangel an beruflicher (Selbst-)Sicherheit durch den Abschluss aller möglichen Versicherungen zu kompensieren. Dem will dieser Ratgeber nicht Vorschub leisten.

Wenn hier alle möglichen Versicherungen aufgezählt werden, die es für bestimmte Berufsgruppen gibt, so ist das keinesfalls als Empfehlung misszuverstehen: Welche Versicherung für wen sinnvoll und bezahlbar ist, lässt sich nur im konkreten Einzelfall nach den Bedürfnissen der jeweiligen Person und den Risiken ihres Berufsalltages entscheiden.

Wie dieser Alltag wirklich aussieht, das muss sich erst einmal herausstellen: Für viele nimmt die freie Karriere eine ganz andere Richtung, als sie ursprünglich geplant hatten. Also sollte niemand überstürzt Versicherungen abschließen – und schon gar keine langfristigen. Bis man die hohen, wirklich risikoträchtigen Aufträge bekommt, das dauert eh.

Grundüberlegungen zu Geschäftsversicherungen

Vor allem sollte man eines nicht vergessen: Versicherungskonzerne würden dieses Geschäft nicht betreiben, wenn sie daran nicht verdienen würden. *Im Durchschnitt* müssen die Versicherten also immer mehr zahlen, als die Konzerne für Schadensfälle auszahlen. Diese Mehrausgabe kann sinnvoll sein, um *große* Risiken abzusichern, die man allein nicht bewältigen könnte: Schadenersatz in Millionenhöhe oder den Verlust der Berufsfähigkeit. Ob sich dagegen die Mehrausgabe lohnt, um einen Laptop oder einen Fotoapparat gegen Diebstahl oder Beschädigung zu versichern oder um in den ersten sechs Wochen einer Krankheit ein Krankentagegeld zu bekommen, sollte man schon viel genauer überlegen – zumal solche Versicherungen sehr betrugsanfällig und damit in der Regel sehr teuer sind, sodass der Mehraufwand zumindest für ehrliche Leute überdurchschnittlich hoch ausfällt. In Fällen, in denen man das Risiko notfalls selbst bewältigen kann, dürfte es also günstiger sein, die Versicherungsprämie nicht an eine Versicherung zu zahlen, sondern sie auf einem eigenen (gut verzinsten) Konto zu bunkern.

Am Anfang muss also eine genaue Analyse der eigenen Risiken stehen. Und die Frage, für welche dieser Risiken eine Versicherung sinnvoll ist und für welche nicht. Danach steht leider eine zeitraubende Suche an: Insbesondere bei den Haftpflichtversicherungen sind die individuellen Risiken so unterschiedlich, dass die Versicherungskonzerne keine „Standardprodukte" anbieten, deren Konditionen man zum Beispiel in diesem Ratgeber einfach mal vergleichen könnte. Da muss man sich wirklich von einer Reihe von Gesellschaften individuelle *verbindliche* Angebote einholen und selbst vergleichen – oder einen Versicherungsmakler mit dieser Suche beauftragen. Das tun die, dazu sind sie da.

Betriebliche Ausfallversicherungen

Für Selbstständige, deren Betrieb aus mehr als einer Arbeitsecke im Wohnzimmer besteht, reicht das Krankengeld als Verdienstausfallversicherung oft nicht aus, wenn wegen einer Krankheit der Inhaberin oder anderer Katastrophen der ganze Betrieb eingestellt werden muss: Mieten, Zinsen und gegebenenfalls auch die Gehälter der Angestellten müssen trotzdem weiter bezahlt werden. Hier bieten die Versicherungsgesellschaften einen bunten Strauß verlockender Policen an, die jedoch alle einen großen Nachteil haben: Sie sind nicht eben billig. Aber immerhin sind sie Betriebsausgaben und können – im Gegensatz zur Krankentagegeldversicherung – steuerlich voll abgesetzt werden.

Neben **Forderungsausfallversicherungen** (wenn Kunden ihre Rechnungen nicht bezahlen) kommen hier vor allem Versicherungen für die **laufenden Betriebskosten** und – sofern man eigene Arbeitnehmer beschäftigt – für die **Kosten von Lohnfortzahlung und Mutterschaftsgeld** für diese in Betracht.

Detailinformationen zu diesem Thema finden sich in der
Online-Ausgabe des Ratgebers an dieser Stelle in den Kapiteln
- Betriebskostenversicherungen
- Umlagen für Lohnfortzahlung und Mutterschaftsgeld

Haftpflichtversicherungen

Es ist eine der am häufigsten gestellten Fragen in der Beratung von mediafon: Brauche ich eine Berufshaftpflichtversicherung? Was kostet das? Und trotzdem gibt es kaum Selbstständige, die so eine Versicherung dann auch wirklich abschließen. Scheint an den Preisen zu liegen.

Wichtig ist zunächst: Die *Privat*haftpflichtversicherung, die viele abgeschlossen haben, kommt für berufliche Schäden nicht auf. Wer seine beruflichen Haftungsrisiken absichern will, muss entweder ausdrücklich eine *Berufs*haftpflicht abschließen oder seine private Haftpflicht auf berufliche Schäden ausdehnen lassen. Wo es um überschaubare Risiken geht, sind manche Versicherungsvertreter dazu durchaus bereit – das muss aber schriftlich im Versicherungsschein vermerkt werden. Einige Gesellschaften, z.B. die Mannheimer Versicherung, bieten für Alleinunternehmer auch gleich eine kombinierte Privat- und Berufshaftpflicht an.

Berufliche Haftpflichtversicherungen

Die Kosten einer Berufshaftpflicht hängen vom Beruf ab und von den Versicherungssummen, die für drei Schadensarten gesondert bestimmt werden:
- **Sachschäden** (wenn der Kameramann mit seinem Gerät die teure Vase aus dem Regal fegt),
- **Personenschäden** (wenn einer Hebamme bei einer Hausgeburt ein Kunstfehler unterläuft, der das Kind dauerhaft schädigt) und
- **Vermögensschäden** (wenn eine Journalistin in einer Restaurantkritik so falsche Behauptungen aufstellt, dass der Laden pleitegeht).

Solche Schäden können vorkommen. Aber deshalb braucht nicht jeder gleich eine Haftpflichtversicherung. Unter den Selbstständigen, für die dieser Ratgeber geschrieben ist, scheint eine Haftpflichtversicherung unverzichtbar zu sein nur für
- Selbstständige in **Gesundheits- und Pflegeberufen**, in denen das Zufügen körperlicher Schäden nicht auszuschließen ist,
- **Freie Theater**⌕, die in eigenen Räumen spielen (wegen möglicher Personenschäden),

Geschäftsversicherungen | 211

- **Lehrkräfte**, die in eigenen Räumen unterrichten (aus demselben Grund), sowie
- **Programmiererinnen** 🖉 und andere E-Lancer, sobald sie mit fremden Daten und an fremden EDV-Systemen arbeiten (Vermögensschäden).

Das Problem bei Berufshaftpflichtversicherungen ist: Dort, wo sie wirklich nötig sind, machen die Versicherungsgesellschaften nur individuelle Angebote, nachdem sie sich genaue Angaben über die Risiken haben machen lassen. Standardpreise lassen sich hier nicht nennen. Bei „günstigen" Versicherungen fällt meist die Summe für Vermögensschäden besonders niedrig aus, obwohl gerade dafür eine hohe Versicherungssumme besonders sinnvoll wäre: Wer es schafft, mit seiner Softwareinstallation für ein Großunternehmen dessen EDV lahmzulegen, kann eine „preiswerte" Berufshaftpflicht, wie sie üblicherweise angeboten wird, ruhig vergessen: Die beschränkt den Ersatz für Vermögensschäden meist auf 50.000 oder 100.000 €. Für eine Vermögenshaftpflichtversicherung mit einer Deckungssumme von einer Million Euro muss man mit Sicherheit eine vierstellige Prämie zahlen.

Wer über den Sinn einer Berufshaftpflicht nachdenkt, sollte sich drei Fragen stellen:
- Welche **konkreten Risiken,** einen Sachschaden, Personenschaden oder Vermögensschaden zu verursachen, habe ich? Brauche ich überhaupt so eine Absicherung?
- Gibt es für meinen konkreten Fall **Alternativen zur Haftpflichtversicherung** (siehe Seite 70) wie Haftungsausschluss, Haftungsbeschränkung, Gründung einer GmbH?
- Und wenn ich eine brauche: **Wo gibt es günstige Angebote?**

Zu einigen Berufsgruppen sind in gesonderten Kapiteln ein paar Überlegungen und Beispiele zur Haftpflicht zusammengestellt.

Detailinformationen zu diesem Thema finden sich in der
Online-Ausgabe des Ratgebers an dieser Stelle in den Kapiteln
- Haftpflicht für IT-Berufe
- Haftpflicht für freie Theater
- Berufs- und Privathaftpflicht für Musiklehrer und Musikerinnen
- Haftpflicht für Berufsfotografen
- Haftpflicht für Journalisten
- Haftpflicht für Korrektorinnen
- Haftpflicht für Werbeagenturen und Designer

Produkthaftpflicht

Voraussetzung für eine Haftpflicht ist im normalen Alltag, dass der Haftende „schuld ist". Dass er also z.B. eine Software falsch programmiert hat. Das Produkthaftungsgesetz hat 1990 aber auch eine „verschuldensunabhängige Haftung" eingeführt. Die kann sogar Dritte treffen: Wer zum Beispiel in Deutschland Software vertreibt, die außerhalb der EU hergestellt wurde, haftet für Schäden, die aus Fehlern in dieser Software resultieren.

Das ist ein heikles Spezialgebiet und trifft die wenigsten. Am besten, die Betriebshaftpflicht schließt gleich die Produkthaftpflicht ein. Dann kann nichts schiefgehen.

Sachversicherungen

Das Equipment von Freelancern ist teuer geworden. Ob es die Geige oder die Musikelektronik ist, die Kunstwerke im Atelier oder das in jahrelanger Arbeit aufgebaute Archiv, die Fernsehkamera oder der Schneidetisch, die Computer oder die Spezialsoftware – bei einem Verlust erreicht der Schaden schnell fünf-, wenn nicht sechsstellige Summen.

Mit einer Hausrat- oder Reisegepäckversicherung ist da wenig geholfen. Wem unterwegs der Laptop oder die Kameraausrüstung geklaut wird, dem *darf* die **Reisegepäckversicherung** nach einem Urteil des Landgerichts Düsseldorf den Schaden je nach Vertrag nur zur Hälfte oder gar nicht ersetzen, sofern diese Gegenstände *„nicht ausschließlich privat genutzt werden"*.

Herkömmliche **Hausratversicherungen** wiederum gelten nicht für beruflich genutzte Räume. Wer seine Kunstwerke tatsächlich im Wohnzimmer stehen hat, muss dafür zumindest eine Zusatzprämie zahlen, da die üblichen Hausratversicherungen für Wertsachen (zu denen neben Kunstgegenständen auch Bargeld, Pelze und Schmuck zählen) nur maximal 20 Prozent der Versicherungssumme zahlen. Inzwischen bieten aber viele Gesellschaften bessere (teurere) Policen an, die auch beruflich genutzte Räume (und mehr Wertsachen) einschließen.

Für einige Sachversicherungen, die für Selbstständige im Bereich von Medien, Kunst und IT infrage kommen könnten, sind in gesonderten Kapiteln nähere Angaben gemacht.

Detailinformationen zu diesem Thema finden sich in der
Online-Ausgabe des Ratgebers an dieser Stelle in den Kapiteln
- Geschäftsinhaltsversicherung
- Betriebsunterbrechungsversicherung
- Elektronikversicherung
- Softwareversicherungen
- Versicherungen für Fotoapparate, Film- und Videokameras
- Versicherungen für Musik-, Video- und Bühnenelektronik
- Versicherungen für Musikinstrumente
- Kunstversicherungen
- Bühnentechnik und Requisiten
- Autoschutzbrief

Rechtsschutzversicherungen

Rechtsschutzversicherungen decken in der Regel alle Anwalts- und Gerichtskosten für Rechtsstreitigkeiten. *Nicht versichert* sind Schadenersatzforderungen (dazu sind die Haftpflichtversicherungen da); *nicht versicherbar* sind Geldstrafen und -bußen. Gewerkschaftsmitglieder sind auch in diesem Bereich besonders günstig gestellt: Der **berufliche Rechtsschutz** ist im Mitgliedsbeitrag bereits enthalten. Der sollte allerdings nicht mit einem umfassenden betrieblichen Rechtsschutz verwechselt werden, der beispielsweise auch Streitigkeiten mit Konkurrenten und Lieferanten abdeckt und daher das Mehrfache eines durchschnittlichen Gewerkschaftsbeitrags kostet: Der gewerkschaftliche Rechtsschutz greift insbesondere beim Streit mit Auftraggebern. – Für den privaten Rechtsschutz gibt es günstige Angebote für Gewerkschaftsmitglieder.

Detailinformationen zu diesem Thema finden sich in der
Online-Ausgabe des Ratgebers an dieser Stelle in den Kapiteln
- Berufsrechtsschutz für ver.di-Mitglieder
- Privatrechtsschutzversicherungen

Rabatte auf Versicherungen

Wo immer Prämien zu Versicherungen genannt werden, ist zu beachten: Es handelt sich grundsätzlich – auch in diesem Ratgeber – um *Angebote,* die (mit

Ausnahme der Beiträge zu gesetzlichen Sozialversicherungen) verhandelbar sind.

Dabei gilt generell: Die Bereitschaft der jeweiligen Gesellschaft bzw. ihres Vertreters, Rabatte einzuräumen, steigt mit der Aussicht, mit demselben Kunden weitere Verträge abschließen zu können. Wer seine Versicherungen alle bei ein und demselben (vernünftigen) Versicherungsvertreter abschließt, kann also durchaus günstiger fahren, als wenn er für jeden Vertrag im Internet mühsam den im Einzelpreis absolut günstigsten Anbieter sucht. Nach Angaben von Fachleuten sind im Einzelfall Nachlässe von bis zu 50 Prozent auf die „offiziellen" Preise drin.

Statt um solche Nachlässe zu feilschen, kann man auch eine Ausweitung des Versicherungsschutzes aushandeln, z.B. den Einschluss privat verursachter Schäden in die Berufshaftpflicht zum gleichen Preis.

Und auch wenn es nur um eine einzige Versicherung geht, besonders um eine nicht standardisierte wie eine teure Berufshaftpflicht: Die Arbeit, das günstige Angebot zu suchen, kann man sich ruhig von einem Versicherungsmakler abnehmen lassen. Das ist dessen Beruf, davon lebt der.

Manche Versicherungsgesellschaften weisen geringere Rabatte für den Abschluss mehrere Versicherungen und für längere Laufzeiten schon in ihren Preislisten aus. Und über den **ver.di-Mitgliederservice** i erhalten Mitglieder der Gewerkschaft auf viele gängige Versicherungen (z.B. Unfall, Privathaftpflicht, Hausrat, Glasbruch) Gruppenrabatte.

Das Umfeld

Es sind nicht nur Gesetze, Vertragsverhandlungen, Beitragsbemessungsgrenzen und Fachkenntnisse, die über den nachhaltigen Erfolg selbstständiger Arbeit entscheiden. Eine vermutlich ebenso große Rolle spielt das Umfeld, in dem sich diese Arbeit abspielt.

Ein solches Erfolg förderndes Umfeld müssen sich Selbstständige selbst schaffen. Das ist der wesentliche Unterschied zur Arbeit von Angestellten: Selbstständige sind erst einmal allein. Sie haben zunächst keine Kollegen, mit denen sie sich während der Arbeit fachlich und sozial austauschen können, sie haben weder einen Arbeitgeber noch einen Betriebsrat, der sich um vernünftige Arbeitsbedingungen kümmert. Und sie brauchen nicht mal einen Arbeitgeber, der sie zu immer mehr Leistung antreibt – das können Selbstständige nämlich selbst am besten.

Ein solches Umfeld ist aber nötig, wenn Selbstständige erfolgreich arbeiten wollen. Also brauchen sie

- zumindest informellen Kontakt mit Kolleginnen und Kollegen in **Netzwerken**⧉ – für das Fachgespräch, den Erfahrungsaustausch oder auch für eine eventuelle Zusammenarbeit,
- eine **Gewerkschaft**⧉ oder eine andere **Berufsorganisation,** die ihre speziellen Interessen nach außen vertritt und nach innen für fachliche Kommunikation, Weiterbildung und Rechtsschutz sorgt,
- den Willen, die eigene **Gesundheit**⧉ ernst zu nehmen. Das heißt nicht nur, den eigenen Arbeitsplatz ergonomisch auszustatten und ungesunde Arbeitsbelastung zu vermeiden, sondern auch für Arbeitszeiten zu sorgen, die nicht sämtliche sozialen Kontakte abwürgen.

Leider verhindert bei vielen Selbstständigen das Selbstbewusstsein, das ihren Erfolg ausmacht, immer wieder, dass sie sich ausreichend um diese existenziellen Fragen kümmern. Sei es, dass sie die Notwendigkeit einer Interessenvertretung ignorieren („Brauch ich nicht. Kann ich selber besser."), sei es, dass sie ihren Stress für einen Beweis von Erfolg halten und damit, statt etwas dagegen zu unternehmen, auch noch kokettieren („Ich kann doch so einen tollen Auftrag nicht einfach ablehnen!"), oder sei es, weil sie die Beschäftigung damit immer wieder auf den Sankt-Nimmerleins-Tag verschieben und solange auf rückenquälenden Arbeitsstühlen herumrutschen und auf spiegelnde Bildschirme blinzeln. Wer Glück hat, kommt damit durch; wer Pech hat, dem beweist irgendwann ein Herzinfarkt, ein Burn-out, ein verspannter Rücken oder auch nur ein Prozess gegen einen Auftraggeber um einen schlampig formulierten Vertrag, dass man die ernsthafte Beschäftigung mit diesen Themen lieber doch nicht so lange hätte hinausschieben sollen.

Einige praktische Hinweise zu diesen Themen stehen in den folgenden Kapiteln.

Interessenvertretung

Wenn selbstständige Arbeit einen grundsätzlichen Nachteil hat, dann ist es die Vereinzelung. Besonders Selbstständige in kreativen Berufen, die keine Angestellten haben, haben oft lange Arbeitsphasen, in denen sie ganz auf sich selbst konzentriert sind, ohne zwingende Kontakte zur Außenwelt. Dabei sind gerade sie auf solche Kontakte angewiesen, auf Kritik, auf Austausch, auf Erfahrungen anderer, auf Klatsch, auf berufsfachliche Informationen.

Die Mitgliedschaft in einem Berufsverband erscheint vor diesem Hintergrund unverzichtbar, gerade beim Start in die Selbstständigkeit. Ein solcher Verband sollte Kommunikation fördern, z.B. über eine Zeitschrift, über Mailinglisten, Internet-Foren und Blogs, über Stammtische vor Ort. Er sollte die fachliche Diskussion fördern und alle nötigen Informationen zur selbstständigen Arbeit liefern, z.B. in Steuer-, Versicherungs-, Rechts- und berufsinhaltlichen Fragen. Sollte Lobbyarbeit machen, seine Mitglieder fundiert beraten, Fortbildungen anbieten und ihnen am besten auch gleich Rechtsschutz garantieren.

Welche Verbände da infrage kommen, das hängt vom Beruf ab – und auch von der persönlichen Einstellung. In etlichen Berufen hat sich in den letzten Jahren die **Vereinte Dienstleistungsgewerkschaft ver.di** als kompetente Interessenvertretung erwiesen – gerade für „kleine" Selbstständige, die in den klassischen Unternehmer- und Arbeitgeberverbänden immer unter den Tisch fallen.

Auch wenn die Begriffe „Gewerkschaft" und „Selbstständige" manchem als unvereinbar erscheinen – die Arbeit, die der Verband deutscher Schriftsteller (VS) und die Deutsche Journalistinnen- und Journalisten-Union (dju) schon vor Jahrzehnten in der alten IG Druck und Papier begonnen und in der IG Medien weitergeführt haben, leistet ver.di inzwischen in einem bunten Spektrum von Berufen. Nach dem Prinzip **"Die Gewerkschaft ist für alle da, die von ihrer eigenen Hände Arbeit leben – und wenn es der Kopf ist"**, hat ver.di inzwischen über 30.000 Selbstständige als Mitglieder organisiert.

Die Grenze der Hilfe und Vertretung liegt dort, wo Selbstständige ihrerseits Angestellte beschäftigen: Natürlich wird ver.di keine Arbeitgeber gegen ihre Arbeitnehmerinnen vertreten und auch keinen Rechtsschutz bei typischen Unternehmerproblemen geben. Aber alle, die ihre selbstständige Arbeit im Wesentlichen selber machen, sei es als Hebamme oder Ausstellungskurator, als Schmuck- oder Softwaredesignerin, als Dozentin oder Jazzer, als Kurierfahrer, freier Journalist oder als Literaturübersetzerin, haben ihren Platz in ver.di.

Das funktioniert, wie man nicht zuletzt an diesem Ratgeber sieht, der auch ein Produkt dieser gewerkschaftlichen Arbeit ist. Und an der Selbstständigen-Beratung **mediafon**, die einmalig in Deutschland ist. ver.di schließt darüber hinaus Tarifverträge für „arbeitnehmerähnliche Freie" an Rundfunkanstalten und Tageszeitungen ab, ver.di sitzt in den Aufsichtsgremien der Künstlersozialversicherung, und seit der Reform des Urheberrechts ist ver.di die wichtigste Verhandlungspartnerin der Verlage, Film- und Musikproduzenten sowie Rundfunkanstalten bei der Festlegung angemessener Honorare für Urheber und Urheberinnen nach dem Urheberrechtsgesetz geworden. Für belletristische Werke und für Artikel in Tageszeitungen wurden solche „gemeinsamen Vergütungsregeln" bereits abgeschlossen. Wenn auch mancher Berufsverband in seiner Branche mehr Mitglieder hat als ver.di – was die *berufsübergreifende* Interessenvertretung für allein arbeitende Selbstständige angeht, ist ver.di unbestritten führend in Deutschland, ja sogar in Europa.

In einigen Branchen ist ver.di „der" Verband auch für die berufsbezogene Interessenvertretung von Selbstständigen, vor allem für freie Journalisten und Journalistinnen oder etwa für Musikschullehrkräfte. Anderswo ist der Weg noch ein bisschen weiter. Vor allem Selbstständige in „exotischen" Berufen dürfen kein gemachtes Bett erwarten, wenn sie zu ver.di kommen. Dafür umso mehr Chancen mitzugestalten. Und wenn erst mal der erste Auftraggeber das Honorar nicht überweisen will, dann merkt man auch, dass ver.di nicht nur starke Worte, gute Ratgeber, Fachdebatten und andere ideelle Vorteile bietet: Natürlich übernimmt die Gewerkschaft in so einem Fall auch ganz handfest den Rechtsschutz für Selbstständige.

Mehr zum Thema steht in der Broschüre „**Gewerkschaft der Selbstständigen**", die auf der mediafon-Website zum Download🖅 bereitsteht.

Gesundheit

Gesunde Arbeitsbedingungen werden überwiegend im Zusammenhang mit *Arbeits*verhältnissen diskutiert – und als Forderungen an *Arbeitgeber*. Wer „self employed" arbeitet, muss diese Forderungen an sich selbst stellen. Und das geschieht erfreulicherweise auch immer häufiger, wie mediafon aus vielen Beratungsgesprächen zu Themen wie Stress, überlange Arbeitszeiten und Ergonomie weiß.

Trotzdem sind Gesundheitsfragen etwas, das Selbstständige gern verschieben – auf einen Zeitpunkt, zu dem man „weniger Druck" und deshalb mehr Zeit hat. Das Problem ist nur, dass dieser Zeitpunkt nie kommt. Jedenfalls dann nicht, wenn die Geschäfte gut laufen. Also muss man sich diese Zeit bewusst nehmen: jetzt. Auf der Stelle. Noch bevor ihr diesen Ratgeber zu Ende lest.

Für die meisten allein arbeitenden Selbstständigen, die gut im Geschäft sind, ist das Hauptproblem die zu hohe Arbeitsbelastung: Man kriegt mehr Auftragsanfragen, als man guten Gewissens annehmen dürfte. Und man kann einfach nicht Nein sagen, sei es, weil der Auftrag, um den es gerade geht, so unverschämt gut bezahlt ist, weil das Thema so spannend ist oder weil man genau das immer schon mal machen wollte oder weil man fürchtet, den Auftraggeber vor den Kopf zu stoßen, wenn man Nein sagt, oder weil an diesem Auftrag noch viele Folgeaufträge hängen könnten oder, oder, oder.

Gründe gibt es immer, und erfahrungsgemäß umso zwingendere, je besser man im Geschäft ist. So ist dann Erfolg in der selbstständigen Arbeit fast immer gekoppelt mit exzessiven Arbeitszeiten, mit Jahren ohne jeden Urlaub, mit dem Ende sozialer Kontakte, mit Arbeitsdruck und Stress, was dann irgendwann in Schlaflosigkeit, einem Burn-out oder Schlimmerem endet. Und somit nichts anderes als existenzgefährdend ist. Es muss ja nicht gleich ein Herzinfarkt sein: Wenn die eigene Leistungsfähigkeit eingeschränkt ist, weil der Kopf nicht mehr funktioniert, kann man die selbstständige Arbeit vergessen.

Nun hilft es meist wenig, wenn man sich in dieser Situation selbst unter Druck setzt (oder vom Partner unter Druck gesetzt wird). Und auch Zeitmanagementseminare zu besuchen, wie sie in vielen Selbstständigen-Ratgebern als

Allheilmittel empfohlen werden, kann völlig wirkungslos verpuffen, wenn sich die Einstellung zur eigenen Arbeit (und zum eigenen Leben) nicht ändert.

Vor allem geht es darum, sich selbst und die eigenen Erfolgskriterien infrage zu stellen – und *praktizierbare* Alternativen zu finden: Habe ich nicht schon oft genug die Erfahrung gemacht, dass Auftraggeber schon mit viel weniger hochzufrieden sind, als ich von mir selbst verlange? Ist es denn wirklich so, dass ich den Auftraggeber unheilbar verärgere, wenn ich ihm sage, dass ich seiner neuesten Anfrage wirklich nicht nachkommen kann, weil ich restlos ausgelastet bin, und ich mich in dieser Situation auch gar nicht so auf seinen Auftrag konzentrieren könnte, wie er – und ich – es von mir erwarten? Dass ich aber einen jungen Kollegen kenne, der diese Zeit hat und in diesem Fachgebiet auch gut ist und der sich freuen würde, an diesem Thema arbeiten zu können?

Wer sich die Zeit nimmt, Kontakt mit selbstständigen Kolleginnen und Kollegen vor Ort zu pflegen, der wird mit der Zeit solche Leute kennen, die er ohne größere Bedenken empfehlen kann, und wird zugleich ewige Dankbarkeit ernten – beim anfragenden Auftraggeber, der sich mit seinem Anliegen ernst genommen fühlt, genauso wie bei dem Nachwuchskollegen. Und bei der Freundin, bei den Kindern, bei den Berufskollegen sowieso, für die er endlich mal wieder Zeit hat.

Und wenn man dann trotzdem wieder spätabends oder am Sonntag im Büro sitzt, weil man den aktuellen Auftrag doch noch ein bisschen besser hinkriegen zu können glaubt, dann muss man mal mit sich selbst rabiat werden. Ich, der Autor dieses Ratgebers, habe mir irgendwann nach mehr als einem Jahrzehnt selbstständiger Arbeit eingestanden, dass ich das mit dem 8-Stunden-Tag und dem freien Wochenende auf Dauer nicht hinbekomme. Weil dann doch immer wieder meine eigenen Ansprüche an meine Arbeit mich im Büro festhalten. Und mir war auch klar, dass ich in meinem Einmannbüro nicht hinkriegen würde, was ein befreundetes Journalistenbüro schon lange erfolgreich praktizierte: eine Viertagewoche für alle.

Die Alternative für mich hieß: drei Monate Urlaub im Jahr. Die habe ich von da an Jahr für Jahr langfristig geplant und vor allem konsequent realisiert. Das machte den Kopf und die Seele frei, das brachte den Körper wieder in Form (da ich diese drei Monate zu großen Teilen in Wanderschuhen oder auf dem Fahrrad verbrachte), und das machte vor allem auch die Wochenendarbeit erträglich und vertretbar, die ich in der übrigen Zeit nicht zu vermeiden wusste.

Das muss kein Rezept für alle sein. Aber es ist ein Beispiel, wie man den guten Vorsätzen, die wohl alle Selbstständigen bezüglich ihrer Arbeitsbelastung und Gesundheit haben, einen realistischen Rahmen geben kann. Auf so einer Grundlage verspricht es dann auch mehr Erfolg, sich mit den Themen

- Work-Life-Balance,
- Wie erkenne ich Stress?
- Souveräner Umgang mit der eigenen Zeit,
- Selbstmanagement,
- Entspannungstechniken und
- Ergonomie

zu befassen, zu denen in eigenen Kapiteln mehr gesagt wird. (Diese Kapitel sind im Zusammenhang und mit finanzieller Hilfe des Projekts selbstständig&gesund i) entstanden; die Grundlagentexte stammen vom Netzwerkpartner pragmagus i), dessen Schwerpunkt die Information von mittelständischen Kleinbetrieben ist.)

Detailinformationen zu diesen Themen finden Sie in der
Online-Ausgabe des Ratgebers an dieser Stelle in den Kapiteln
- Work-Life-Balance: Der Arbeit Grenzen setzen
- Stress erkennen
- Souveräner mit Zeit umgehen
- Selbstmanagement: Perspektiven und Orientierung schaffen
- Enspannungstechniken – Kurzübersicht
- Ergonomie im Büro